Über dieses Buch

Cato der Ältere ermahnte im 2. Jahrhundert v. Chr. seine römischen Mitbürger, all der Gesetze eingedenk zu sein, mit denen die Vorfahren die Freiheit der Frauen gebunden und ihre Macht gebrochen hätten, denn »sobald die Weiber uns gleichgestellt sind, sind sie uns überlegen«. Daß Cato mit seiner Annahme von der Dominanz der Frau in frühgeschichtlicher Zeit recht hatte, ebenso wie 2000 Jahre nach ihm der Basler Rechtsprofessor J. J. Bachofen in seinem epochemachenden Buch »Das Mutterrecht« (1861), dies nachzuweisen haben sich vier Wissenschaftler verschiedener Disziplinen in ihrem Buch »Weib und Macht. Fünf Millionen Jahre Urgeschichte der Frau« zusammengetan.

Richard Fester, der als Sprachforscher vor allem mit der Paläolinguistik befaßt ist und die These vertritt, daß es einen der gesamten Menschheit eigenen Urwortschatz von sechs Archetypen gibt, welcher auch heute noch das Fundament jeder Sprache und zugleich ein erkennbares Bindeglied zwischen allen Sprachen darstellt, schließt aus dem enormen Übergewicht weiblich induzierter Termini auf eine lang andauernde und weit in die vorgeschichtliche Zeit zurückreichende gesellschaftliche Überlegenheit der Frau.

Marie E. P. König bekräftigt die These von der Vorherrschaft der Frau in den frühen Phasen der Menschheitsgeschichte aufgrund von Funden und Malereien in eiszeitlichen Höhlen. Sie verwirft die altbekannte Deutung der Höhlenkunst als Jagdmagie und beweist an Hand von Kultstatuetten die symbolische Gleichsetzung von »Frau« und »Mond« und damit die kultische Überhöhung der Frau als Medium des Wiedergeburtsmythos.

Aus der Sicht der Evolutionsbiologie und der Anthropologie kommen Doris F. und A. David Jonas ebenfalls zu dem Schluß, den auch alle uns bekannten Schöpfungsmythen nahelegen, daß die Geschichte der Menschheit im wesentlichen eine Geschichte weiblicher Ordnung gewesen ist.

Angaben über die Autoren finden sich auf den Seiten 255/256 des Buches.

Richard Fester / Marie E. P. König
Doris F. Jonas / A. David Jonas

Weib und Macht

Fünf Millionen Jahre Urgeschichte der Frau

Fischer Taschenbuch Verlag

Die Frau in der Gesellschaft
Lektorat: Ingeborg Mues

53.–54. Tausend: September 1992

Veröffentlicht im Fischer Taschenbuch Verlag GmbH,
Frankfurt am Main, November 1980

Lizenzausgabe mit freundlicher Genehmigung des
S. Fischer Verlags, Frankfurt am Main

Umschlaggestaltung: Susanne Berner
Satz: Wilhelm Röck, Weinsberg
Druck und Bindung: Clausen & Bosse, Leck
Printed in Germany
ISBN 3-596-23716-5

Gedruckt auf chlor- und säurefreiem Papier

Inhalt

Inhalt

Medias in res . . .

Richard Fester

Cato – M. Porcius Cato, genannt der Ältere, geboren in Rom im Jahre 234 vor unserer Zeitrechnung, gestorben ebenda, im Alter von 85 Jahren, hochgeehrt, der Nachwelt als Muster des aufrechten, gewissenhaften, ehrlichen und ehrenhaften ›römischen Bürgers‹, worunter man zu jener Zeit einen republikanischen, seinem Staat mit Hingabe dienenden Bürger verstand, bestens bekannt.
Diesen Mann rufen wir in den Zeugenstand.
Als zupackender Politiker brachte er es zum höchsten Amt, dem des republikanischen Konsuls. Als unerbittlicher Gegner karthagischer Machtfülle schloß er jede seiner Reden mit dem zum geflügelten Worte gewordenen »Ceterum censeo, Carthaginem esse delendam«*. Als ›whip‹, als Einpeitscher für einen siegreichen Krieg gegen Karthago und als strenger Moralist ging er in die Geschichte und damit in die Geschichten ein, die uns seither in den Schulen erzählt werden. Ein durch und durch zuverlässiger Mann. Ein durch und durch unverdächtiger Zeuge.
Ehe wir ihn zitieren, sollten wir fairerweise das von unseren Geschichtslehrern gezeichnete Bild ein wenig relativieren. Denn wenn *wir* heute ›Moralist‹ sagen, dann denken wir zumeist an den Teil unserer Sitten, der mit Sexualität und Monogamie zu tun hat. Die ›mores‹ des Cato betrafen in weit stärkerem Maße die Pflichten und Rechte des Bürgers gegenüber seinem Staat, der ›res publica‹. Für diese mitzudenken, auf dem Forum mitzureden, in- und außerhalb Roms Leib und, wenn nötig, auch das Leben einzusetzen, diese Tugenden sah Cato gefährdet und, falls sie schwänden, Roms Untergang besiegelt.
Nun aber fragen wir nicht nur Cato, sondern auch uns selbst, was denn damals hinter seiner eindringlichen Mahnung an seine männlichen Zeitgenossen und Mitbürger steckte, als er ihnen zurief:

---

* »Übrigens bin ich der Meinung, daß Karthago zerstört werden muß.«

»Erinnert euch all der Gesetze, mit denen unsere Vorfahren die Freiheit der Frauen gebunden, durch die sie die Weiber der Macht der Männer gebeugt haben ...«
Sein Motiv zu diesem Appell erhellt aus der abschließenden Feststellung:
»... sobald sie uns gleichgestellt sind, sind sie uns überlegen.«

Trotzdem – seit wir uns abgewöhnt haben, in der Geschichte unserer Völker nur die Abfolge von Königen und Kriegen zu sehen, haben wir so viele neue Erkenntnisse gewonnen, daß wir auch und wieder verstehen, wovon Cato sprach, als er diese Rede hielt.
Er lebte nur etwa 500 Jahre nach der sagenhaften Gründung des römischen Gemeinwesens. Eine kurze, eine auch für ihn damals überschaubare Zeit. Die Handvoll Flüchtlinge, die sich einst gegen den Widerstand der Ersteinwohner in Latium niederließ, konnte nur überleben und sich weiterentwickeln, weil sich rund dreißig Sabinerinnen aus der Nachbarschaft nicht nur rauben, sondern auch heiraten ließen. Zum Dank nach der Versöhnung und für den langen Frieden nach dem sabinischen Kriege gab Romulus, der Gründer, dreißig sabinischen Muttersippen den ehrenvollen Beinamen ›CURIAE‹ – vergleiche das griechische Wort ›kora‹ für Mädchen, junge Frau. Noch sehr viel spätere Römer nannten sich nach ihren sabinischen Vormüttern ›Quiriten‹. Und selbst der ›Quirinal‹ in Rom und die ›Kurie‹ des Vatikans sind noch ein fernes Echo auf den Dank des Romulus an die frühen Frauen Roms.
Auch das Land war damals im ausschließlichen Besitz der Frauen. Sie schenkten es her, wenn die Urbs es für Tempel, Türme, Trassen oder Thermen brauchte.
Romulus, Remus und Tullius kannten ihre Väter nicht, Königswürden erwuchsen aus weiblichen Linien. Nur wer eine hochgestellte Frau, eine Vestalin etwa, zur Mutter oder zur Frau hatte, konnte König werden. Tanaquil, eine frühe Königin Roms, berief nacheinander drei Männer an ihre Seite, machte sie dadurch zu Königen, setzte sie aber auch ohne Skrupel wieder ab.
Vorfahren des Cato veränderten die Dinge und schufen neben dem Stande der ›Curiae‹ den der ›Patrizier‹, jener »qui patres sciere possunt« – die ihre Väter kennen konnten! Das war also bis dahin gar nicht so selbstverständlich. Als sie die Weiber endlich ihrer Macht gebeugt hatten, da rühmten sich die Römer, das Gemeinwesen zu sein, in dem die Väter die größte Macht über ihre Söhne ausübten.

Wie wenig mußten sie vorher in dieser Hinsicht zu sagen gehabt haben, wenn ihnen gerade das im nachhinein so wichtig erschien!
Cato und seine Zeitgenossen wußten sehr wohl, daß sie aus einer von Frauen beherrschten Gesellschaftsordnung herstammten. Aber die Römer haben ihre Frauen – anders als Griechen, Juden und Chinesen – niemals entrechtet oder gar entehrt. Sie wollten nur die politische Macht ausüben und das kontrollieren, was damit unmittelbar zusammenhing.
Kein Römer konnte von seiner Frau rechtens andere häusliche Arbeit erwarten als das Spinnen der Wolle – Küche und Kinder waren nicht ihr Ressort. Zwar gab es dann auf der Höhe männlicher Vormacht auch einmal ein Gesetz, nach dem der Gatte, der seine Frau in flagranti beim Ehebruch überraschte, diese straflos töten durfte, während sie im umgekehrten Falle die Hand nicht gegen ihn erheben können sollte – aber selten wurde so lau gelöffelt, was derart heiß gekocht schien. Niemand nahm auch weiterhin die Treue der Frauen sonderlich genau, und schließlich wurde ausgerechnet mit für Ehebruch verhängten Geldstrafen ein neuer Venus-Tempel finanziert . . .
Denn noch unter Cato gehörte eine gewisse Vielmännerei nicht nur zum guten Ton, sondern geradezu zu den republikanischen Tugenden. Wir wissen aus antiken Klatschspalten, daß auch Cato selbst eines Tages von einem gewissen Hortensius um Hilfe und Fürsprache gebeten wurde: Der Edle wollte die – verheiratete – Tochter des großen Römers ausleihen, damit auch er auf so edlem Acker säen könne. Cato willigte zwar geschmeichelt ein, konnte aber offenbar seine Tochter nicht überzeugen. So ging denn Marcia, Catos eigene Gemahlin, zu jenem Hortensius. Erst Jahre später, als dieser gestorben war, kehrte sie zu Cato zurück.
Selbst dann, als die konsequente Form römischer Männerherrschaft fest etabliert war, verlor die Römerin nichts von ihrer Würde und Freiheit. Sie empfing Besuche und besuchte, wen sie wollte. Wo sie schritt, wurde ihr höflich Platz gemacht. Je älter sie wurde, um so ehrerbietiger wurde ihr begegnet. Dasselbe galt in noch höherem Maße von Priesterinnen und Vestalinnen. Liktoren scheuchten das Volk zur Seite, wo sie sich zeigten. Bei öffentlichen Anlässen waren ihnen erhöhte Sitze reserviert. Kein Unbefugter betrat ihre Tempel. Fremdes Geld und wichtige Dokumente waren in ihrem Gewahrsam vor jedem Diebstahl sicher.
So also mußte Cato die ›balance of power‹ zwischen weiblichen und

männlichen Einflußsphären als sehr sensibel erscheinen. Kleine Verschiebungen zugunsten der Frauen konnten alles gefährden, denn – ». . . sobald sie uns gleichgestellt sind, sind sie uns überlegen«.

Wie aber konnte Cato zu einer solchen Feststellung gelangen? Schließlich war er kein hergelaufener Plebejer, dessen Geschwätz ohne Gewicht gewesen wäre, sondern ein hochgebildeter, einflußreicher Mann, dessen Wort etwas galt. Nun, unsere Mitautoren, die von der Anthropologie und von der Evolutionsbiologie her zu unserem Thema stoßen, werden Cato bestätigen, daß er in mancher entscheidenden Hinsicht recht hatte. Doch nichtsdestoweniger, wie konnte er ohne unser modernes Wissen, ohne die erst seit wenigen Jahren gewonnenen Erkenntnisse zu der gleichen Vorstellung von der Überlegenheit ›der Weiber‹ kommen?

Das ist so schwer gar nicht zu begreifen.

Die Römer, sowohl des Cato Vor- wie seine Nachfahren, haben immer gewußt und, was mehr ist, nie geleugnet, aus einer gynaikokratischen, d.h. frauenherrschaftlichen Ordnung zu stammen. Das ist an sich schon sehr bemerkenswert, denn es überwiegen bei weitem diejenigen Entwicklungen, in denen eine solche Überlieferung wie bei den Athenern verdrängt oder wie bei den Israeliten verfälscht wurde.

Aber die Römer wußten ja nicht, daß Griechen schon ein paar Generationen und Juden ein halbes Jahrtausend vor ihnen Männerherrschaft erzwungen hatten. Jene schätzten sie nur gering, diese waren aus ihrer Sicht völlig unbedeutend. Und die Völker Chinas, die noch früher ein Gleiches vollzogen hatten, waren den Römern nicht bekannt.

Römische Bürger sahen sich daher als die ersten und einzigen in der ihnen damals bekannten und zugänglichen Welt, die sich von der Vorherrschaft der Weiber befreit und deren Männer sich politisch und rechtlich emanzipiert hatten.

Und damit hatten sie subjektiv recht. Wo immer sie aus ihrem Kernbereich hinausstießen, von wo immer her sie sich bedroht fühlen mußten, so hatten sie es bis zu Catos Zeit mit Völkern und Staaten zu tun, die unter Frauenherrschaft standen. Wenn sie auch objektiv nicht die ersten waren, die sich emanzipierten, was zählen schon ein paar hundert mehr oder weniger von bestenfalls ganzen dreitausend Jahren angesichts einer Menschheitsgeschichte von weit mehr als fünf Millionen Jahren?

Damit sind wir ›medias in res‹, inmitten unseres Themas, bei der Kon-

frontation zweier Entwicklungen, deren eine fünf Millionen, deren andere erst dreitausend Jahre dauert. Man muß sich dies einmal veranschaulichen:
Wenn man sich die Zeit des Menschen auf dieser Erde mit 2000 Jahren vorstellt, dann gibt es Männerherrschaft erst seit einem Jahr. Und wenn man das graphisch darstellt und dazu eine gerade Linie von zwei Metern Länge verwendet, dann ist der letzte Abschnitt, der männerrechtliche, nur einen Millimeter lang.
Man kann hier an einem Manne nicht vorbeigehen, der nicht nur Cato, sondern alle antiken Quellen auf das sorgfältigste studiert und in den Dezennien zwischen 1860 und 1890, einsam und von den sogenannten Fachleuten gering geschätzt wie später Schliemann, seine Forschungsergebnisse über das ›Mutterrecht‹ – auf eigene Kosten – veröffentlicht hat. Der Basler Rechtsprofessor J. J. Bachofen ist heute ein weiteres eklatantes Beispiel für eine lange Reihe von sogenannten Außenseitern, welche dieser oder jener Fachgelehrsamkeit entscheidende Anstöße gegeben haben.
Wir wehren uns heute ein wenig gegen das zu griffige Wort vom ›Mutterrecht‹, da es nur eine Seite, und nicht die wichtigste, des Phänomens ›Gynaikokratie‹ bezeichnet. Andererseits haben wir allen Grund, Bachofen seiner Ergebnisse wegen zu bewundern, Ergebnisse, die noch vor auch nur der Existenz prähistorischer, evolutionsbiologischer, psychologischer, genetischer und anderer moderner relevanter Forschung erzielt wurden und seither weitgehende Bestätigung fanden.
Aus den Quellen, die sich ihm erschlossen, führte er den Nachweis mutterrechtlicher Ordnungen in Lykien, Kreta, Lemnos, Ägypten, Athen, Elis, Lokris, Mantinea, Lesbos, Cantabrien, Orchomenos, Zentralasien, Indien, Tibet und sagte sie für den Rest der Welt als wahrscheinlich voraus – zu Recht, wie wir inzwischen wissen.
Bachofen lebte noch vor den atemberaubenden Fortschritten in Wissenszweigen wie der Anthropologie, der Völkerkunde und der Biologie; die Höhlenbilder der Eiszeit waren zu seinen Lebzeiten noch nicht entdeckt, Sumer und Kreta noch nicht ausgegraben. Und doch hat ein Mann wie Klages J. J. Bachofen den wahrscheinlich »größten Erschließer eines urzeitlichen Bewußtseinszustandes« genannt, an dem gemessen die Glaubenslehren der von unserer Schulbuch-Geschichte erfaßten Zeiten seit Sokrates, Buddha, Zarathustra, Lao-Tse und, ein halbes Jahrtausend später, Jesus Christus »als Verdünnungen und Zersetzungen des Urquells« erscheinen.

›Mutterrecht‹, wie es von Bachofen erschlossen und genauso inzwischen weltweit von nachfolgenden Forschern wie Briffault, Bernoulli, Vaerting und vielen anderen mehr festgestellt wurde, Mutterrecht ignoriert die Mitwirkung des Mannes bei der Entstehung eines Kindes und zählt die ›Herkunft‹ nur aus dem mütterlichen Schoß, aus dem es ›her kommt‹. Wer seine Ahnen nennt – und das berichten Herodot, Strabo, Diodor u. a. ausführlich –, weist auf die Mutter und deren Mütter. Diese Sicht der ›Herkunft‹ löscht auch jeden Unterschied zwischen ehelicher und außerehelicher Geburt – »Kein Kind ist seiner Mutter Kebskind«, das galt noch im europäischen Mittelalter als gesellschaftliche, moralische und rechtliche Folge früherer Ordnungen. Auch blieb das Kind eines unfreien Mannes frei, wenn die Mutter eine Freie war. Ebenso vererbt sich Besitz nur in weiblicher Linie, die Brüder erhalten unter Mutterrecht von den Schwestern eine Art Aussteuer, wenn sie ihrerseits geheiratet werden. Das chinesische Wort für heiraten, ›hun-yin‹ bedeutet: ›einen Mann nehmen‹. Der leibliche Vater gilt nicht als blutsverwandt mit seinen Kindern, seinen persönlichen Besitz, ob in die Ehe eingebracht oder während dieser erworben, erben die Mitglieder seiner uterinen Sippe, d. h. in der Regel die Töchter seiner Schwestern. Diesen steht er folgerichtig näher als deren eigener Vater. Auch ist der Mutterbruder der einzige Mann, dessen Wort in der Frauensippe überhaupt etwas gilt. Nicht nur das Lateinische unterscheidet zwischen ›patruus‹, dem Vaterbruder, und ›avunculus‹ (= ›Onkel‹), dem Mutterbruder.

Das Forscherehepaar Vaerting hat die Liste mutterrechtlicher Charakteristika erweitert und darüber hinaus das typische Verhalten von Mann oder Frau unter entgegengesetzten Ordnungen untersucht – das der Männer also unter Frauen- und das der Frauen unter Männerherrschaft. Sie konnten ihre Untersuchungen, anders als Bachofen, auf wesentlich vermehrte Informationen und Erkenntnisse stützen, wie sie inzwischen von Völkerkundlern zusammengetragen worden waren.

Sie fanden heraus, daß viele Merkmale, die bei den einen wie bei den anderen als angeboren oder eben einfach gottgegeben angesehen werden, ganz und gar umkehrbar und daher nur ein Reflex auf die gerade gültige Sozialordnung sind. Das jeweils beherrschte Geschlecht ›gehört ins Haus‹, hütet die Kinder und kocht, es entwickelt Gemüt und Schamgefühl, es schmückt und putzt sich und hat schöner und jünger zu sein als der dominante Partner. Dem jeweils beherrschten Teil wird Treue abverlangt, während der oder die andere sexuelle

Freizügigkeit für sich in Anspruch nimmt oder zumindest praktiziert. Letzterer versieht auch dann, wenn es die Frau unter Mutterrecht ist, die Geschäfte außer Haus, sie ist dann auch in körperlicher Hinsicht die stärkere und leistungsfähigere.

Vor allem aber – und das nennt man seither den ›Vaertingschen Effekt‹ – betrachtet das jeweils schwächere Geschlecht, also Mann unter Frauen- und Frau unter Männerherrschaft, die eigene unterlegene Stellung als ›natürlich‹ und richtig. Schwäche und Schutzbedürftigkeit sind also nicht die Ursache, sondern Wirkung und Folge der geltenden Ordnung.

Unter extremer Gynaikokratie kann es dazu kommen, daß der Mann ein regelrechtes ›Hausmütterchen‹ wird. Bei einigen kanadischen Indianerstämmen wird die väterliche Pflege und Aufzucht des Neugeborenen für so unerläßlich und unersetzlich gehalten, daß die Mutter ein erst nach dem Tode des Vaters geborenes Kind gleich nach der Geburt tötet, weil es ja doch keine Chance habe, normal aufzuwachsen. Das ist aber nicht die Regel. Andere Systeme haben ein enges Zusammenleben der Frauensippe entwickelt, in die die Kinder hineingeboren und in deren Gemeinschaft sie aufgezogen werden. Dabei wird dem Mann kein Platz eingeräumt, er lebt außerhalb und kommt nur auf Besuch.

Die größere sexuelle Freiheit des herrschenden Geschlechts gilt und galt auch unter Gynaikokratie. Die Frau ist auch nach der Eheschließung noch frei in der Partnerwahl, und sie verfügt hinsichtlich der Hervorbringung von Nachwuchs relativ souverän über ihren Körper – es ist immer wieder erstaunlich, wie gewisse Naturvölker mit einfachen Mitteln Empfängnis verhindern oder abortieren. Der Gedanke an schutzwürdiges Leben schon im Embryo berührt offenbar deshalb nicht, weil die Frau über unbegrenzte Reserven an Lebenskeimen verfügt und, da dies ihr natürlicher Beitrag zum Fortbestand der Sippe ist, zu gegebener Zeit Nachwuchs hervorbringen wird.

Wie Naturvölker noch in unserer Zeit, so haben auch frühe Menschengesellschaften das Gebot der für das Überleben optimalen Dichte beachtet, das unsere modernen Verhaltensforscher überall in der Natur feststellen. Wenn Nagetiere wie Lemminge oder Wanderratten überhandnehmen, dann brüten, wie Thor Heyerdahl beobachtete, Falken, Bussarde und Adler zwei- und dreimal in einem solchen Jahr, während Füchse und Luchse mehr und öfter Junge hervorbringen. Und wenn auch das noch nicht ausreicht, dann wandern die zu zahlreichen Populationen aus und solange umher, bis sie auf ihr na-

türliches Dichtemaß zurückdezimiert sind. Wolfsrudel reagieren auf Beutemangel dadurch, daß sich die Leitwölfin den Rüden verweigert. Dann wird auch keine andere Fähe des Rudels gedeckt.
Das biologisch verankerte Gebot der Dichteregelung hat in früherer Zeit, daran sind kaum Zweifel möglich, auch den Bestand der Species Homo bestimmt. Wir wissen, daß solches Verhalten inzwischen eine einschneidende Beeinträchtigung erfuhr. Wir ahnen heute, daß die Vermehrung der Völker zu übergroßen Populationsdichten mit dem Verlust gynaikokratischer Ordnungen zusammenhängen muß – denn jene begann, als diese endeten.
Das wird an späterer Stelle noch erörtert werden.
In die Alternative zwischen Lemmingen und Wölfen, zwischen Bevölkerungsexplosion und Dichteregelung gezwängt, suchen wir unser Heil für heute und morgen in Pillen und Paragraphen. Ein Urteil wie das des deutschen Bundesverfassungsgerichts in Sachen Abtreibung (vom 25. 2. 1975) wäre unter mutterrechtlicher Ordnung schon darum undenkbar, weil in Gynaikokratien das Richteramt genauso wie das Priesteramt zunächst ausschließlich mit Frauen besetzt wurde. Noch antike Quellen sind da eindeutig. Wenn später, in Rechtspflege wie Kultus, Männer zur Mitwirkung zugelassen wurden, dann nur nach faktischer oder symbolischer Ablegung ihres Geschlechts – Eunuchen und Greise oder Männer in Frauengewändern wirkten dann neben den eigentlichen Priesterinnen und Richterinnen in diesen hohen Ämtern mit. Was Wunder, daß noch heute Richter und Pfarrer durch ihre Tracht an die weibliche Tradition ihrer Funktionen erinnert werden!
Was Cato über die Vorgeschichte des Menschengeschlechts wissen konnte, war wenig und vage – Mythos und Sage füllten die Lücken. Die zwei Jahrtausende bis zu Bachofen brachten da wenig Änderung, eher im Gegenteil. Die Hochkulturen des Vorderen Orients – auch im Mittelmeerraum bekannt – besaßen sogenannte Königslisten, die noch Jahrzehntausende hinter die ›Große Flut‹ (die Sintflut der Bibel) reichten. Zur Zeit Bachofens dagegen ›wußte‹ jeder Christenmensch, daß diese Erde erst seit 5800 Jahren bestand. Das reicht uns Heutigen kaum, um darin die ägyptische Überlieferung unterzubringen. Von Ur und Jericho wissen wir, daß schon sie diesen Rahmen sprengen.
Die Freiheit des Cato, sein Wissen durch den Glauben an Sage und Mythos zu ergänzen, mußte sich Bachofen erst wieder neu erkämpfen. Nicht nur gegen die Kirche, sondern auch und erst recht gegen

die Fachgelehrten der Wissenszweige, die er berührte. In der damaligen Zeit des ›Positivismus‹ war alles ›Mythische‹ und ›Sagenhafte‹ zutiefst suspekt und wissenschaftlich geradezu indiskutabel. Wer in jener Zeit ernstgenommen werden wollte, vermied ängstlich jeden Mythos. Anders Bachofen. Er führte eine scharfe Klinge, als er schrieb:

»Vielgestaltig und wechselnd in seiner äußeren Erscheinung folgt der Mythos doch bestimmten Gesetzen und ist an sicheren, festen Resultaten nicht weniger reich als irgendeine andere Quelle geschichtlicher Erkenntnis. Produkt einer Kulturperiode, in welcher das Völkerleben noch nicht aus der Harmonie der Natur gewichen ist, teilt er mit dieser jene unbewußte Gesetzmäßigkeit, welche den Werken freier Reflexion stets fehlt.«

Das war für die ›Aufklärer‹ des 19. Jahrhunderts, die in ihrem Denken bald wieder ähnlich dogmatisch verfuhren wie jene früheren Denkweisen, die ›aufzuklären‹ sie ausgezogen waren, eine schier bösartige Herausforderung, welche ihren Urheber nur noch einsamer machen konnte.
Es mußte erst Schliemann kommen, der dem ›sagenhaften‹ Homer glaubte und Troja genau dort fand, wo der ›Mythos‹ der Griechen es ansiedelte – obwohl auch er wußte, daß der nichtnachgewiesene Homer seine Dichtung erst Hunderte von Jahren nach den besungenen Taten geschaffen und folglich niemals selbst vor oder in Troja gestanden haben konnte.
Trotz dieses Erfolges mußte sich auch Schliemann mit Kritikern aus der Fachwelt, mit Neidern und Besserwissern herumplagen. Dies wurde etwas besser, als er auch noch Mykene fand, die Stadt des Agamemnon, des Griechenführers im Trojanischen Krieg, und zu allem Überfluß auch noch dessen ›sagenhaften‹ Schatz, nach dem sicherlich auch andere, ungenannt gebliebene Leute seit dem Altertum gesucht haben.
Und schließlich grub noch Evans den noch älteren, noch sagenhafteren Palast des Minos auf Kreta aus.
Nun ließ es sich nicht länger aufhalten: Mythos und Sage zählten hinfort als archäologische Tips. 1899 z. B. grub man bei dem märkischen Dorf Seddin drei künstlich aufgeworfene Hügel auf, weil die Bauern der Gegend nie aufgehört hatten, sich und anderen zu erzählen, daß in dem einen der Hügel ein Heidenkönig in einem dreifachen Sarg begraben sei. Man fand dann die bis dahin größte bronzezeitliche

Königbestattung auf deutschem Boden. In der aus großen Steinplatten errichteten Grabkammer stand ein mannshohes Tongefäß und in ihm eine bronzene Aschen-Urne – der dreifache Sarg der Sage.
Nun war es keine Frage des Glaubens oder Nicht-Glaubens mehr, man wußte fortan, daß Sage und mythische Form gleichfalls eine Quelle geschichtlicher Überlieferung sein konnten, genauso wichtig wie das spätere schriftliche Festhalten von Geschehnissen. Mehr noch, wir wissen heute, daß zeitgenössische Geschichtsschreibung oft subjektiven Einflüssen unterliegt, ja, manchmal sogar zu zweckdienlicher Schönfärberei angehalten und dafür belohnt wurde. Da ist mündliche Überlieferung oft genauer.

Diese Entwicklung mußte die Aufmerksamkeit erneut auch auf Bachofen lenken, dessen Berichte über antike und präantike Gesellschaftsordnungen unter der Herrschaft von Frauen sich außer auf antike Zeugnisse auch auf mythische Überlieferungen stützten. Sein Buch erlebte neue Auflagen, und nach der Jahrhundertwende setzten jüngere Forscher seine Arbeit fort.

Für die Autoren dieses Buches ist die Antike und die Zeit unmittelbar davor, wie sie sich in Sagen und Mythen darstellt, zwar auch sehr interessant und äußerst wichtig – und wir werden später noch ausführlich darauf zurückkommen –, aber im Grunde doch ›nur‹ ein später Reflex auf viel weiter zurückliegende Entwicklungen, die ohne Unterbrechung bis an den Anfang aller Dinge, bis in jene Entwicklungsphase zurückführen, da der Mensch begann, sich aus der Welt der Primaten zu lösen.

Bachofen und Schliemann waren übrigens Zeitgenossen und fast gleich alt. Sie lebten nebeneinander her, haben sicherlich voneinander gehört und verstanden, daß sie auf unterschiedlichen Wegen in gleicher Richtung vorstießen. Wir zweifeln ein wenig, ob sie eine Sternstunde der Vorgeschichtsforschung bewußt miterlebt haben. Zwar ist wahrscheinlich, daß Zeitungsberichte über die Entdeckung einer Höhle im nördlichen Spanien bis zu ihnen gedrungen sind, aber es war ja dann doch wieder alles genau wie bei ihnen selbst, wenig ermutigend:

Im Jahre 1868 hatte ein Jäger bei dem Orte Altamira eine Höhle entdeckt, deren Existenz bis dahin unbekannt war. 1878 besuchte der Grundherr, ein Don Marcellino de Sautuola die Pariser Weltausstellung und sah dort wie viele seiner Zeitgenossen zum erstenmal Relikte und Werkzeuge eiszeitlicher Menschen. Im Jahr darauf begann er, im Schutt der elf Jahre zuvor entdeckten Höhle zu graben, in der

Hoffnung, Ähnliches wie das in Paris Gesehene zu finden. Und er wurde fündig.

Eines Tages nahm er seine fünfjährige Tochter mit in die Höhle. Als dem kleinen Mädchen das väterliche Kratzen im Staub langweilig wurde, schaute es im Licht der schwachen Lampe umher. »Mira, papa! Los toros!«

Das war die Geburtsstunde der Erforschung eiszeitlicher Kunst. Eingeläutet von einem kleinen Mädchen.

Aber sie mußte erst zu einer jungen Frau von 27 Jahren heranwachsen, um lange nach dem Tod des Vaters den Triumph des Durchbruchs, der Anerkennung zu erfahren.

Bachoıen und Schliemann haben das nicht mehr erlebt.

1880 hatte Don Marcellino einem internationalen Kongreß aller Prähistoriker nach Lissabon berichtet und die Herren zu einem Besuch der Höhle eingeladen.

Es kam nicht einmal zu einer Diskussion.

›Kunst der Eiszeit‹! – das war so unglaublich, so keiner Nachprüfung wert und würdig, daß man es einfach vergaß.

1901 entdeckte man in Frankreich die Gravuren und Malereien der Höhlen bei Combarelles und Font Du Gaume. Da erinnerten sich die beiden Männer der ersten Stunde, der Abbé Breuil und Carthailac, an die vergessenen Berichte über Altamira. Im folgenden Jahr fuhren sie dorthin, erkannten die Gleichheit und die Gleichzeitigkeit dieser für sie zweifelsfrei eiszeitlichen Kunst. Auf dem Prähistorikerkongreß von 1906 schließlich erkannte man die eiszeitliche Herkunft dieser Malereien offiziell an. Wenn auch noch immer eher etwas ungläubig.

Welches Umdenken erforderte das!

Wir haben uns in der Zwischenzeit alle abgewöhnen müssen, neue Ergebnisse der Forschung von vornherein für ›unmöglich‹ zu halten nur, weil sie neu waren oder in überkommene Vorstellungen nicht hineinpaßten.

Im Laufe des einen Jahrhunderts, seit es eine ernstgemeinte und ernstzunehmende Erforschung der Vorgeschichte gibt, haben neue Erkenntnisse einander immer wieder ein- und überholt. Schon die Frage nach dem Alter des Menschen läßt die Dramatik dieser so jungen Forschung deutlich werden. Da trat der Mensch von Cromagnon, der von Mauer bei Heidelberg, der aus dem Neandertal ans Licht; und schon überstieg das aus geologischen Analysen gewonnene Alter von Jahrzehn- und Jahrhunderttausenden das Begriffsvermögen der meisten Zeitgenossen. Damit nicht genug: Der Java- und der Peking-Mensch fanden sich ein – die Marke stieg auf ungeheuerliche 600 000 Jahre.

In einer Braunkohlengrube Mittelitaliens legten Arbeiter ein anscheinend menschliches Skelett, 140 cm lang, frei – das Alter der Braunkohle und folglich des darin eingebetteten Objekts: 11 Millionen Jahre.

Man wurde vorsichtig. Man grenzte ein, was man unter ›Mensch‹ verstehen wollte. Man einigte sich, erst dann von einem ›Menschen‹ zu sprechen, wenn man zusammen mit menschlichen Relikten auch Werkzeuge fand – man war gerade darauf gestoßen, daß die Verwendung von Werkzeugen den Menschen aus der Tierwelt heraushebt. Zwar haben seitdem Verhaltensforscher, Biologen also, nachgewiesen, daß Werkzeuggebrauch doch wieder kein rein menschliches Monopol ist – ein afrikanischer Vogel zerschlägt die für seinen Schnabel zu harte Schale des begehrten Straußeneies mit einem Stein, Schimpansen schlagen und werfen mit Knüppeln nach Leoparden und anderen mißliebigen Lebewesen –, aber es blieb für die Praxis vor Ort bei dieser Prämisse.

Jetzt fand Leahey in der ostafrikanischen Oldoway-Schlucht jene Menschenreste, die er zunächst so alt schätzte wie die bis dahin ältesten Funde in Java und bei Peking. Doch die vorsorglich konsultierten Geologen belehrten die Leaheys:

1 750 000 Jahre.

Ganz gleich, was uns an weiteren Überraschungen noch bevorstehen mag, die Autoren dieses Buches pflichten E. Reclus (›Les Primitifs‹) bei, daß die Menschheit der Frau alles verdankt, was sie menschlich gemacht hat, unabhängig davon, wie weit künftige Funde diesen Anfang menschlicher Kultur noch zurückdatieren mögen. Wir werden zeigen, daß es so war und, mehr noch, daß es nur so hat sein können.

Ein anderes Beispiel: die menschliche Sprache.

Als unser Mitautor, der Paläolinguist, in den 50er Jahren, also ein halbes Jahrhundert nach Altamira und Combarelles, seine Forschungen über ›Die Sprache der Eiszeit‹ (1962 und 1979) aufnahm, da billigte die herrschende Lehrmeinung den in jeder Hinsicht außergewöhnlichen Malern und Künstlern der französischen und spanischen Höhlen noch keine Sprache, sondern bestenfalls ein unbeholfenes Lallen zu. Er dagegen begann sein Buch mit dem Satz:

»Diese Schrift unternimmt es, zu beweisen, daß die Sprache des Menschen so alt ist wie er selbst.« Noch deutlicher: »Von dem Augenblick an, als das Genus Homo sich aus der Tierwelt löste . . ., begleitete die Vox Humana seine weitere Entwicklung bis hin zum Menschen unserer Zeit.«

Etwa zur gleichen Zeit hatte Portmann herausgefunden, daß die verschiedenen Instrumente unseres Sprechens, neben Stimmbändern Nasen- und Rachenhöhle u.a.m., sich beim Menschen erst im Laufe seines ersten Lebensjahres voll ausbilden und daß analog etwa der Neandertaler noch keiner Sprache mächtig gewesen sein konnte, weil ihm diese heutigen anatomischen Gegebenheiten fehlten. Wieder waren es Funde, welche die Denkfähigkeit (Marie König) und die Kunstfähigkeit (Walther Matthes) des Neandertalers bewiesen und Portmanns Statement zu der Vermutung relativierten, daß die Sprache des Neandertalers eben anders, vermutlich rauher gewesen sein dürfte.

Die Pointe unter diesen Streit setzten nach anderen vor allem Doris F. und A. David Jonas mit der Feststellung, daß die Natur unser Sprachinstrumentarium aus ganz anderen Gründen und zu anderen Zwecken als denen der Sprache entwickelt habe. Es sei nur ein Zufall, daß dabei auch Sprache möglich geworden sei. Doch schon ein Jahrzehnt zuvor hatten deutsche Biologen wie Joachim Illies (›Die Zoologie des Menschen‹) die Diskussion der Linguisten weit hinter sich gelassen, als sie definierten:

»Die Sprache des Menschen ist *das* zoologische Merkmal, das ihn aus der Tierwelt heraushebt.«

Auch Anthropologen sind in jüngerer Zeit eher geneigt, die Entstehung der Sprache viel näher an den Beginn der Menschheitsgeschichte zu verlegen als bisher. Doris F. und A. David Jonas haben gerade jetzt den Vorstellungen der Linguistik, der Verhaltensforschung und der Anthropologie entscheidend Neues hinzugefügt. In ihrem Buch ›Das erste Wort‹ (in Vorbereitung) wird erstmalig nachgewiesen, daß auch die Sprache eine Errungenschaft ist, die die Menschheit unseren frühen Frauen verdankt. Sprache aber ist eine der wichtigen Voraussetzungen für den Lernerfolg und die Weitergabe von Erfahrungen beim frühen Menschen.

Und das wiederum ist die Grundvoraussetzung jeder kulturellen Entwicklung und jedweden Fortschritts.

Zwei Bücher, die im gleichen Jahr, 1954, erschienen, beleuchten einmal mehr blitzlichtartig die oft widersprüchliche Lage der so jungen Forschung. Herbert Kühn, der sich neben seiner Professur in Mainz als Autor wohl die größten Verdienste um die Schaffung eines der Vorgeschichte aufgeschlossenen Bewußtseinszustandes – und das weit über den deutschen Sprachraum hinaus – erworben hat, veröffentlichte ein umfassendes Werk über ›Die Kunst Alt-Europas‹. Das Buch handelt, wie sein Titel verspricht, von der *Kunst,* von dem Fortschreiten linearer Darstellung zur Fläche und zur malerischen Wirkung, von der Überwindung der Fläche schließlich durch Perspektive und räumlichen Eindruck und von der Hinwendung zu wieder linearen, abstrakten Formen. Es gibt gleich gute Bücher über die Kunst Raffaels, Tizians, Leonardos, Michelangelos, Dürers, Velasquez' und wie sie alle heißen, die späteren Künstler Europas – Bücher über die Kunst, die oft keinen Gedanken an den so kunstvoll dargestellten Gegenstand selbst verschwenden. Anders Marie E. P. König in ihrem Erstling ›Das Weltbild des Eiszeitmenschen‹.

Natürlich nahmen die Besserwisser auch diese Neuentdeckung nicht ernst. Der Mensch der Eiszeit und eine so frühe ›Kunst‹? Einfach unglaubwürdig. Der Mensch der Eiszeit und schon Sprache? Nicht vorstellbar. Der Mensch der Eiszeit und ein ›Weltbild‹? Einfach grotesk.

Doch wie in Sachen Altamira und Paläolinguistik, so mußte man schließlich auch beim ›Weltbild‹ umdenken lernen. Auch Marie König ließ sich durch Beckmesser nicht irritieren, sondern arbeitete intensiv weiter, war in allen Höhlen sozusagen zu Hause, gewann Freunde und Helfer vor Ort, erschloß so manche weitere Höhle, vor allem in der Ile de France, jener Landschaft um Fontainebleau unmittelbar südlich von Paris. Eine der ergiebigsten Höhlen wurde sogar nach ihr benannt – eine Ehre, die in Frankreich wenigen, sicherlich keiner Frau sonst und gewiß keinem weiteren Deutschen widerfuhr.

In den zahlreichen, wenn auch im Vergleich zum südlicheren Frankreich kleineren Höhlen wimmelte es von Inzisionen, mühsam eingeschliffenen Linien, Mulden, Punkten und Kreuzen. Es war schwer, sie, der herrschenden Lehrmeinung folgend, als Jagdmagie zu deuten oder auch nur zu datieren. Marie König schaffte beides. Das eine, indem sie gleiche Zeichen in solchen Höhlen suchte und fand, die schon datiert waren, das andere, indem sie den Sinn der Höhlenkunst als Jagdzauber gründlich in Frage stellte und durch den Erfolg ihrer eigenen Ausdeutung widerlegte. Diese ist inzwischen von dem höchsten Gremium Frankreichs, an der École Normale Superieure de la France – einer Art Über-Universität, an der nur Hochschullehrer ausgebildet werden – rückhaltlos anerkannt worden. Zwischen ihrer ersten Veröffentlichung 1954 und diesem Ereignis liegen mehr als 25 Jahre Forschungsarbeit.

Die Sache mit der Jagdmagie als faulen Zauber zu erkennen, das war eigentlich so schwierig nicht. Und doch ist selbst ein so verdienstvoller Prähistoriker wie der Abbé Breuil dieser Vorstellung bis an sein Lebensende treu geblieben. Im Grunde stammte diese Version gar nicht aus der Vorgeschichtsforschung, sondern war ein Denkanstoß aus den Reihen der Völkerkundler.

Naturvölker üben Jagdmagie, vor allem dann, wenn das Wild rar ist oder wenn man dringend einen möglichst raschen Erfolg braucht. Dann wird in sekundenschnellen Strichen das erwünschte Beutetier in den Sand oder in die Erde geritzt oder auch schon einmal in weiß oder Farbe auf eine Felsoberfläche gezeichnet und unmittelbar darauf wird zur Jagd aufgebrochen.

Die Darstellungen in eiszeitlichen Höhlen erforderten dagegen Wochen und Monate harter und geduldiger Arbeit an oft schwer zugänglichen Wänden und sogar Decken bei nur spärlicher künstlicher Beleuchtung. Auch das Finden, Anreiben und Herrichten der Farben aus gelben wie roten Ockern, Ruß und Tierfett war zeitraubend und erforderte große Sorgfalt. Das gleiche galt für Ritzungen in die harten Felswände.

Das alles konnte keiner Beschleunigung des Jagderfolges dienen, im Gegenteil, wenn *das* der Zweck gewesen wäre, dann wären die Maler bei ihrer Arbeit lange vor jedem denkbaren Erfolg verhungert. Das taten sie nicht, weil es zu ihrer Zeit ein Leichtes war, das zum Leben Nötige zu erbeuten. Und was eine angemessene Vorratshaltung betraf, so hatten die Menschen der Eiszeit Hamster und Eichhörnchen sicherlich längst überflügelt.

Leroi-Gourhan, einer der jüngeren französischen Prähistoriker, erschütterte die Jagdmagie-These auf andere Weise. Er fand, daß bestimmte Tierarten – Bisons, Urrinder, Wildpferde – zu etwa 90 % jeweils in der Mitte der Höhlen dargestellt waren, während Steinböcke, Gazellen und andere durch starkes Geweih auffallende Tiere entweder gleich am Anfang oder ganz am fernen Ende angetroffen werden. Da dies Schema sich von Höhle zu Höhle wiederholt, steckt System dahinter. Jetzt gewann einmal mehr jene Vermutung an Gewicht, die in diesen Höhlen Kultstätten sah. Dabei waren nicht einmal die großen Bilder so wichtig wie die kleinen Symbole und Zeichnungen von einfachen geometrischen Figuren. Marie König identifizierte sie als Lunarsymbolik. Von daher überstürzen sich die Folgerungen und

Erkenntnisse, an deren Ende die Mütter stehen, durch die man zur Wiedergeburt gelangt; durch die man das Sterben als bloßes Durchgangsstadium hinter sich läßt.
Bis zu 100 000 Jahre alte Bestattungen haben die Ausgräber bisher gefunden, die uns diesen frühen Glauben an Wiedergeburt bezeugen, durch ihre Lage, durch roten Ocker, durch Kaurischneckenschalen. Also auch hier, am Anfang und im Mittelpunkt: die Frau.
Die Rolle des Mondes erklärt sich aus seiner so dominanten Stellung am Nachthimmel. Er mußte die Aufmerksamkeit erregen und die Phantasie anregen von Menschen, die ganz notwendig auf das intensivste in und mit und aus der Natur lebten. Seine ständigen Formveränderungen ließen sich auf drei Grundformen reduzieren – die beiden gegenläufigen Sicheln und dazwischen die volle Scheibe. Die bange Zeit der Neumondphase wurde alle 28 Tage wieder sieghaft überwunden; so oft er auch tot schien, so oft erwachte er zu neuem Leben.
Ganz gleich nun, ob ›der‹ Mond (weltweit übrigens feminin wie im Englischen ›the moon and *her* light‹, Frau Luna, Selene, Doris, Inanna, Mamaquilla oder, im Westfälischen: ›Fru Rötte‹) ursächlich den Glauben an Wiedergeburt bewirkte oder nur als symbolische Parallele Verwendung fand, weltweit findet die Zahl DREI (der Mondphasen) als Symbol für die Zeit und für Wiedergeburt und für die beides verkörpernde große Gottheit der Frauen und Mütter Verwendung.
Da wir auch die Sprache als Beweismittel für das Thema dieses Buches einsetzen werden, seien einige kurze Vorbemerkungen erlaubt. Für den Verhaltensforscher ist sie »*das* zoologische Merkmal«, das den Menschen vom Tier unterscheidet. Für den nachdenklichen Nachrichtentechniker ist das Urproblem der Menschheit die Aufgabe des gegenseitigen Nachrichtenaustausches, das in der Sprache eine wunderbar vollkommene und in ihrem Urgrund noch immer geheimnisvolle Lösung gefunden hat. Friedrich Schiller, Jakob Grimm und viele andere haben über sie philosophiert, Cato hat gespottet:
»Schweigend betrachte bei dir,
was immer von jemand gesagt wird –
zeigt und verhüllt doch zugleich
Sprache der Menschen Gesinnung . . .«
Und noch deutlicher, runde zweitausend Jahre nach Cato, Frankreichs Staatsmann Talleyrand:

»Die Sprache ist dem Menschen gegeben, um seine Gedanken zu verbergen . . .«
Das ist auf eine andere Art sogar sehr viel richtiger, als Talleyrand zu seiner Zeit noch wissen konnte.
Auch Sprachforschung ist eine relativ junge Wissenschaft. Angesichts der Überfülle des zu erforschenden Materials grenzte sich die Fach-Wissenschaft gleichfalls gegen das Nicht-Handfeste ab wie die Historiker gegen Mythos und Sage: Nur das schriftlich überlieferte Wort könne Gegenstand exakter Wissenschaft sein, postulierte man und schloß damit das Nachdenken über Alter und Entstehung der Sprache aus. Denn Schrift gibt es erst seit rund 6000 Jahren. Nicht eben viel, wenn man heute Sprache an den Anfang der menschlichen Entwicklung stellt und diese auf über fünf Millionen Jahre veranschlagt, aber doch auch wieder genug aus der Sicht einer Zeit, die sich selber nur 5700 Jahre Vergangenheit zutraute.
Je weiter man in die Materie eindrang, um so drängender wurde doch zugleich das Fragen nach Alter und Ursprung angesichts der befremdlichen Tatsache, daß alle, auch die ältesten bekannt gewordenen Sprachen schon ausgearbeitete, voll grammatikalisierte Idiome sind. Auch stimmte nicht, was man wohl vorausgesetzt hatte, daß nämlich die Sprachen früherer oder primitiverer Völker auch ärmer an Wörtern und Formen seien – im Gegenteil! Die Sprache etwa der Lappen, die noch vor ein bis zwei Generationen auf der Stufe steinzeitlicher Jäger und Hirten gelebt haben, ist viel formenreicher als unsere modernen, und sie verfügt auch über eine viel kompliziertere Grammatik – z.B. über zwölf statt unserer vier Kasus.
Gar einen gemeinsamen Ursprung menschlicher Sprache zu vermuten oder zu behaupten galt – unter Nichtachtung inzwischen gewonnener anthropologischer und biologischer Erkenntnisse – als schlechter Stil, galt einmal mehr als »unwissenschaftlich«. Das änderte sich erst, und zwar ziemlich stillschweigend, mit Erscheinen des Buches ›Sprache der Eiszeit – die Archetypen der vox humana‹, 1962, in dessen Vorwort Herbert Kühn – Prähistoriker und Philologe – geschrieben hatte:
»Noch ist es zu allgemeine Übung, dem Menschen der Eiszeit alle höheren Fähigkeiten abzusprechen. So werden sich die Gedanken dieses Buches, die sich um die Sprache des Urmenschen lagern, nicht leicht ihren Weg in das Bewußtsein bahnen. Und doch liegen sie in der Luft: Die Religion des Menschen der Altsteinzeit wurde sichtbar deutlich durch das Opfer. Erkennbar wurde der Gedanke

des Fortlebens nach dem Tode. Die erstaunliche Kunst des Menschen der Eiszeit trat aus der Erde – der Nachweis der Sprache *mußte* folgen!«

Der Kernsatz jenes Buches lautete:

»Es gibt einen der gesamten Menschheit eigenen Urwortschatz von sechs Archetypen, der auch heute noch das Fundament jeder Sprache und zugleich ein erkennbares Bindeglied zwischen allen Sprachen darstellt.«

Wie beim Werkzeug, jenen nach Gehlen stein-gewordenen Begriffen, war auch beim Wort zuerst und zuvor die geistige Vorstellung da, für die es einen Ausdruck zu finden galt. Das Wort, das man schließlich wählte oder schuf, kam der da geltenden Wahrheit in der Regel am nächsten. Das ist noch heute so, wenn wir für neue Vorstellungen neue Wörter brauchen. Auf frühe Sprache bezogen, ergab sich aber oft, daß die ursprüngliche Wahrheit Veränderungen erfuhr, das Wort aber blieb. So hat also Talleyrand auf ungewollte Weise recht: Sprache bewahrt und verbirgt schließlich ursprüngliche Wahrheiten.

Ein paar einfache Beispiele:

Vor einigen Jahrzehnten war der ›Chauffeur‹ noch das, was man heute einen ›Kraftfahrer‹ nennt. Das aus dem Französischen übernommene Wort reichte aber in die Zeit vor der Erfindung des eigentlichen Automobils zurück, nämlich in die der ersten Dampfmaschinen. Folglich ist der ›Chauffeur‹ wörtlich genommen der ›Heizer‹. So also protokolliert Sprache die Wahrheit jener Zeit, als man das Wort erfand. Entsprechend reden wir noch von ›Dampfer‹ oder ›Dampferfahrten‹, obwohl die Boote und Schiffe längst keinen Dampf mehr erzeugen, um ihre Turbinen anzutreiben.

Aber auch das deutschere ›Fahrer‹, das den ›Chauffeur‹ im täglichen Sprachgebrauch allmählich ablöst, liegt nicht weniger schief als das aus dem Französischen übernommene Fremdwort: das althochdeutsche ›faran‹ bezeichnet klar und ausschließlich das ›Zu-Fuß-Gehen‹. Also das direkte Gegenteil unserer heutigen Sinngebung.

›Protokollnotizen‹ heutiger Sprache, welche die alte Wahrheit noch bezeugen, sind z. B. noch bei Hans Sachs ›der fahrende Schüler‹, ein Wandersmann, das ›fahrende Volk‹, Leute, die erst in unserer Zeit andere Fortbewegungsmittel verwenden als die eigenen Füße. Ebenso deutlich ist die ›Fährte‹, ein Fußabdruck, die ›Furt‹, an der man einen Wasserlauf zu Fuß durchqueren kann, oder bequemer, auf einer ›Fähre‹ stehend. Ein von der inneren Wahrheit her ausgeübter Zwang treibt uns auch, eine Ge-›fahr‹ immer zu *laufen,* ganz gleich, ob wir uns per Bahn, Schiff oder Flugzeug bewegen. Auch eine Er-›fahrung‹ ist, recht verstanden, was man sich erlaufen hat.

Hatte uns die Protokollnotiz vom Chauffeur um gut hundert Jahre, die vom Fahren um runde zwei Jahrtausende zurückversetzt, so gibt es im Englischen eine Gruppe von Wörtern – KIN, KINDRED, A'KIN –, die ›Verwandtschaft‹, ›Sippe‹ und ›verwandt‹ bedeuten. Das Besondere daran ist nur, daß die angesprochene Verwandtschaft ausschließlich die über die Mutter hergestellte Blutsverwandtschaft ist. Das umgreift die eigenen Geschwister, die der Mutter, deren Mutter und deren Geschwister, in keinem Fall aber die von außen hinzutretenden männlichen Partner. Diese uterine, d.h. aus dem gleichen Schoße hergeleitete Auffassung von Verwandtschaft ist die wahrheitsgemäße Fortsetzung des Begriffs aus mutterrechtlicher Zeit. Das Wort ›blutsverwandt‹ reflektiert, recht verstanden, gleichfalls eine einfache biologische Wahrheit: Das Neugeborene wird erst mit der Geburt aus dem mütterlichen Blutkreislauf entlassen. Da es kein Blut vom Vater mitbekommt, galten Kinder desselben Vaters noch in biblischen, also frühgeschichtlichen Zeiten und bei einer Vielzahl von Völkern als nicht untereinander blutsverwandt und waren auch vom – späteren – Inzestverbot nicht betroffen. Sarah, die Frau Abrahams, war dessen Halbschwester: derselbe Vater, eine andere Mutter.

Die oben erwähnten britischen Wörter bezeugen auch durch ihre sprachliche Nachbarschaft zu CWEN, QUAIN, QUEAN und QUEEN, zu den nordischen KVINN'a und KON'a, zu den altdeutschen KVENN'e und CHIN'den und sogar zu der griechischen GYN'e – allesamt = Frau – die Zusammengehörigkeit der Begriffe von Verwandtschaft und mütterlicher Frau.

Mehr Weibliches noch verrät Sprache – etwa daß der Be'GINN einer Sache und eines Lebens eben das Sich-Öffnen (ginnan = sich öffnen, klaffen, ›gähnen‹) eines Schoßes, das Gebären also, ist, daß GÖNN'en nichts anderes als das Gewähren sexueller GUN'st, das KÖNN'en zuerst nur die Fähigkeit zu sexueller Vereinigung definierte. Wobei auch die FÄH'igkeit über das althochdeutsche ›umb'FAH'en‹ (= lieben) und ›ent'FAH'en‹ (= gebären) und des Jägers FÄHE für bestimmte weibliche Tiere verrät, daß auch unsere ›Fähigkeit‹ etwas genuin Weibliches ist und Männer rigoros ›unfähig‹ bleiben müssen. Wie der ›Beginn‹ von ›ginan‹ ist auch der An'FANG von dem erwähnten FAH hergeleitet, FAVN und FANG bezeichnen das weibliche Genital, ›Anfang‹ ursprünglich wiederum den Anfang aller Dinge, die Geburt. Begriffe und Wörter, die vor Jahrzehntausenden entstanden sind.

Als ihm der tiefe Sinn des Urworts ›MÜTTER‹ (!) aufgegangen sei, sagte einst Goethe zu Eckermann, habe er sich eines seltsamen Schauders nicht erwehren können.

Nicht anders ergeht es dem Biologen, der sich vergegenwärtigt, daß sich in jedem neugeborenen weiblichen Wesen unserer höherentwickelten Fauna schon eine Vielzahl von Eizellen vorgebildet findet, die ein Weiterleben über den Tod hinaus, eine Art Wiedergeburt sichert, und daß auch schon in den weiblichen Eizellen die Anlagen für die nachfolgenden Generationen gegeben sind.

Weibliches Leben ist also ewig. Es gibt Hinweise, daß der Mensch gerade dies schon einige -zigtausend Jahre vor Goethe erkannt hat. Auch, daß männliches Leben endlich, der Mann also sterblich sei.

Und noch einmal E. Reclus: »Der Frau verdankt die Menschheit alles was sie menschlich gemacht hat. Sie ist die Schöpferin aller uranfänglichen Elemente der Zivilisation gewesen.«

Seit es Säugetiere gibt, ist die Funktion der Mutter ausgeprägt. Nur gibt es keine andere Tierart, bei der das Junge so lange auf den Schutz und die Pflege der Mutter angewiesen ist. Verglichen mit anderen Säugetieren, wird der Mensch etwa 20 Monate zu früh geboren. Er muß aber so früh hinaus auf die Welt, weil sonst sein Kopf für das Passieren des Geburtskanals zu groß würde.

Die Rolle der Mutter in unserem Sinn, die auch die Aufzucht der Nachkommen einschließt, ist eine relativ späte Phase in der Evolution. Lachse z.B. nehmen ungeheure Strapazen auf sich, um hoch über dem Meer in kleinen Gebirgsbächen Eier und Samen abzusetzen. Manchen davon kostet dieses Gebot der Natur das Leben. Wenn ihnen aber ein oder zwei Jahre später die jungen Lachse begegnen, dann fressen sie sie so gut und gerne wie andere Beute auch.

Während Insekten, Fische, Vögel und sogar noch die Mehrzahl der Säugetiere ihre Jungen entweder sofort oder nach nur einer Saison sich selbst und den Gefahren der Umwelt überlassen, dauert das Heranwachsen höherer Lebewesen viele Jahre, am längsten beim Menschen. Das hat seine natürlichen Folgen. Die Beziehungen und Bindungen zwischen Mutter und Kind werden enger und dauerhafter. Männer, auch die Väter, bleiben da draußen vor der Tür.

Viele Beobachtungen sprechen außerdem dafür, daß eine Mutter für ihren oder ihre männlichen Partner unberührbar blieb, solange sie stillte. Das dauerte auch bei uns vor wenigen Generationen noch drei oder vier Jahre lang.

Folglich bildeten sich über Jahre und Jahrzehnte intensive Bindungen zwischen den Müttern und ihren Kindern, während sie zu den eigenen Müttern und zu den Schwestern der eigenen Kindheit erhalten blieben. So stand jedes weibliche Wesen inmitten eines mütterlich bestimmten Clans – jede hatte ihre Hausmacht neben und hinter sich.

Anders die Männer. Sie gehörten nur als Kinder dazu. Einmal erwachsen, mußten sie sich wahrscheinlich jede Zugehörigkeit verdienen oder erkaufen.

In immer stärkerem Maße vermitteln uns heute Beobachtungen an Primaten Denkanstöße und Erkenntnisse über die Vor-Vorgeschichte des Menschen aus einer Zeit vor seinem eigentlichen Menschsein. Schimpansen etwa, die zwischen Urwald und Savanne leben und daher die schützenden Baumkronen als alleinigen Lebensraum gleichfalls schon verlassen haben, fallen als Horde furchtlos über einen Leoparden her, verjagen oder töten ihn sogar, fliehen dagegen bei der Annäherung von Löwen.

Aber solche Flucht geschieht nicht nach dem Schema: Rette sich wer kann! Die Fluchtordnung der Horde verlangt, daß Mütter mit Jungen und Weibchen als erste fliehen, während vor allem die jungen Männchen die Nachhut bilden und so am ehesten Opfer der Großkatzen werden.

Ein sehr frühes Vorrecht der Mütter also auf ein Mehr an Sicherheit für sich und ihre Jungen, auf Kosten der Männer. Ein Grundkonzept, das seine Gültigkeit zumindest in etwa bis heute behalten hat.

Wenn wir von der äußersten Frühzeit menschheitlicher Entwicklung sprechen, dann schwebt uns heute, kaum hundert Jahre nach dem Beginn eigentlicher Urgeschichtsforschung, ein Zeitraum von fünf bis sechs Millionen Jahren vor. Orientiert an dem Alter von Funden, die nach unseren Kriterien schon Reste oder Zeugnisse von Menschen sind. Das schließt nicht aus, daß eines Tages noch ältere Relikte erscheinen – die Entstehung der Herrentiere oder Primaten, zu denen wir zoologisch gehören, wird vor etwa 60 Millionen Jahren angenommen. Wir sind also vor weiteren Überraschungen nicht allzu sicher. Aber das nur nebenbei.

Von jenen unvorstellbar frühen Anfängen menschlicher Entwicklung bis hin zu unserer Zeit erfuhren Funktion und Rolle der Frau einige

Zur Evolution des frühen Menschen
nach Richard Leahey und Roger Lewin (›Origins‹, London 1977)

RAMAPITHECUS vor 13000000 Jahren;
aufgespalten vor 6000000 Jahren in:
AUSTRALOPITHECUS AFRICANUS (die ›grazile‹ Form)
AUSTRALOPITHECUS BOISEI (›robustus‹, die größere Form)
HOMO HABILIS.

Aus diesem wurde vor 1000000 Jahren
HOMO ERECTUS.

Dieser entwickelte sich vor etwa 100000 Jahren zum
HOMO SAPIENS NEANDERTALENSIS und zum
HOMO SAPIENS, dem Vorläufer des heutigen
HOMO SAPIENS SAPIENS.

---

entscheidende Weiterentwicklungen. Auch sie gilt es sich zu vergegenwärtigen.
Da beobachten wir, daß höherentwickelte Tierarten ihre Eier oder Jungen zu der für sie günstigsten Zeit im Jahresablauf zur Welt bringen. Davor liegt entsprechend ihrer artbedingten Periode der Gravidität oder Brut die Paarungszeit. Wir können das als ›saisonalen Sex‹ bezeichnen.
Das galt mit einiger Sicherheit auch einmal für die Gattung Mensch. Unter extremen Lebensbedingungen gilt es in etwa noch heute – z.B. bei den wenigen noch wirklich echten Eskimos fernab zivilisatorischer Segnungen.
Insgesamt aber wurde der saisonale Sex irgendwann, vielleicht schon früh, abgelöst von dem von Jahreszeiten unabhängigen, sagen wir: ›permanenten Sex‹.
Hatte die Frau zuvor schon aus ihrer Funktion als Mutter und Mitglied ihres Frauenclans Vorrechte gewonnen, so mußte vermehrter Sex ihre Bedeutung für das menschliche Zusammenleben weiter steigern. Sie wuchs dem Mann weiter über den Kopf und brachte es dahin, daß im Sex ein Gunstbeweis gesehen wurde, den es zu verdienen galt. Um so mehr als wir wissen, daß die Einsicht in den Zusammenhang zwischen Zeugung und Geburt eine sehr viel spätere Errungenschaft gewesen sein muß.
Nach der Änderung der Quantität sexueller Beziehungen ergab sich auch eine der Qualität. Obwohl es kaum nachweisbar erscheint, ist

man sich doch ziemlich einig in der Ansicht, daß der Orgasmus allein dem weiblichen Menschen vorbehalten und Tierweibchen nicht beschieden ist. Hinzu kommt, daß die Frau zu mehr Orgasmen fähig ist als der Mann zu Ejakulationen.

Dieser Umstand ist wahrscheinlich bisher zu wenig beachtet und in seinen Konsequenzen durchdacht worden. Hier sei nur festgehalten, daß das Hinzukommen dieser neuen Empfindung auf fraulicher Seite den Erwartungshorizont gegenüber dem männlichen Partner notwendig erhöhte. Nicht ohne Folgen.

Bedenkt man es recht, so mußten diese Entwicklungstendenzen frühmenschlicher Gemeinschaften zu einem klaren Übergewicht der Frau führen.

Seit der Altsteinzeit bestattet der frühe Mensch seine Toten. Nicht nur der seit 40 000 Jahren in Europa eingewanderte Cro-Magnon-, sondern auch schon der Neandertal-Mensch, denn das älteste bisher aufgefundene Grab wird auf rund 100 000 Jahre geschätzt. Seither verscharrte man die Toten nicht irgendwo und irgendwie, sondern ließ deutlich Sorgfalt walten und beachtete bestimmte Riten, die sich im Laufe der Jahrzehntausende nicht in ihrem Wesen, sondern nur in der Ausstattung und Ausschmückung änderten, in dem Maße, wie kultureller und technischer Fortschritt dies nahelegten. Die Niederlegung der Toten in Ost-West-Richtung, das Hinzufügen von Beigaben erhalten sich bis in geschichtliche Zeit. Oft finden wir die Toten der Altsteinzeit schon mit rotem Ocker bestreut, und es ist noch heute festzustellen, daß solche Farberden durchaus nicht immer in der Nähe greifbar waren, sondern oft von weit hergeschafft werden mußten. Unterzog man sich solcher Mühe, dann mußte diese Zutat von besonderer Bedeutung und Wichtigkeit sein. Noch weitere Wege aber waren zu gehen, wenn die Toten mit Kaurischneckenschalen geschmückt werden sollten. Solchen Grabschmuck finden wir heute an Stellen, die tausend und mehr Kilometer von ihren möglichen Fundstellen entfernt liegen. Hier muß also schon früh eine Art Handel bestanden haben, wie viel später mit Steinwerkzeugen, Bernstein und Salz.

Es ist aber durchaus einzusehen, warum man keine Mühe und keinen Weg scheute, um gerade Kaurischalen zu beschaffen:

Die Öffnung der Kauri ist – eine Laune der Natur – eine genaue Nachbildung der weiblichen Leibesöffnung, der Vulva, und spätestens an dieser Beigabe mußte die Forschung erkennen, daß die so Bestatteten für eine Wiedergeburt vorbereitet wurden. Dafür spricht im nachhinein die Ausrichtung zum Sonnenlauf genauso wie das Bestreuen mit rotem Ocker, rot als Farbe des Lebens, und dafür spricht auch zu anderer Zeit und an anderem Ort das Beisetzen in der Hocke, d. h. in Embryonalstellung. So wurden auch die mannigfachen Grabbeigaben erklärlich, denn man gab dem oder der Toten eben ganz einfach sein Eigentum mit, weil man davon ausging, daß sie oder er es wieder benötigen würde.

Welch ein Glücksfall übrigens für unsere Forschung! Ohne diesen Glauben an erneutes Leben wäre vieles bis zur Unbrauchbarkeit und folglich Unkenntlichkeit verschlissen worden.

So erdrückend die Beweise für den unendlich frühen Glauben der Menschen an ein Weiter- oder Wiederleben sind, so einschneidend sind die Folgen, die sich daraus ergeben. Denn zum Unterschied von der heutigen höchst blassen Vorstellung einer ›Auferstehung‹ wird aus vorgeschichtlichen Fundstellen und Darstellungen die unmittelbare und drastische Vorstellung von einer Wieder-Geburt in Form einer ganz normalen Geburt offenkundig. Daher die Schneckenschalen, daher das Symbol der Vulva hundertfach an Höhlenwänden, daher die steinzeitlichen Figuren mit ihrer Überbetonung weiblicher Merkmale, daher die Idole und Amulette – das alles ist jahrzehntausendelang nicht etwa steinzeitliche oder antike Pornographie, sondern an die Hoffnung auf Wieder-Geburt geknüpfte Symbolik.

Wieder*geburt* aber, das war nur möglich, nur denkbar durch die Frau. Es mußte zwangsläufig dazu kommen, daß die Lebenden in jeder Geburt, die sie mittel- oder unmittelbar miterlebten, die Wiedergeburt eines zuvor aus dem Leben geschiedenen, ja, möglicherweise aus *ihrem* Leben gegangenen Mitmenschen sahen.

Das deutsche Wort EN'KEL liefert da einen ergänzenden Beweis: der althochdeutsche Vorläufer unseres Ausdrucks war ENIN CHILIN und bedeutete ›der kleine Ahne‹! Man hoffte demnach, in seinen Enkeln wieder in dies schöne Leben hineingeboren zu werden.

Welch ein Machtzuwachs für die Frauen der Vorzeit! Denn nur sie waren ja imstande, der Hoffnung derer, die wußten, daß sie eines Tages sterben würden, Erfüllung zu gewähren. Noch in späten Mythologien vieler Kulturvölker tritt die sicherlich primordiale Vorstellung zutage, daß man durch Wiedereintritt in eine Mutter und durch sie hindurch zu neuem Leben geboren werde.

Die Rolle der Frau als dem einzigen Weg zu neuem Leben mußte für den frühen Menschen um so mehr Gewicht bekommen, als ihm ja der Zusammenhang zwischen Zeugung, oder genauer: zwischen Sex und

Geburt mit Sicherheit jahrzehntausendelang verborgen blieb. Vorstellungen, nach denen die Frau nach eigenem Willen und ganz aus sich heraus neues Leben schafft, ›zeugt‹, sind bis in die Gegenwart nachweisbar. Varianten geistern noch durch manche Sozialordnung. In Ländern des Islam, ansonsten unter extremem Männerrecht, herrscht z.B. die Vorstellung, daß eine Frau nach eigenem Ermessen eine Schwangerschaft ruhen lassen kann. So konnte etwa im Yemen, einem Lande mit einer ununterbrochenen 4000jährigen Geschichte, ein Mann noch drei Jahre nach seiner Scheidung zum Vater eines von seiner geschiedenen Frau geborenen Kindes erklärt werden. Vor Jahren hat man eine feste Frist von 24 Monaten als Höchstgrenze für derlei Anträge festgesetzt. Umgekehrt wird Kinderlosigkeit dahin gedeutet, daß die Frau von ihrem derzeitigen Mann keine Kinder wolle – ein nicht zu bestreitender Scheidungsgrund für den Schah von Persien oder König Hussein von ihren Frauen Soraya und Dinah. Wenn solche ›Einsichten‹ bis heute überdauern konnten, wieviel ›wahrer‹ mußten sie in der vorgeschichtlichen Vergangenheit sein, aus der Gynaikokratie in den Dämmer der Mythologie und nun in das grelle Licht moderner Forschung getreten ist.
Zumindest in der Vorstellung der Männer bestimmte die Frau der Vor- und Urgeschichte nach eigenem Gutdünken über ihren Bauch. Und man kann ganz sicher sein, daß man die Männer möglichst lange in diesem Glauben ließ. Denn dem Wissen um die wahren Zusammenhänge konnten sehr schnell massive Forderungen folgen.
In der Orest-Sage, dieser von Bachofen aufgezeigten Bruchstelle zwischen altem Mutter- und neuem Männerrecht, läßt Aischylos den Apollon als Anwalt des Muttermörders Orest sagen:
»Nicht ist die Mutter ihres Kindes Zeugerin,
Sie hegt und trägt das auferweckte Leben nur.
Es *zeugt* der Vater, aber sie bewahrt das Pfand . . .«
Da aber erhebt sich jene, der »alle Würden gebühren«, die Erynnis, mit ihrem Fluch:
»O neue Götter!
Altes Gesetz, uraltes Recht –
Ihr rennt sie nieder, reißt sie fort aus meiner Hand . . .«
Erynnis ist, das wußte Aischylos, nicht nur die rächende, sie ist auch die formende Urmacht, und von gleichem mütterlichen Stoff ist die Frau. Erynnis ist also mitbetroffen durch den ungesühnten Muttermord an Klytemnästra, den in der damaligen Zeit nur zu natürlich größten denkbaren Frevel. Daher erhebt sich mit ihr die ganze Natur

in wildem Protest – die Erde wird verdorren, nichts mehr geboren, nicht Pflanze, Tier oder Mensch. Denn – so Bachofen – »wie in der Religion des Heiligen Geistes die Sünde wider den Heiligen Geist keine Verzeihung zu erhoffen hat, so in der Religon der stofflichen Kraft die Sünde wider das Prinzip derselben, gegen das Muttertum der Erde«.

Muttertum der Erde – aus ihren Spalten und Höhlen, Teichen und Quellen holte man nach den Vorstellungen unserer Vorfahren die Kindlein heraus, um sie über eine Mutter neuem Leben zuzuführen. In der Erde bestattet, hieß: der großen Mutter zurückgegeben zu sein. Wir haben diesen Brauch bis heute beibehalten, und das ist an sich schon einen Schauder wert, aber wir gedenken nun auch noch wacher des römischen Rechtsbrauchs, den wegen Parricidium Verurteilten nicht zu bestatten – er, der einen aus dem gleichen Mutterschoß Herstammenden getötet hatte, sollte von jeder Wiedergeburt ausgeschlossen sein, keine Mutter sollte ihn je wieder in sich aufnehmen können.

Bei den australischen Aborigines hat sich diese Vorstellung des wieder In-sich-Aufnehmens verstorbener Sippenzugehöriger erhalten. Man denkt sie sich an bestimmten Kreuzwegen in Löchern verborgen, von denen aus sie in vorübergehende Frauen zu schlüpfen versuchen. Man lehrt daher junge Frauen und Mädchen, denen man die Last von Schwangerschaft und Geburt noch nicht zumuten mag, solche Stellen in gebückter Haltung, hinkend und schlurfend zu passieren, um so dem wartenden Toten ein nicht mehr gebärfähiges Alter vorzutäuschen. Wenn es dann doch einmal passiert ist, hat die Täuschung eben nichts genützt. Daß Kinder durch sexuelle Vereinigung entstehen, erschiene ihnen absurd. Empfängnis ist bei vielen Naturvölkern unbefleckt und wird durch alles andere eher bewirkt als durch Männer.

Wenn aber die Frauen den Schlüssel für die Wiedergeburt des Menschen – übrigens beileibe keine Selbstverständlichkeit – in Händen hielten, dann wächst ihre soziale Vormacht in die dritte Dimension. Ihre Machtfülle im Leben ihrer zugehörigen Clans nahm entsprechend zu, je älter sie wurden, je mehr Kindern sie also Leben gegeben und damit Verstorbenen zu Wiedergeburt verholfen hatten. Darum die Achtung und das Ansehen, das alte Frauen in besonderem Maße genossen.

Die Allgegenwart weiblicher Vorstellungen und Assoziationen zeigt sich noch an so späten Errungenschaften der Menschheit wie dem Gefäß (aus Ton) und dem Schiff. Sehr frühe Gefäße sind mit Brüsten geschmückt, und Schiffe wurden in den meisten Sprachen mit femininen Artikeln oder Endungen versehen. Wörter dafür sind oft direkt von Vokabeln mit dem Sinngehalt ›Frau‹ abgeleitet. Das gilt ganz eindeutig auch für die viel ältere Erscheinung ›Höhle‹. Mütterglaube und Mütterkult ist an Höhlen gebunden. Märchen, Volks- und sogenannter Aberglaube haben uns in vielfacher Form die Erinnerung an Höhlenkulte, unterirdische Gewölbe, an ›salige Fräulein‹, die samt ihrem Schlosse in der Erde versanken, bewahrt.

Die Höhlen der Eiszeit, die wir in Spanien und Frankreich besuchen und bewundern, waren weniger Wohn- als gleichfalls Kulthöhlen. Denn Dinge und Geräte des täglichen Lebens finden die Ausgräber in der Regel am oder nahe dem Eingang, geritzte und gemalte Darstellungen vornehmlich im Hintergrund der Höhlen. Die herrlichen Wildpferde von Niaux (Nordpyrenäen) fordern dem Besucher z.B. einen stundenweiten Marsch durch den langgezogenen Höhlengang ab. Es hätte wenig Sinn gehabt, so weit im Inneren zu wohnen. Sehen wir aber in den Malereien kultische Bilder, dann wird der lange Weg durch das Innere der mütterlichen Erde sinnvoll. Da wird das endliche Wieder-heraus-ans-Licht-Treten selber zu einer gleichnishaften Art von Wiedergeburt.

Wo es Höhlen nicht gab, schuf der Mensch in mühsamer Arbeit Gleichwertiges. Rätselhafte megalithische Bauten oder unterirdische Gangsysteme wie in Niederösterreich und andernorts sprechen da eine deutliche Sprache. Weil die Erinnerung an sie sogar ihre Verschüttung oder Zerstörung überlebte, findet man häufig Kapellen oder Kruzifixe an ihrem einstigen Zugang. Dr. Hager, vor einem halben Jahrhundert Konservator und Denkmalspfleger in Bayern, schrieb damals über die Anlage von Reichersdorf:

»Die unterirdischen Gänge von Reichersdorf bei Miesbach liegen kaum hundert Schritte nordwestlich der Kirche. Was die älteren Gänge anlangt, so erweisen sich dieselben durch ihren Grundriß sowie durch ihren Bau als zur Gruppe jener zahlreichen unterirdischen Gänge oder Höhlen gehörig, welche von den Forschern übereinstimmend der vorgeschichtlichen Zeit zugeschrieben werden. Ein Teil der Gänge mit der sogenannten Barbara-Kapelle scheint von Probst Valentin so weit vergrößert worden zu sein, daß man in denselben aufrecht gehen kann. In den übrigen Teilen ist ein Vorwärtskommen nur in gebückter Haltung möglich. Gewöhnlich sind derartige Gänge in Löß geschnitten, und zwar in sehr sorgfältiger Weise mit gut geglätteten Wänden und spitz- und auch rundbogigen Dekken, so daß jedermann die gewissermaßen elegante Arbeit bewundern muß. An die Reichersdorfer Gänge knüpft sich die auch anderwärts vielverbreitete Sage von den Drei Jungfrauen.«

Dieser beiläufige letzte Satz und die Erwähnung der Hl. Barbara sagen über den Sinn der Anlage für den heutigen Stand der Forschung deutlich genug aus, daß es sich um Kultgänge handelte, welche der Verehrung der Großen Mütter durch unterirdische Prozessionen und Opfer dienten. Dabei war auch die niedrige Bauart, die zu gebückter, also annähernd embryonaler Haltung zwang, mit Sicherheit beabsichtigt. Wer da nach stundenlanger Wallfahrt durch das Dunkel der Gänge wieder ans Licht trat und zugleich den Körper wieder strecken durfte, der empfand recht intensiv die symbolisch vollzogene Wiedergeburt nach.

Was Schöpfungsgeschichten verraten

Richard Fester

»Die Frau ist das von Anfang an Gegebene, der Mann das Gewordene – sie die Ursache, er die Wirkung.«
Dieses Axiom könnte man als das Grundschema aller frühen Schöpfungsgeschichten nehmen, die nur in Einzelheiten und in der Ausschmückung das immer gleiche Thema variieren.
Für uns sind diese Geschichten darüber, wie alles einmal begann, und wie sie in unsere geschichtliche Zeit noch hereinragen und überliefert sind, ein Reflex und Abglanz uralter Vorstellungen. Sie haben vielerorts den späten Wechsel zu männerherrschaftlichen Ordnungen unbeschadet überstanden; wo sie verändert wurden, ist das heute wieder erkennbar.
Ohne die Natur schon so gründlich kennen zu können, schuf der frühe Mensch mit seinen Ideen von der Entstehung des Menschengeschlechts den Begriff der Parthenogenese, der jungfräulichen Geburt, des Gebärens ohne den Faktor männlicher Zeugung. Erst wir wissen dank der modernen Biologie, daß die Große Mutter Natur sich beim Schaffen organischen Lebens auf genau diese Weise geholfen hat. Wenn wir die Geschichte des Lebens auf dieser Erde als Ganzes überblicken, dann hat die Zeit solcher eingeschlechtlicher Fortpflanzung sogar länger gedauert als die seit dem Aufkommen zweigeschlechtlicher Genese verstrichene.
»Das Urweib im Tierweibchen pflanzt nicht nur sich selbst fort, es hat ganz allein das Männliche hervorgebracht; das Männchen dagegen nie etwas ohne das Weib. Fadenwürmer, Rädertiere, Salzkrebse, Blattläuse, verschiedene Wespen und Schmetterlingsarten, sie alle sind jungfräulich gebliebene Mütter« (Sir Galahad).
Auch die Bienenkönigin ist noch der Parthenogenese fähig. Zwar hat sie auf ihrem nur einmal im Leben stattfindenden Hochzeitsflug genug Samen in sich aufgenommen, um ihn über Jahre verteilt ihren Eiern zuzuführen. Wenn aber die ihr bestimmte Zeit kommt, legt sie unbefruchtete Eier. Was denen entschlüpft, sind Männchen,

vom Imker ›Drohnen‹ genannt. Auch wenn ihr Vorrat an Samen erschöpft ist, legt sie weiter Eier, aus denen weiterhin Bienen schlüpfen – da das aber nur Drohnen sind, die weder zur Brutpflege noch zum Einsammeln der Tracht taugen, stirbt das Volk und sie selbst als letzte der Weibchen, nicht einmal betrauert von den zur gleichen Zeit verhungernden Männchen.*

Von der ägyptischen Urmutter Neith oder Nuth singt der Mythos aus steinernen Inschriften:

»Nuth, welche die Sonne gebar
und die Keime der Götter und Menschen legte«

oder

»Vater der Väter, Mutter der Mütter,
die Seiende nämlich,
welche von Anfang an gewesen ist.«

Und – noch deutlicher:

»Was da ist, was da sein wird, und was gewesen –
bin ICH.
Meinen Schurz hat keiner aufgedeckt,
die Frucht, die ich gebar, war die Sonne.«

---

* So wichtig frühe, d.h. in die Denkwelt der Steinzeit zurückreichende Mythologien die Parthenogenese nahmen als Brücke vom Anbeginn allen Lebens zu sich selbst, so recht hatten sie mit dem, was Bachofen für sie so formulierte: »Die Frau ist das . . . Gegebene, der Mann das Gewordene.« Wie biologisch wahr das ist, wissen wir erst seit 1972, seit Dr. med. Mary Jane Sherfe (›The Nature and Evolution of Female Sexuality‹) schrieb:
»Um es genau zu sagen – wir können nicht länger von einer undifferenzierten oder bisexuellen Phase am Beginn embryonischer Entwicklung sprechen. Das frühe Embryo ist nicht undifferenziert, *›es‹ ist weiblich!* Am Anfang werden wir alle als weibliche Wesen geschaffen. Zwar wird das genetische Geschlecht bei der Befruchtung bestimmt. Aber der Einfluß der Sexualgene kommt beim Menschen nicht vor der 5. bis 6. Woche des foetalen Lebens zum Tragen. Während jener ersten Wochen sind alle Embryos morphologisch Weibchen.
Wenn die foetalen Keimdrüsen vor der Differenzierung entfernt werden, entwickelt sich der Embryo zu einem weiblichen Körper, dem nur die Ovarien fehlen; das geschieht ohne Rücksicht auf den genetischen Sexus. Wenn man Embryos von Versuchstieren in dieser Weise operiert, bleibt ein Weibchen mit männlichen Chromosomen, aber ohne Ovarium, körperlich infantil, weil die pubertäre Transformation, die durch die Drüsen des Ovariums bewirkt wird, nicht stattfinden kann.«

Auch den babylonischen und griechischen Urmythen gilt weibliches Sein allein schon als Zeugungskraft. Eine Vorstellung übrigens, die sich bei einigen Völkern bis in die Gegenwart erhalten, bei anderen dazu geführt hat, anzunehmen, daß es allein vom Willen der Frau abhängt, ob sie Kinder gebäre oder nicht. Diesen Glauben an weibliche Schöpferkraft verraten Wörter wie das lateinische ›GENE'rare‹ oder das ›a'KALAK‹ der Tuareg, weil sie wie Hunderte von anderen Sprachen auch ihr Wort für ›zeugen‹ bei dem für ›Frau‹ anhängen oder von ihm ableiten.

Thalat, die Urmutter der babylonischen Mythen, gebärt erst in der zweiten Generation ein Götterpaar, Apsu und Thiamat, die später als Demeter das Urbild aller Großen Mütter der Fruchtbarkeit wurde. Für die Griechen geht aus dem »alles merkenden Abgrund« (sicherlich eine schwache Übersetzung!) als erste die weibliche Erdgottheit Gaia hervor, die ihrerseits, ohne Zutun eines Mannes, den Himmel, also Uranos, und mit ihm, ihrem Sohn, das Geschlecht der Titanen ›zeugt‹. Ganz parallel berichtet der nordische Mythos von Ginnangagab, der großen ›Sich-Öffnenden‹, die den Ymir, den ersten der Götter, hervorbringt.

Die Urmutter aller Dinge war für die Sumerer Inanna, ihr sind Himmel und Erde, Ober- und Unterwelt gleichermaßen eigen. Auch sie bringt, aus sich selbst, den Sohn und späteren Geliebten Tammuz hervor, der die Hälfte des Jahres über, die andere Hälfte unter der Erde verbringt. Seine Wiederkehr wird mit Freudenfesten gefeiert, ein ›Untergang‹ tagelang vom ganzen Volk betrauert und beweint.

Die Herkunft *nur* von einer Mutter war in den Vorstellungen früher Menschen offenbar nicht nur etwas ganz Natürliches – bei einigen Naturvölkern ist die ›unbefleckte Empfängnis‹ noch heute die einzige bekannte Art von Konzeption überhaupt. Aber selbst dann, als Einsichten in die wahren Zusammenhänge wuchsen, war weit in männerrechtliche Zeiten hinein jungfräuliche Geburt etwas, dessen man sich als eines besonderen Vorzuges rühmte: Heroen, Ahnherrn, Götter, Weise, chinesische Philosophen, siamesische Helden, indianische Heroen oder tibetanische Propheten wollen für reine Muttergeburten gelten, wie wir dies von Buddha, Jesus, Quetzalcoatl, Plato, Montezuma und Dschingis Khan ›wissen‹.

Inmitten der Schöpfungsgeschichten des Vorderen Orients, zwischen den ägyptischen, mittelmeerischen und mesopotamischen Hochkulturen erscheint die biblische Schöpfungsgeschichte vom Paradies und Adam und Eva als eine tendenziöse Fälschung. Die Sache mit Eva

(›Die Sache mit dem Apfel, eine moderne Wissenschaft vom Sündenfall‹, Hrsg. Joachim Illies, 1972) war ursprünglich mit Sicherheit eine Parallele zu Neith und Inanna – ›in Wahrheit‹ also gebar Eva, die Urmutter der Juden, den Gott Jahwe und zeugte mit ihm Adam. In den Augen des Prähistorikers Brüning verrät die verfälschte Version: »Wenn der Verfasser die Schuld am Verluste des Paradieses der Eva, also der Frau, aufbürdet, so zielte er damit auf die unbedingte Durchsetzung einer patriarchalischen Ordnung ab, die für ihn zur Zeit der Abfassung ein erst noch durchzusetzendes Programm war.«
Diese Aussage »verfolgt auch einen ganz bestimmten Zweck, nämlich die Entrechtung der Frau«. Die Strafe Gottes für die Tat des Weibes nach Moses: »Ich will dir viel Schmerzen schaffen, wenn du schwanger wirst: du sollst mit Schmerzen Kinder gebären, und dein Verlangen soll nach deinem Mann, und er soll dein Herr sein«.
Moses hatte sich damals die Aufgabe gestellt, die Israeliten aus der ägyptischen Gefangenschaft zu führen, und das im Zeichen Jahwes. Die ägyptischen Unterdrücker lebten zu Moses' Zeiten unter gynaikokratischer Ordnung. Ein Grund mehr für Moses, Weiber zu hassen. In den Hochkulturen ringsum waren Religionen entwickelt worden, die auf die Menschen in und zwischen diesen Reichen einen großen Zauber ausübten, nicht nur, weil sie allen verständlich und einleuchtend waren, sondern vor allem auch, weil sie die Menschen von der Furcht vor dem Tode befreiten. Reichtum der Ernten gestattete allen ein gutes Leben, Eigentum an Grund und Boden gab es nicht, die fruchtbaren Äcker gehörten dem Tempel.
Die Israeliten waren damals noch Nomaden und als solche in Gefangenschaft geraten. Sie waren noch nicht fähig, die Segnungen eines geordneten Staatswesens für sich zu gewinnen. Die gewaltsame Befreiung aus gynaikokratischer Unterdrückung erschien daher dem Volksführer Moses, zu Recht oder zu Unrecht, als der einzige Weg zur Befreiung. Da auch innerhalb des eigenen Volkes der Widerstand Jahrhunderte überdauerte, mußte das Umformen der Schöpfungsgeschichte um so radikaler, die eigenen Frauen in eine mindere Rolle gezwungen werden. Da war die Schuld am Verlust des Paradieses für das in die Sklaverei gezwungene Volk ein guter Aufhänger:
»Die arme Eva ist von allen späteren Generationen um ihrer Tat willen verdammt worden, während etwa die Babylonier von ihrer Stammutter eine so hohe Meinung hatten, daß sie sie zur Göttin erhoben« (Brüning).
Wie schwer es trotzdem war, das Volk aus dem Glauben an die Große

Mutter oder Himmelskönigin zu lösen, beklagte noch Jeremia mit harschen Worten. Die Veränderung vorhandener Mythen war zu der Zeit, als die Mär vom Sündenfall entstand, eine längst bekannte Praxis. An die Stelle der gütigen Göttin mußte Eva, das Weib, als Unheilbringerin treten. Doch noch 600 Jahre nach Moses klagt Hesekiel darüber, daß er im Tempel des Herrn Weiber getroffen, die über den Thammus weinten, ja, noch Schlimmeres will er gesehen haben. Das Volk glaubte offenbar ungebrochen an Thammus und seine Mutter, die Himmelskönigin. Obwohl die Frau am Ende zum bloßen Objekt von Lust und gebotener Fortpflanzung entwertet war, blieb Angst zurück – alle Dämonen waren damals weiblich, und Gestalten wie die männeraussaugende Lilith wurden gar mit Eva zusammengesehen.

»Der Bericht vom Sündenfall, die Sache mit Eva, war für die Entwicklung des Abendlandes immer eine Belastung besonderer Art. Er hat weitgehend zur allgemeinen Entrechtung der Frau in unserer Gesellschaft beigetragen, er hat nicht zuletzt jene beklemmende Verbindung von Fleischeslust und Sünde schlechthin geschaffen, die einsichtige Christen heute bedauern. Diesen Bericht mit den Augen des Vorgeschichtlers zu betrachten, dürfte darum vielleicht hilfreich sein« (Brüning).

Für die Welt von damals mußte dieser Bericht vom Sündenfall Evas außerhalb des jüdischen Volkes wie eine ungeheuerliche Gotteslästerung wirken. Da die Juden dann später bei ihrer Eroberung ›des gelobten Landes‹ in Palästina ›auf Befehl Jahwes‹ alle die umbrachten, die diesem Glaubenswechsel ihre Zustimmung verweigerten, haben sie für die folgenden Jahrhunderte einen begreiflichen Haß gegen sich selbst gesät, der sich als Antisemitismus institutionalisierte, als längst vergessen war, worin er seinen ursprünglichen Grund hatte, und das, obschon das Christentum diesen Teil der jüdischen Überlieferung übernahm. Damit hatte die einstige Verleumdung Evas, der Stammutter eines kleinen und damals recht unbedeutenden Nomadenstammes, eine verheerende, bis heute vorhandene Wirkung für die Frauen des Abendlandes.

Die echte Version von einer Stammutter Eva, die Jahwe gebar und mit ihm Adam ›zeugte‹, schimmert noch durch das Märchen von der Rippe Adams, aus der mit Gottes Hilfe die arme Eva entstand. Mohammed ist 2000 Jahre später diesem Beispiel gefolgt und hat aus der islamischen Urmutter Uzzra ein Töchterlein Allahs gemacht. Die Geschichte Evas wurde aus der sumerischen Mythenwelt übersetzt.

Wenn dabei dann gerade die Rippe Adams herhalten mußte, so liegt das an dem Zufall, daß das sumerische Wort TI für ›zeugen‹ auch ›Rippe‹ bedeuten kann. Aber natürlich war die nicht gemeint.
Je älter eine Mythologie, um so mehr weibliche Gottheiten bevölkern den jeweiligen Himmel. Das ändert sich mit der Zurückdrängung der Frauenherrschaften auf Erden. Das seit alters größte hellenische Heiligtum von Delphi, dem Apollon geweiht, war zuvor die besondere Kultstätte der Gaia. Um es für sich zu gewinnen, mußte Apollon die große Schlange der Gaia töten. Die Schlange galt vorzeitlichem Glauben wie der Mond als Symbol der stetigen Wiedergeburt und so auch als Allegorie für das Mütterliche und für die Klugheit. Nicht nur Gaia, auch der kluge Aeskulap wird von ihr begleitet. Als ägyptischer Kopfschmuck spielt sie noch heute bei jeder Aida-Aufführung mit, in den Händen einer von Evans gefundenen kretischen Göttin symbolisiert sie höchste weibliche Würden. Was Wunder, daß auch sie gleich Eva umgebogen, ihre Klugheit zu List verfälscht und ihre Bedeutung für eine glückliche Wiedergeburt in ein schöneres Leben zu dunklem, verderbenbringendem Wirken verdammt werden mußte – denn für sich allein hätte sie immer noch die große Muttergöttin und die Gewißheit einer Überwindung des Sterbens symbolisiert.

Frauenherrschaften in aller Welt

Richard Fester

Bevor wir in die großen, der Urgeschichte gewidmeten Teile dieses Buches eintreten, sollten wir in gedrängter Form das schildern, was Altertums- und Völkerkunde über das zu berichten vermögen, was aus urgeschichtlichen in geschichtliche Zeiten hereinreicht. Man möge uns nachsehen, wenn wir uns bei diesem Kapitel kurz fassen, wir wissen sehr wohl, daß zu jedem von uns erwähnten Beispiel sehr viel mehr gesagt werden kann – und ja auch von Berufeneren gesagt worden ist (z.B. Sir Galahad ›Mütter und Amazonen‹).

Um 1100 vor der Zeitrechnung kamen als letzte der griechischen Stämme die Dorer ins Land. Sie stießen südwärts vor und eroberten in einem großen Zuge die gesamte Peloponnes, obwohl die dort ansässigen Völker – man denke an Mykene, Tiryns und andere – weder kulturell noch militärisch quantités négligeables waren. Obwohl also strahlende Sieger, verschmähten sie es, sich zu bereichern. Das übrige Griechenland hat die Beweggründe der Spartaner nie begriffen. Sie überließen es Metöken und Heloten, gewinnbringende Gewerbe zu betreiben und in der Götter Namen steinreich zu werden – sie selber blieben freiwillig arm, um frei von allen Belastungen in ihrer Persönlichkeit ein Höchstmaß an Freiheit und persönlicher Entfaltung zu erreichen und zu bewahren.

Sparta war und blieb bis zu seinem Untergang eine Gynaikokratie. Es widerlegt zugleich jene Vermutung, daß Männer unter Frauenherrschaft verweichlichen und bei kriegerischen Auseinandersetzungen ihren Mann nicht stehen. In den meisten Frauenreichen lag das Militärwesen in Männerhänden, und dem Aristoteles wird die verwunderte Äußerung zugeschrieben, daß die kriegerischsten Stämme in der damals von Athen aus überschaubaren Welt gynaikokratische Völker seien. Demselben Athener entfuhr der bittere Vorwurf an den großen Gesetzgeber Spartas, Lykurg – und das noch 500 Jahre nach dessen Tod –, er habe nichts unternommen, um die Herrschaft der Frauen zu beenden oder wenigstens zu begrenzen.

Durch die ganze griechische Geschichte zieht sich der Gegensatz Athen–Sparta, und das war eben und vor allem auch der Gegensatz Frauen- versus Männerherrschaft. Und wer als Spartanerin und Spartaner wußte, wie miserabel die Herren von Athen ihre Frauen und Mädchen behandelten, der schwor sich einen nie erlahmenden Widerstand gegen jede Überfremdung mit athenischem Lebensstil zu.

Athener Besucher wie z.B. Euripides waren empört, wie selbstherrlich und ungezwungen Spartas Frauen auch in politischen Dingen, ja, sogar bei Entscheidungen über Krieg oder Frieden mitredeten. Zu Hause waren sie absolute Herrinnen, als junge Mädchen verfügten sie vor der Ehe völlig frei über sich, maßen sich mit jungen Männern, »die Kleider abgelegt, die Hüften nackt, zu gleichem Ringkampf«. Aber, trotz aller körperlichen Freiheit und Ertüchtigung entwickelten sich die Spartanerinnen nie zu Amazonen.

Die Dorer leiteten ihren Namen von der Mondgöttin Doris ab, ihre Ahnfrau sahen sie in Helena oder Selene, der Mondfrau ferner Vorzeit. Schon dies bezeugt ihre enge Bindung an Mütterglauben und Frauenherrschaft der Vorzeit, denn die höchste Gottheit der vorgeschichtlichen Frauenreiche war fast stets eine Mondgöttin, und das rings um den ganzen Erdball. Nichts geschah, wenn nicht die Stellung des Mondes den guten Ausgang eines Unternehmens begünstigte – die Spartaner blieben bekanntlich der Schlacht von Marathon fern, einziger Grund: die ungünstige Mondphase.

Waren die jungen Mädchen vor der Ehe völlig frei in der Wahl ihrer Partner, so war die Ehe selbst dann eher ein sexuelles Zweckbündnis. Während der Mann zur Treue verpflichtet blieb, nahm sich die verheiratete Frau ihre Freiheiten – man denke an die Helena der Ilias, die den Paris ihrem angetrauten Menelaos vorzog, die aber, nach dem Krieg in Sparta zurück, ganz selbstverständlich den alten Platz wieder einnahm und ungeschmälert würdig die Zügel wieder in die schönen Hände nahm, ungeteilte Bewunderung erregend beim Sohn des Odysseus, Telemachos, der sie besuchte.

Zum Neid der übrigen Weiber schlief der Athener Alkibiades bei einem Besuch in Sparta mit der Königin, und aus dieser nie verheimlichten Begegnung ging dann auch ein Kind, ein Sohn, hervor. Eine vornehme Athenerin, die mit ihrem Mann Sparta besuchen durfte, äußerte Gorgo gegenüber, der Frau des berühmten Feldherrn Leonidas, daß sie die Frauen Spartas von ganzem Herzen beneide, sie seien die einzigen Frauen Griechenlands, die ihre Männer völlig be-

herrschten. »Wir sind aber auch die einzigen«, wurde sie von der stolzen Gorgo beschieden, »die wirkliche Männer gebären.«
Der große Lykurg des gynaikokratischen Sparta erließ seine Gesetze, um seinen Staat stark zu machen, »nicht um Unrecht zu tun, sondern um keines erleiden zu müssen«.
So konsequent, ja extrem männerrechtlich Athen auch in geschichtlicher Zeit durchorganisiert war, so sicher ist, daß die frühe Königslinie weiblich, Attika der Name einer Prinzessin und noch in den frühen Ratsversammlungen die Frauen stimmberechtigt waren. Außer den Juden hat aber kein Volk in späterer Zeit das Herkommen aus gynaikokratischer Vorzeit so wütend verleugnet wie die Athener. Der Sage nach haben vor der deukalischen Flut Vielmännerei und vaterlose Zeugung geherrscht, und man weiß sogar, daß es Kekrops, der Gründer der Akropolis, war, der die patriarchalische Ehe einführte.
Dagegen waren die Pelasger, ein Sammelname für alle prähellenischen Völker mittelländischer Herkunft, fast ausschließlich mutterrechtlich organisiert, und ganz natürlich überdauerten Kulte und Bräuche, wie immer mehr oder weniger offen, die politischen Veränderungen. So war durch die ganze klassische Zeit Mantinea ein Ort weithin bekannter Frauenmysterien, und auch Diotima, jene junge und weise Frau aus der Umgebung Platons, von Hölderlin zu neuem literarischen Ruhm erweckt, war Mantineerin. Die großen Orakel wie das des Apollon in Delphi wurden von einer Frau versehen, die über einer Erdspalte wahrsagte. Alle Sagen, die den vorherigen Status der großen Kultstätten betreffen, verraten fast ausnahmslos, daß sie in früherer Zeit der Aphrodite, der Gaia oder anderen Muttergottheiten wie etwa Artemis Lochaia, Helferin der Frauen bei Geburten, geweiht gewesen waren.
Früheres Mutterrecht verrät sich immer auch, wie in ganz Griechenland, durch die Bewertung der Verwandtschaftsgrade. So galten Halbgeschwister väterlicherseits als nicht nahe verwandt und konnten heiraten, Halbgeschwistern mütterlicherseits stand die Inzestschranke entgegen. Auch dieser Begriff des Inzests dürfte damals noch eine recht neue, vom Patriarchat erzwungene Neuordnung gewesen sein, da Brüder bis in die Antike hinein eine Vorrangstellung innehatten und eher geheiratet wurden als andere Männer, und das nicht nur in Ägypten, sondern allgemein unter Gynaikokratie. Die lykische Königin Artemisia errichtete dem verstorbenen Brudergatten Mausolos ein ihrem Schmerz entsprechendes überdimensionales Grabmal, nach dessen Vollendung sie die Königswürde ablegte und

ihrer jüngeren Schwester übergab, die gleichfalls mit dem eigenen Bruder verheiratet war. Daher noch heute unser Wort ›Mausoleum‹ für ein besonders eindrucksvolles Grabmal.

Eheschließung zwischen Geschwistern war weltweit bekannt. Sie wurde jahrtausendelang offenbar ohne biologischen Schaden für die Völker beibehalten. Wenn das als von Natur aus gegeben und in keiner Weise abwegig betrachtet wurde, dann wohl auch dank der Schöpfungsmythen, die ja nicht einmal vor der heute als Blutschande definierten Verbindung zwischen Müttern und Söhnen haltmachten.

In Elis, der weiten Ebene der Peloponnes mit ihrer gleichnamigen Stadt, verwalteten sechzehn Matronen das höchste Richteramt, die Lokrer verstanden ihren Namen als ›Mutterland‹ – auch griechisch ist ›lochos‹ die Geburt. Sie leiteten, hierin Julius Caesar gleich, ihre Herkunft von Aphrodite selbst her, nur ist nicht bekannt, ob sie sich dadurch im nachhinein verpflichtet fühlten wie der Julier, dessen Soldaten den Menschen am Straßenrand zuriefen: »Habt auf eure Frauen acht – der kahle Buhler kommt!«

Bachofens Werk beginnt mit den Worten:

»Jede Untersuchung über das Mutterrecht muß von dem lykischen Volke ihren Ausgang nehmen. Für dieses liegen die bestimmtesten und auch an Inhalt reichsten Zeugnisse vor.«

Lykien lag im Südwesten Kleinasiens. Herodot, der »der alles selber sah« und auch Lykien bereiste, fand:

»Ihre Sitten sind zum Teil kretisch, zum Teil karisch. Jedoch eine sonderbare Gewohnheit haben sie: sie nennen sich nach der Mutter und nicht nach dem Vater. Denn wenn man einen Lykier fragt, wer er sei, so wird er sein Geschlecht von Mutterseite angeben und seiner Mutter Mütter herzählen. Und wenn eine Bürgerin mit einem Sklaven sich verbindet, so gelten die Kinder für edel geboren. Wenn aber ein Bürger, und wäre er der vornehmste, eine Ausländerin oder ein Kebsweib nimmt, so sind die Kinder unehlich.«

Ein anderes Bruchstück stammt von Damascenus:

»Die Lykier erweisen den Weibern mehr Ehre als den Männern, und sie vererben ihre Hinterlassenschaft auf die Töchter, nicht auf die Söhne.«

Dagegen fand Ponticus berichtenswert:

»Die Lyker haben keine geschriebenen Gesetze, sondern nur ungeschriebene Gebräuche. Von alters her werden sie von Frauen beherrscht.«

Im Verzicht auf geschriebene Gesetze, der fast als ein weiteres Merkmal für Frauenreiche gewertet werden kann, sehen die Forscher einen Ausdruck für das unmittelbare Vertrauen auf nie in Zweifel gezogene, urmütterliche Gerechtigkeit:

»Gewiß ist«, sagt dazu Bachofen, »daß in dem Weibe eine nähere Beziehung zur Gottheit erkannt und ihm ein höheres Verständnis ihres Willens beigelegt wurde. Sie trägt das Gesetz, das den Stoff durchdringt, in sich. Unbewußt, aber völlig sicher, nach Art des Gewissens, spricht aus ihr die Gerechtigkeit. Sie ist durch sich selbst weise – von Natur Fauna oder Fatua, die das Schicksal verkündende Prophetin, die Sibylla, Themis. Darum galten die Frauen als unverletzlich, als Trägerinnen des Richteramts, als Quelle der Prophezeiung. Darum weichen die Schlachtreihen auf ihr Gebot auseinander, darum schlichten sie als priesterliche Schiedsrichter den Völkerstreit: eine religiöse Grundlage, auf welcher die Gynaikokratie fest und unerschütterlich ruht.«

Und zu den Merkmalen lykischer Frauenherrschaft:

»Erstens in dem Status der Kinder; die Kinder folgen der Mutter, nicht dem Vater. Zweitens in der Vererbung des Vermögens; nicht die Söhne, sondern die Töchter beerben die Eltern. Drittens in der Familiengewalt; die Mutter herrscht, nicht der Vater, und dieses Recht gilt in folgerichtiger Erweiterung auch im Staat.«

Und an anderer Stelle, immer noch Bachofen:

»Wie nahe liegt es nicht, aus der anerkannten Herrschaft des Weibes auf Feigheit, Verweichlichung, Entwürdigung des männlichen Geschlechts zu schließen. Wie unrichtig diese Folgerung ist, zeigt das lykische Volk am besten. Seine Tapferkeit wird besonders gerühmt, und der Xantischen Männer Heldentod gehört zu den schönsten Beispielen aufopfernden Kriegsmutes, die uns das Altertum hinterlassen hat. Was wir bei den Lykern vereint finden, Gynaikokratie und kriegerische Tapferkeit der Männer, erscheint auch anderwärts, zumal bei den mit Kreta und Lykien so nahe verbundenen Karern. Aristoteles nimmt sogar angesichts der spartanischen Weiberherrschaft die allgemeine Bemerkung auf, die meisten kriegerischen und streitbaren Volksstämme stünden unter Gynaikokratie.«

Ereignete sich in einer lykischen Familie ein Trauerfall, so bezeugten die Männer ihr Mitleid, indem sie Frauenkleider anlegten – da die Mutter allein alles Geborene besitzt, steht ihr allein der Schmerz um alles Gestorbene zu. Will also der Mann ihr zuliebe an diesem Schmerz teilnehmen, dann schlüpft er auch äußerlich in das Gewand der zum Leiden Berechtigten. So wird im Grunde auch des Vaters Liebe zu seinen Kindern als etwas eher Unnatürliches, als ein Zugeständnis an die Rolle des Mütterlichen verstanden. Denn nur der Verlust eines unter eigenen Schmerzen geborenen Lebens kann echten Schmerz empfinden lassen.

Ramses II. berichtet von einer mysischen, den Lykern also benachbarten Herrscherin, die an der Spitze ihrer berittenen, amazonengleich die Doppelaxt schwingenden Reiterinnen kämpfte. Die Doppelaxt ist wie die Mondsichel ein Symbol der Frauen. Auch von Herakles ist noch bekannt, daß er als Sühne für den unbedachten Mord an einem Unschuldigen am Hofe der lydischen Königin Omphale dienen mußte, eine besondere Demütigung, weil der Gatte dieser Königin zugleich ihr Sklave war, jeder Erniedrigung preisgegeben. So sollte der große Held wieder lernen, sich gesittet zu benehmen. Offenbar mit Erfolg.

Bis hin zu Krösus vererbte sich das lydische Reich von Frau zu Frau. Lydien bot übrigens der damaligen Weiblichkeit Kleinasiens die kostbarsten Stoffe, den schönsten Schmuck und die elegantesten Stöckelschuhe, von Parfums und edlen Salben nicht zu reden. Strabo berichtet, daß hübsche junge Männer von den Frauen nicht nur zu Geliebten gewählt, sondern auch regelrecht ausgehalten wurden. Lydische Frauen heirateten mehrfach, weil eine Scheidung nicht viel Umstände machte. Sie besorgten die öffentlichen, ihre Männer die häuslichen Geschäfte.

Herodot bezeugt, ein so gewaltiges Grabdenkmal angetroffen zu haben, daß es jeden Vergleich mit Pyramiden und babylonischen Prachtbauten aushalte. Was ihn aber am meisten erstaunte war, daß diese gewaltigen Bauten von lydischen Frauen geplant und, mehr noch, auch von Frauen erbaut worden seien.

Nun ist auch dies ein weit verbreitetes Charakteristikum weiblicher Vorherrschaft. Wie die Höhle als Organentsprechung des Fraulich-Mütterlichen gesehen wurde, so erschien auch das spätere Haus und seine Erbauung als eine Organprojektion.

In den etruskischen Gräbern ist das Kopfende eines Frauengrabes durch einen Hausgiebel markiert, die Nachbildung eines Hauses, eine ›cassetta‹, dem weiblichen Leichnam in Reichweite beigegeben. Das Zelt der Nomaden wird weithin von Frauen aufgeschlagen, weiblicher Hausbau ist in Afrika und Asien so verbreitet wie in Amerika vor der Entdeckung durch die Europäer.

Wenn weiter oben die Rede von griechischen Berichterstattern war, welche die Verwandtschaft der Lyker mit Karern und Kretern bezeugten, so kann es sich bei den letzteren billigerweise nur um die nach-minoischen Kreter gehandelt haben, nicht also um jene Hochkultur, welche Evans im Vertrauen auf den Wahrheitsgehalt des Mythos ausgegraben hatte. Denn eben dieses, das klassische Kreta, erlebte um 1600, und dann noch einmal um 1200 vor der Zeitrechnung gewaltige und schließlich fast alles vernichtende Naturkatastrophen. Griechische Reisende konnten ein halbes Jahrtausend später darüber nichts erfahren, ihre Angaben beziehen sich daher notwendigerweise auf Menschen, die nach den Katastrophen erneut auf der Insel siedelten.

Das minoische Kreta, über das wir inzwischen aus gleichzeitigen ägyptischen Papyri erfahren, muß schon tausend Jahre vor der Invasion der Achäer in Hellas eine eigene Blütezeit erlebt haben. Auch waren die Kreter schon lange vor den Phöniziern das erste Seefahrervolk von Bedeutung und trieben einen reichen Handel mit Ägypten. Erst nach dem unverschuldeten Untergang der Kreter konnten die Phönizier zur Seemacht aufrücken.

Über alle die typischen Merkmale einer Gynaikokratie hinaus, die wir hier nicht wiederholen wollen, kann man von Kreta sagen, daß es ein Damen-Reich war. Materielle Not war den Kreterinnen vor 4000 Jahren fremd, allgemeiner Reichtum fand seinen Ausdruck in raffiniertem Luxus, der auch den der tausend Jahre späteren lydischen Damen noch übertraf. Auch hier schon Stöckelschuhe, Haar- und Zahnpflege, raffinierte Kleidung, hingebungsvolle Übung aller Künste. Herrliche Bauten, großartige Wandmalereien traten aus dem Schutt zutage, und ebenso alle Anzeichen einer uralten Frauenherrschaft. Die bekannte Figur der Oben-ohne-Göttin mit Schlangen in beiden Händen demonstriert einmal mehr die Rolle der göttlichen Frau bei der Wiedergeburt der Sterblichen. Gerade die Schlange war ja aus uralter Zeit ein eindringliches Symbol der Wiedergeburt, weil Schlangen in jedem Jahre einmal fast zu sterben scheinen, sich dann aber häuten und äußerlich verjüngt zu neuem Leben erwachen – wie immer wieder auch der Mond; und so gibt es denn auf Kreta die erste ›Madonna auf der Mondsichel‹, fast dreitausend Jahre vor der ersten christlichen Darstellung dieser Art, die, das sei schon hier vermerkt, aus den im wesentlichen gleichen Gründen zustande kam.

Das mit der Schlange erinnert uns noch einmal an ›die Sache mit Eva‹ und die Verfälschung auch der Schlangenrolle. Welch ein Irrsinn! Als ob eine Urmutter, heiße sie nun Eva oder Gaia oder Thalat, sich von einem ihrer Geschöpfe überlisten ließe, als ob es eine Todsünde sein könne, ›Gott gleich sein‹ zu wollen, da doch dieser Gott gleichfalls ihr, der Urmutter, Geschöpf war; es hätte eher umgekehrt als frevelnder Wahn seinerseits gedeutet werden müssen, wenn er unternahm, *ihr* gleich sein zu wollen.

Kreta ist neben anderem offenbar auch die Heimat des Stierkampfes. Die Wandgemälde von Knossos zeigen den Hergang, bei dem der Stier als der Mondgöttin heiliges Tier nicht getötet werden durfte. Junge Männer packten den heranstürmenden Stier bei den Hörnern und ließen sich von seiner kraftvollen Reflexbewegung weit nach oben und über ihn hinwegschleudern.

Marie König verdankt die Forschung die Erkenntnis, daß die Darstellung von Stieren, Urrindern und Bisons in den steinzeitlichen Höhlen Frankreichs und anderswo lunarsymbolische Gründe hat. Die Stierhörner wurden von den eiszeitlichen Jägern als Spiegelbild der zu- und abnehmenden Mondphasen gesehen. In viel späteren, aber immer noch rund 5000 Jahre alten Stierkopfplastiken setzte man dann noch die Vollmondscheibe zwischen die Hörner, ein Bild, das sich bis in keltische Münzen verfolgen läßt.

Marie König hatte mit ihrer Deutung früher Zeichen auch eine steinzeitliche Anomalie zu erklären vermocht: Während die Höhlenbilder eine ins einzelne gehende Kenntnis der Tiermodelle verrieten und die Vollendung der Darstellung eine vollkommene Beherrschung der Malkunst bewies, war unerklärlich, warum immer wieder der gleiche ›Fehler‹ vorkam: Während Körper und Kopf der großen Tierbildnisse im Profil gesehen und dargestellt waren, erschien das Gehörn en face. Ein ›Fehler‹ war einfach undenkbar. Hinter dieser immer wiederkehrenden Anomalie mußte eine Absicht stecken. Eben diese: die Darstellung der durch die Hörner symbolisierten gegenläufigen Mondsicheln. Damit steht das Stierbild der Höhlen für den Mond, und damit für die große Muttergottheit und letztlich für die Wiedergeburt. Der Gedanke an die Wiedergeburt aber verlangte unausweichlich, daß das Bild *in* der Höhle Platz fand.

Erst als in männerrechtlicher Zeit dieser ursprüngliche Sinn des Stiersymbols verdrängt und vergessen war, konnte Stierkampf zu Mord entarten.

Als Hannibal auf seinem Marsch nach Rom durch Gallien ziehen mußte, das damals noch ein freies Land war, führte er, der ja gleichfalls aus einer Gynaikokratie herkam, höfliche Verhandlungen über die Wiedergutmachung des zu erwartenden Flurschadens. Es wurde

vereinbart, daß ein oberstes Matronenkollegium die Höhe der Reparationen bestimmen und daß deren Entscheid von den Karthagern als unwiderruflich und endgültig anerkannt werden solle.
Als Caesar gut ein Jahrhundert danach seinen ›Bellum Gallicum‹ führte, war er weniger zimperlich. Statt dessen war er am siegreichen Ende in der Lage, seinen privaten Schuldenberg – in heutiger Währung angeblich an die 50 Millionen Mark – abzutragen und noch ein Vielfaches für sich zu behalten. Als Sieger von Gallien war er mit einem Schlag der reichste Mann seiner Zeit. Dagegen waren alle gallischen Heiligtümer und Tempel ihrer Gold- und Silberschätze an Kultgeräten beraubt.
Die irischen und gaelischen Helden heißen nach ihren Müttern, weibliche Erbfolge der Kelten war auch dem Römer Livius aufgefallen. Auch die Briten lebten so völlig in einer gynaikokratischen Ordnung, daß einige von ihnen, dem Kaiser Claudius als Kriegsgefangene vorgeführt, weder den Kaiser noch die Hoheitszeichen beachteten, sondern vor Agrippina hintraten und sie, die Kaiserin, allein begrüßten. Man war damals sehr erstaunt in Rom, auch Tacitus erwähnt es mißbilligend.
Bei den keltischen Briten und Iren blieb die Ehe bis in die Minne- und Ritterzeit matrilokal, auch ein klares Indiz für frauliche Vorherrschaft. Die Frauen erfreuten sich großer Freiheit und waren nicht gerade unnahbar; die folgenden Verse der Dame Emer zeigen es:
»Erhebe dich, o wunderbarer Aillil, schling die Hand um meinen Nacken: der Anfang von Liebeslust, Mann und Weib im gegenseitigen Kosen. Wenn dir dies aber nicht genügt, Trefflicher, dann gebe ich dir zur Heilung vom Liebesschmerz, Geliebter, von meinem Knie bis zu meinem Nabel alles . . .«
Kein Wunder, daß die Minnesänger jener Zeit zu kühnen Gedichten beflügelt wurden, wenn schon die Damen so schöne Bilder in ihnen entstehen ließen.
Nüchterner gesagt, waren die Frauen damals noch der werbende Teil. Von einem griechischen Gast aus früherer als der oben angesprochenen Zeit stammt die Geschichte von der Tochter eines gallischen Stammesfürsten, welche die jungen Edelleute der Region zu einem Festbankett anläßlich ihrer Verlobung geladen hatte. Sie erscheint schließlich, mustert in aller Ruhe die jungen Männer und überreicht am Ende einem von ihnen einen goldenen Becher mit Wein, zum Zeichen, daß sie ihn erwählt habe. Der Grieche war einigermaßen verblüfft und erkundigte sich diskret, ob denn der junge Mann vorher

wirklich nicht davon gewußt habe, daß die Wahl auf ihn fallen würde. Seinem nachhaltigen Erstaunen verdankt man diesen Bericht.

Auf Inseln, etwas abseits der großen Zeitströmungen, halten sich alte Bräuche oft besonders lang. Unser junger griechischer Freund hätte das gleiche noch um die Mitte dieses Jahrhunderts auf Ibiza erleben können – als ganz normale Form der Gattenwahl. Das Mädchen saß dabei reichgeschmückt in der Sala des elterlichen Hauses und unterhielt sich der Reihe nach einzeln mit den mehr oder weniger zahlreichen Bewerbern. Wer schließlich der Erwählte war, erfuhr man am Ende der ›Brautschau‹.

Viel deftiger noch mutet ein Hochzeitsbrauch auf Mallorca an, der gleichfalls aus gynaikokratischer Zeit bis knapp in unser Jahrhundert reichte. Nach dem Hochzeitsmahl begab sich die Braut allein zu Bett und empfing dort nacheinander die Brüder und besten Freunde des Bräutigams, der unterdessen geduldig zu warten hatte.

Der heutige Unterschied in Liebesdingen, wie er zwischen den Nachkommen der Kelten in unserem Nachbarland und den Deutschen besteht, dürfte auch die Germanen vor 2000 Jahren in einem weniger farbigen Licht erscheinen lassen. Aber immerhin bezeugt Tacitus einige Merkmale, die auf eine noch nicht ganz abgestreifte Gynaikokratie schließen lassen. Die Drei Nornen werden als ›Herrinnen der Götter und Menschen‹ gedacht. Dem Heer ist immer eine sogenannte Prophetin beigegeben, deren Wort entscheidend ist. Vermutlich ist ›Prophetin‹ eine ungenaue Übersetzung. Priesterinnen und Seherinnen wurden höher verehrt als ihre männlichen Kollegen. Tacitus empfiehlt, nur weibliche Geiseln zu fordern, weil die Germanen sich dadurch wesentlich stärker gebunden fühlten. Das war auch so, im Gegenteil, lieber gingen die Stammesführer selber oder schickten ihre Söhne – die mütterliche Linie sollte offenbar ungebrochen gewährleistet bleiben. »Kein Kind ist seiner Mutter Kebskind!« – eine bis ins Mittelalter gültige, rein mutterrechtliche Formel. Bis dahin folgte auch das Kind im Stande immer der Mutter, mochte die Mutter eine Freie und der Vater ein Sklave oder umgekehrt sein. In der Nibelungen Not ist von den drei Söhnen und Kriemhild die Rede, deren Mutter Ute hochgeachtet, deren Vater aber überhaupt nicht erwähnt wird. Bei der späteren Verachtung für Kriemhild schwingt noch die frühere, fraulich bestimmte Welt mit, in der der mittelbare Mord an den drei leiblichen Brüdern den größten denkbaren Frevel bedeutete, wie der Muttermord des Orest, wie das Parricidium bei den Römern.

Diese prägten nach dem Einfall der Cimbern und Teutonen, wieder noch einmal davongekommen, das Wort vom ›Furor teutonicus‹. Dazu trugen die germanischen Weiber ihr gut Teil bei, da sie Seite an Seite mit den Männern in vorderster Linie kämpften. Nach römischem Zeugnis waren sie zähe und unerbittliche Krieger, die auch dann noch standen, wenn die Männer sich zur Flucht wandten. Es ist bezeugt, daß die teutonische Frau ihre volle Kriegsausrüstung mit in die Ehe brachte. Römer und Archäologen fanden Gräber von Frauen, die in voller Rüstung bestattet waren.

Noch einmal, 1000 Jahre später in der Geschichte germanischer Völker, entstand ein Beinahe-Matriarchat, nämlich zur Zeit der Wikinger. Diese Nordleute, die mit erstaunlich seetüchtig gebauten Langschiffen ihre geschützten Viken oder Buchten verließen, um nach Island, Grönland, Amerika, nach England, Nordfrankreich (Normandie), ins Mittelmeer und auf der anderen Seite an die Küsten der Ostsee und deren große Flüsse aufwärts tief nach Rußland hinein und über die flache und schmale Landbrücke zur Wolga hinwegrollend, bis ins Schwarze und Kaspische Meer gelangten, diese Wikinger waren von Haus aus Bauern in Schweden, Dänemark und Norwegen. Bauern blieben sie auch ihr Leben lang, denn zwischen ihren Orlogfahrten kehrten sie immer wieder für kürzere oder längere Zeit an die heimischen Höfe zurück. Ein solcher Hof hatte jedoch eine beträchtliche Betriebsgröße und beschäftigte zwischen 50 und 100 Mann. Die Mehrzahl davon folgte dem Patron auf die Fahrt in die Ferne. Trotzdem mußte daheim das Leben weitergehen, gesät und geerntet, das Vieh versorgt und die Aufgaben des Gemeinwesens wahrgenommen, etwaige räuberische Überfälle anderer Piraten abgewehrt werden. Da übernahm die Bäuerin das Regiment über die Daheimgebliebenen. Aus einer Verantwortung, die sie oft ein halbes oder ganzes Jahr und länger zu tragen hatte, erwuchs über das vorhandene Maß an Ansehen hinaus Macht und Einfluß. Aus solcher Frauenherrschaft auf Zeit entstand jedoch ein unmittelbares Mitspracherecht auch dann, wenn der Bauer zurückkehrte und blieb. Gynaikokratische Vergangenheit lag im übrigen damals noch nicht so weit zurück, daß nicht noch eine größere Freizügigkeit der Frau auch in sexueller Hinsicht bestanden hätte, und kein Wiking konnte ernsthaft Treue von einer Frau erwarten, die seine Arbeit übernommen hatte und die er draußen in der Welt bei jeder sich bietenden Gelegenheit betrog – ein etwas deplazierter Ausdruck, weil solches Verhalten auf beiden Seiten als natürlich betrachtet wurde. Zudem brachten die Männer von ih-

ren Reisen hier und da junge, fremde Frauen mit, mit denen sie sich irgendwo in der Welt so liiert hatten, daß sie sie nicht mehr missen mochten. Auch da arrangierten sich die Ehepartner.
Sexuelle Freizügigkeit hat sich bis weit ins Mittelalter z.B. auf Bornholm – und das ist nur ein Indiz für solche Bräuche in noch früherer Zeit – auch aus kultischen Motiven erhalten. Zum großen Totenfest des ›Jul‹ ging es hoch her, um die unsichtbar Teilnehmenden einmal im Jahr, eben an *ihrem* großen Tag, nach Herzenslust mitfeiern zu lassen. Nicht nur, daß man ihnen, den Toten, neben Gesang, Musik und Tanz der Lebenden auch die besten Speisen bot, man überließ ihnen für die (Weih-)Nacht die eigenen Betten im Schlafhaus und übernachtete selbst auf Heu in der großen Wohnstube des Hofes, Dutzende von Frauen und Männern kreuz und quer durcheinander. Es ist verbürgt, daß meist der Morgen kam, ehe sich reihum Schlaf einstellte. Das hat den einfachen, aber durchaus ernsten Hintergrund, den Toten zu Ehren in besonderem Überschwang auch und gerade das Leben zu feiern. Das Totenfest mit so überschäumender Lebensfreude zu begehen hat einen so direkten wie charakteristischen gedanklichen Hintergrund: Man wollte den unsichtbar anwesenden toten Clanzugehörigen beweisen, daß man ihrer gedachte. Folge der weihnachtlichen Orgie würden vermehrte Geburten sein, d.h. vermehrte Chancen zur Wiedergeburt für die Toten. Das sind Vorstellungen, wie sie Marie E. P. König von den Höhlenwänden der Steinzeit abzulesen lernte: Fast bis in die Bronzezeit finden sich der Pfeil als Symbol des Todes zusammen mit der Vulva als Zeichen der Wiedergeburt dargestellt.
Wikinger kamen auch auf die Inseln im Norden Schottlands, auf die Orkneys, Shetlands und Färöer. Erst 1746 verbot der sittenstrenge dänische König Christian IV. die ›Vikivakars‹, einfache Kettentänze, zu denen aufreizende Texte gesungen wurden und die mit schöner Regelmäßigkeit in ausgelassenen Orgien endeten. Solche Tänze müssen schon, so scheint es, 20000 Jahre vor diesem Verbot z.B. in der Pyrenäenhöhle von Tuc d'Audoubert veranstaltet worden sein: Der Lehm des Höhlenbodens erhielt die Fersenabdrücke zahlreicher Tanzender rund um eine gleichfalls aus Lehm modellierte, gut erhaltene Gruppe einer Bisonkuh und eines Bullen im Augenblick des Bespringens. Wir haben inzwischen gelernt, in solchen Dingen nicht einfach Pornographie zu sehen, vielleicht ging es auch hier wie auf Bornholm um ein kultisches Ritual.
Kelten und Germanen taten sich, besonders in spätrömischer und

frühmittelalterlicher Zeit, noch einmal zusammen und bewirkten eine teilweise Renaissance früh- und urgeschichtlichen Mütterglaubens. Die blieb allerdings auf das Geistige beschränkt und wirkte sich nicht deutlich in rechtliche und soziale Belange hinein aus.

Waren mit der Aufhebung der Gynaikokratie auch die Figuren der Überirdischen ausgewechselt und weibliche Gottheiten weithin durch männliche ersetzt oder an den Rand der Bedeutungslosigkeit gedrängt worden, so weiß man heute aber doch, daß die Ablösung überkommener religiöser Vorstellungen durch eine neue und im Ergebnis stärkere Glaubensform immer nur einen teilweisen Sieg darstellt. Auch ist erkennbar, daß das sogenannte gemeine Volk länger und manchmal für immer an den offiziell verdrängten Überlieferungen festhält, mehr oder weniger angepaßt, letztlich vom Machtapparat des herrschenden Glaubens nicht mehr verstanden und daher übersehen oder widerstrebend geduldet. Mit der Inthronisierung von Olymp und Walhall war der vorzeitliche Glauben an die Großen Mütter und deren Amt der Wiedergeburt nicht ausgerottet. Die Verehrung der Mütter war noch nicht einmal zu Aberglauben entartet, als der christliche Glaube seinerseits die männerbeherrschte antike Götterwelt von den olympischen Podesten stürzte.

H. Chr. Schöll sieht im Konzilsbeschluß von Ephesus 431 n. Chr. das Schlüsselereignis für die fortan beschleunigte Verbreitung des christlichen Glaubens: Auf diesem Konzil wurde Jesu Mutter Maria mit dem Titel einer ›theotokos‹, einer Gottesgebärerin also, geehrt.

Schon 400 Jahre zuvor aber wird auf deutschem Boden, wenn auch von keltischen Söldnern in römischen Einheiten begründet und getragen, die Verehrung dreier Matronen sichtbar. »Unser Wissen von der Tatsache und den Einzelheiten des Matronenkultes fußt ausschließlich auf Denkmälerfunden. Es sind neben Inschrifttafeln auch Altäre und Votivsteine mit figürlichen Darstellungen der Drei Matronen. Nicht ein einziger römischer Schriftsteller (aber) gibt uns Kunde vom Bestehen dieses Kultes. Eine Begründung (dafür) enthalten die Namen der Stifter auf den erhaltenen Denkmälern: es sind Kaufleute, Freigelassene, häufig Soldaten, auch einmal ein Offizier untergeordneten Ranges. Ein Zeichen dafür, daß es sich um einen Kult handelt, der keinen Eingang bei Gebildeten und besseren Leuten gefunden hatte. Und mit den religiösen Bedürfnissen und Gebräuchen gewöhnlicher Muskoten pflegte sich ein römischer Schriftsteller ja nicht abzugeben. Erst recht nicht, wenn ein solcher Kult von im römischen Heere dienenden Barbaren eingeführt worden war.«

Die zum großen Teil unbeschädigt aufgefundenen Denkmäler stellen die Matronen ohne jede Abweichung von dieser Regel in der Dreizahl dar. Sie stehen daher insoweit neben Parzen und Moiren, den Tres Fortunae, den Tria Fata, den Drei Erynnien und den Drei Nornen. Wo sie germanische Stifternamen tragen, handelt es sich um Söldner in römischen Diensten. Gegen das Jahr 240 hören die datierten Funde auf deutschem Boden auf, nicht weil der Matronenkult endete, sondern weil Alemannen und Franken die römische Besatzung zurückdrängten und mit ihnen die römischen Steinmetzen als die Ausführenden der Matronensteine.

Zur etwa gleichen Zeit nannten die germanischen Vangionen ihre Hauptstadt ›Borbeto-magus‹, ein latinisiertes ›Borbet-velt‹. Der Name wandelt sich denn auch zu ›Bormito-magus‹ und zu ›Wormazvelt‹ und endet bei dem heutigen ›Worms‹. Die Erstform verrät mit dem Teil ›Borbet‹ eine weitere von drei Muttergottheiten, die aus deutschen und ehemals keltischen Siedlungsräumen dutzendfach belegt sind und sicherlich einmal eine gemeinsame Dreifrauengruppe bildeten. Zu allem Überfluß steht gerade sie in einer Bildhauerarbeit des 15. Jahrhunderts in der Taufkapelle des Domes eben dieser Stadt Worms, und die Namen sind deutlich eingemeißelt: »Sankt Borbede, Sankt Ambede und Sankt Wilbede.«

Nachdem einmal die ›Jungfrau Maria‹ als Gottesgebärerin erklärt war, erkannten in ihr die Völker ihre eigene, alte Muttergottheit (die gleichfalls nach ›unbefleckter Empfängnis‹ den ersten Gott gebar) wieder und statteten die neu-alte Gestalt mit all den Attributen aus, die von altersher überliefert waren.

Nach Schöll ist »Ambeth die Personifikation der jungfräulich-mütterlichen Erde. Aus ihren Brunnen und Teichen holt man die Kindlein; sie birgt Asche und Leib der Toten in ihren unterirdischen Grabkammern und Begräbnisstollen. Ihre Nachfolgerin im christkatholischen Kult ist die ›Mutter Anna‹, die Schutzpatronin der Bergleute. Überall finden wir Annenfriedhöfe und Annenhospitäler für die, auf die schon der ›Ain'baum‹ wartet.« Der Muttergottes, oder, wie das Volk seit dem Mittelalter vorzugsweise sagt: Unserer lieben Frau, war früher der Samstag besonders heilig, damals noch S'ambaztac und Sambeztac geheißen und daher erkennbar noch nach der vorchristlichen Ambeth benannt. Hier wird die Nachfolge Mariae besonders deutlich.

›Borbet‹ ist die mütterliche Sonne. An ihre Stelle trat in christlicher Zeit die im Volksmund beth-näher ›Babett‹ genannte Hl. Barbara,

»die die Sonne auf der Brust trägt«. Ihretwegen blieb es im deutschsprachigen Raum bei ›Sonn'tag‹, ganz im Gegensatz zu den romanischen Ländern, in denen sich der ›Tag des Herrn‹ durchsetzte.
Wilbeth schließlich »ist die Mondmutter, die Herrin des eigentlichen Lebensbornes, von ihr hängt Wachsen und Gedeihen und keimendes Leben in Mensch, Tier und Pflanze ab«. Ihr blieb der ›Mon(d)'tag‹ unserer Woche, den sie gegen die männerrechtlicher Zeit entsprechenden germanischen Götternamen behauptete.
Der allen drei Namen gemeinsame Teil ›beth‹ steckt natürlich noch in unserem ›beten‹ und bedeutete ursprünglich ›die Bethen anrufen‹. Wenn also der Pfarrer in unserer Kirche auffordert »Lasset uns beten«, so verrät das ganz eindeutig einstigen Mütterglauben, und sein Gewand, wir erinnern uns, frühes Priestertum der Frau. Wenn beim innerkirchlichen Meinungsstreit das böse Wort »mulier taceat in ecclesia« wieder hochgespült wurde – das übrigens nicht von Christus stammt –, so muß darauf verwiesen werden, daß es vom Grunde der Menschheitsgeschichte her die Frauen waren, welche Kirchen gründeten. Damals schwiegen die Männer, und das vielleicht aus relativ besseren Gründen, wer weiß?
»Überraschend viele Ortsnamen künden heute noch von den Drei Bethen und den Stätten ihrer früheren Verehrung, alle die Bedburg, Beedenkirchen, Bettborn, Bettfeld, Bettenkamp, Bettmar, Bidburg, Bitburg, Bittenbronn, Bittenfeld, Büttelbronn, Büttstedt, Böttstein und viele andere mehr.«
Das gleiche gilt in *den* Räumen Frankreichs, die während der Eiszeit bewohnbar waren, mit einer deutlichen Häufung im nördlichen Vorland der Pyrenäen, wo ja auch Lourdes liegt: Trebédan, Tréves, Bellebat, Belbeze, Vezeley, Vieux Beth, Jeune Beth, Betsant, Bethmale, Betharram und mehr als hundert weitere.
Wo immer heute eine ›Schwarze Muttergottes‹ besondere Verehrung genießt, kann man mit großer Wahrscheinlichkeit davon ausgehen, daß sie genau an dem Ort steht, wo ihre Vorgängerin Ambeth einst Gebete und Opfer entgegennahm. Matronen und Bethen aber verbinden heutige, Unserer lieben Frau gewährte Frömmigkeit unmittelbar mit vorgeschichtlichem Mutterkult von kaum abschätzbarem Alter. Damals wie heute ›betet‹ man um Glück, Segen, Heilung, Kinder, Wiedergeburt, Rettung vor Unheil und Trost im Leiden, ja in gar nicht wenigen Fällen in kleinen Kapellen draußen in der Flur um Regen und gute Ernten wie die ersten Ackerbäuerinnen einige Jahrtausende vor Marias Gottesgeburt.

Wir können auf dieser Tour d'Horizon den europäischen und mediterranen Raum nicht gut hinter uns lassen, ohne zuvor noch auf die antiken, vorwiegend griechischen Berichte über amazonische Völker einzugehen.
Diese etwas einseitige Berichterstattung, durch die klassischen Jahrhunderte immer wieder abgeschrieben und ausgeschmückt, hat den Blick späterer Betrachter in die wahre Welt früher Frauenherrschaft eher verstellt als freigegeben. War das beschriebene Amazonentum an sich schon in vieler Hinsicht eine Verzerrung echter Gynaikokratie, so waren die frühen Griechen vor Herodot alles andere als verläßliche Historiker. Von den Phöniziern aus gesehen, traten sie als Piraten und Diebe, als gewissenlose und übergeschwätzige Händlernaturen in den Mittelmeerraum. Auch handelten sie nur, wo sie sich zu schwach zum Räubern fühlten. Genau auf diese Weise kam auch ihre erste Berührung, der Sage nach, mit Amazonen zustande.
Es war Herakles, der dem einen Bericht zufolge allein, einem anderen nach zusammen mit Theseus in das Land der Thermodontinnen ruderte. Die ungeschützte Hauptstadt wird überrannt und ausgeplündert, der Königin Hippolyte von Herakles der sagenhafte Gürtel entrissen – was für sie Schändung und Raub der Königswürde bedeutete. Theseus entführte die Schwester Antiope. Oreithyia, die dritte der Schwestern, Königin auch sie und zugleich Befehlshaberin des Heeres an den Grenzen des Reiches, jagt auf diese Kunde mit ihren Reiterinnen zurück, kommt aber zu spät, um die Plünderer und Schänder noch zu fassen. Während die griechischen ›Helden‹ auf sicheren Schiffen zurückkehren, überschreitet das Amazonenheer den Bosporus und reitet nach Süden, rennt allen Widerstand nieder und besetzt Athen, um die Akropolis einzuschließen. Gegen die Burg auf ihrem senkrecht abfallenden Felsen erweist sich das Reiterheer als machtlos. Nach langen blutigen Kämpfen zieht Oreithyia ab, in Thrakien, auf dem Heimweg, stirbt sie. Die Griechen aber, die gezittert hatten vor den männermordenden, im Felde nie besiegten Reiterinnen, feiern diesen Tag des Abzuges der Amazonen durch die Jahrhunderte und werten ihr Überleben damals als einen größeren Glücksfall als selbst den Sieg über die Perser.
Eine andere Aufgabe führt Herakles in die Gegend des heutigen Tanger. Er soll rote Rinder von einer Insel und Äpfel aus den Gärten der Hesperiden ›rauben‹ und nach Hellas bringen. Das heißt im Klartext: Herakles und seine Auftraggeber sind noch Barbaren, die allein von Jagd und Raub leben. Sie sind noch keine Viehzüchter, noch

keine Acker- oder gar Gartenbauern, möchten sich aber die Segnungen überlegener Kulturvölker aneignen. Das Land Libyen, das die Sage ihn durchwandern läßt, wurde zu jener Zeit von Amazonen beherrscht. Es umfaßte neben dem heutigen Libyen Marokko, Mauretanien, Tunesien und das hinzueroberte Numidien im Süden. Die Amazonen hatten viele Städte gegründet. Im Nordwesten stießen sie nach Diodor auf eine übriggebliebene Kolonie der Atlanter. Im ersten Ansturm wird vieles zerstört, was nach geschlagener Schlacht die Bewunderung der Siegerinnen erweckt. Sie bauen dann zusammen mit den Besiegten die Stadt wieder auf und schließen sogar ein Bündnis. Als die gleichen Atlanter Jahre später erneut von Amazonen angegriffen werden, diesmal von Gorgonen, einem Volk von hervorragender Tapferkeit, rufen sie die libyschen Bundesgenossinen zu Hilfe. Es kommt, immer nach Diodor, zu der größten Schlacht zwischen Amazonenheeren, 30000 davon allein auf libyscher Seite. Diese, die Bundesgenossen, siegen, müssen aber ihren Sieg in der folgenden Nacht ein zweites Mal erkämpfen – die gefangenen Gorgonen hatten das rauschende Siegesfest ihrer Gegnerinnen zu erneutem Aufstand genutzt. Es sind die gleichen Gorgonen, die später unter ihrer Königin Medusa gegen Perseus kämpften.
Libysche Amazonen aber zogen unter ihrer siegreichen Königin Myrine lange nach dieser Schlacht ostwärts quer durch ganz Nordafrika, durchschritten nach entsprechenden Vereinbarungen friedlich das nördliche Ägypten und begannen mit einer alexandergleichen (ein Jahrtausend vor Alexander dem Großen) Eroberung riesiger Gebiete des Vorderen Orients und Kleinasiens. Sie gründeten viele heute noch berühmte Städte wie Smyrna, Paphos, Magnesia bis hinauf zum Fluß Kaikos. Hier vermischt sich ihre Machtsphäre mit der der Amazonen von Thermodon. Als Myrine in einer Schlacht gegen die Skythen fällt, kehren die Reiterinnen in die nordafrikanische Heimat zurück.
Vom Sinai bis zu den Kanarischen Inseln hinterließ das Volk der libyschen Amazonen Zeugnisse seiner Kultur in einer besonderen Schrift, welche neben der erstaunlichen Ausbreitung der Amazonen auch die Höhe ihrer geistigen Bildung verrät. In einigen Landstrichen überlebten die einstigen Vorrechte der Frauen die gut 3000 Jahre seitdem, während derer Männerrecht dominierte. Noch heute leben die Tuareg im südsaharischen Ahoggar, soweit sie nicht der Sahelkatastrophe zum Opfer fielen, unter mutterrechtlicher Ordnung. »Tuareg-Frauen sind wunderschön und ihr Wort ist Gesetz«, bezeugen

schon erste arabische Berichte vom Zusammentreffen mit ihnen. Das Tamachek, das die Tuaregs sprechen, ist eine berberische Sprache. Während die Männer Analphabeten sind, pflegen die Frauen Dichtung und Überlieferung und verwenden dabei die alte libysche Schrift.

Aber – Amazonen stellen keine echte Gynaikokratie mehr dar. Sie waren zum Teil so männerfeindlich, daß sie in extremen Fällen Männer im eigenen Volk nicht duldeten und schon jede männliche Geburt sofort töteten und nur Mädchen aufzogen. Um trotzdem das eigene Volk zu erhalten, ließen sie sich von Zeit zu Zeit von den Männern benachbarter Stämme besamen.

Die Ausführlichkeit, mit der griechische Autoren von diesen gefährlichsten Feinden ihres Volkes berichteten, hat dennoch ihre wahre Bedeutung weit übersteigert. Zweifellos aber haben solche Entwicklungen das Ende der eigentlichen Frauenherrschaft herbeigeführt oder beschleunigt – durch Emanzipation der Männer.

Weniger subjektiv gefärbt als griechische sind erst spät entdeckte ägyptische Zeugnisse. Es handelt sich um Niederschriften diplomatischer Vorgänge aus der Zeit Nofretetes gut 1500 Jahre vor unserer Zeitrechnung. Da ist die Rede von den ›Lukki‹, einem Volk Kleinasiens, in dem unschwer die Lyker zu erkennen sind. Dieses Volk wurde von den Ägyptern ganz offensichtlich als in staatlicher, sozialer und kultureller Hinsicht ebenbürtig betrachtet. Die Monumentalbauten dieses Volkes, das mit Karern und Kretern nahe verwandt gewesen sein muß, waren schon in der Zeit vor der eigentlichen Antike weltberühmt. Ihre Hochkultur überdauerte ein ganzes Jahrtausend.

»Wenn du weise bist, so behalte dein Heim, liebe deine Frau und streite nicht mit ihr. Ernähre, schmücke, salbe sie. Liebkose sie und erfülle alle ihre Wünsche, solange du lebst, denn sie ist das Gut, das dir großen Gewinn bringt. Hab acht auf das, was ihr Begehr ist und das, wonach der Sinn ihr steht. Denn auf solche Weise bringst du sie dahin, es weiter mit dir zu halten. Widersetzt du dich ihr, so wird es dein Ruin sein.« Der Autor dieser nicht ganz zehn Gebote ist bekannt – er hieß Ptah-Hotep. Er war beileibe nicht irgendwer, sondern ein Philosoph; von Berufs wegen. Niedergeschrieben hat er die oben zitierten Sätze um das Jahr 3200 vor der Zeitrechnung, also vor gut 5000 Jahren.

Ägypten als das Reich der freiesten Frauen anzusprechen, ist sicherlich kaum übertrieben. Herodot sprach von verkehrter Welt, Sophokles schimpfte die ägyptischen Männer Weiberknechte, Diodor

übertreibt, wenn er behauptet, daß sich die Männer ausschließlich der Hausarbeit und dem Webstuhl widmeten. Immerhin war das Militär und die Heilkunde Männersache, ebenso das Schmieden, es gab hohe Würdenträger und Heerführer, und selbst die Pharaonen waren für die Lebensdauer ihrer Frauen gültige Inkarnationen des obersten Gottes. Wir wissen, daß die Frau des Pharao in aller Regel seine Schwester war, aber inzwischen hat sich herausgestellt, daß Geschwisterheirat ein sehr verbreiteter Brauch war. Angesichts des geltenden Erbfolgerechts und der Zwänge beim Erwerb eigenen Vermögens war jedermann am besten beraten, lieber gleich die eigene Schwester zu heiraten; wenn sie ihn denn wollte. Die Funktion des Pharao war immer nur eine Leihrolle. Als dem berühmten Thutmosis I. die Frau verstarb, mußte er die Macht und die Würden seines Amtes an seine 14jährige Tochter Hatschepsut übergeben, obwohl er – nur in unserem Sinne ›obwohl‹ – außer ihr noch zwei Söhne reinen Geblüts hatte. Nun, einer davon wurde von der kleinen Schwester geheiratet und durfte als Nachfolger des Vaters von ihren Gnaden den Namen Thutmosis II. führen. Nach seinem Tode regierte Hatschepsut alleine weiter, war aber kein Kind von sonderlicher Traurigkeit. Sie war eine große Herrscherin, hat kühne Pläne verwirklicht und eine Expedition in das sagenhafte Land Punt weit im Südosten Afrikas geschickt, deren Schiffe nach zwei Jahren voll beladen mit Gold, Elfenbein und Weihrauch zurückkehrten und damit den Anfang eines in der Folge sich wiederholenden Handelsverkehrs bildeten.
Eine Stele, die Hatschepsut ihrem Hofarchitekten Senmut errichten ließ, verrät, daß sie auch in der dünnen Luft eines solchen Herrscheramtes nicht einsam blieb: »Gefährte hochgeliebt, Hüter des Herzens der Königin, der die ›Dame beider Länder‹ zu befriedigen vermag und macht, daß alle Dinge sich nach dem Wunsche ihrer Majestät ereignen . . .« Das offene und für alle Zeiten ausgesprochene Lob für so diskrete Verdienste verrät mehr als jede noch so ernsthafte Abhandlung die innere Freiheit der Frauen Ägyptens.
Ein Papyrus enthielt die beschwörende Bitte eines Witwers, die Gattin möge ihn nicht länger als Gespenst heimsuchen. Er habe ihr doch bei Lebzeiten jeden Wunsch von den Augen abgelesen, sie gewiß nicht vernachlässigt, nachdem er eine hohe Stellung beim Pharao erhalten, vielmehr keine Audienz bewilligt, der sie nicht zuvor zugestimmt – und: »Was immer sie mir brachten, das übergab ich dir; nie habe ich etwas versteckt oder heimlich für mich behalten.«
Hoffen wir, daß sie ihm endlich glaubte. Verbürgt ist es nicht.

›Vor 5000 Jahren‹ überschrieb Woolley seinen Bericht über die von ihm begonnenen und weit fortgeführten Ausgrabungen von Ur in Chaldäa, jenem Reich sumerischer Hochkultur, deren technische und wissenschaftliche Errungenschaften zu schon so früher Zeit unsere staunende Bewunderung erregen. Sumerer waren auf vielen technischen Gebieten die ersten, so auch beim Bau des gemauerten Bogens, und das war eine so durchschlagende Neuerung, daß noch die Griechen 2000 Jahre später ›Bogenbauer‹ meinten, wenn sie, wie wir heute noch, ›Architekt‹ sagten. Die Sumerer waren hervorragende Städte- und Wasserleitungsbauer und umgaben ihre Städte mit blühenden Landwirtschaften. Ihre Bewässerungssysteme überdauerten mehr als vier Jahrtausende bis hin zum Mongolensturm des Dschingis Khan im 13. Jahrhundert n. Chr. Von den Kriegern aus der Wüste Gobi absichtsvoll zerstört, trockneten die Kanäle aus. Das Land ist seitdem Wüste.
Auf Tausenden und Abertausenden von Keilschrift-Tontäfelchen fand man Lieferscheine, Rechnungen, Prozeßakten, Scheidungsurteile und eine Fülle von Zeugnissen über das Alltagsleben. Aber auch den großen Mythos des Gilgamesch und der Muttergöttin Ischtar und ganz zuletzt die Dichtungen der sumerischen Damen in einer nur ihnen eigenen Sprache, dem ›Emesal‹.
Als Woolley das prächtig ausgestattete Grab einer Königin öffnete, fand er nicht nur einen ganzen Goldschatz und viele kostbare Gegenstände, darunter die erste Harfe der Menschheitsgeschichte, sondern auch über hundert Skelette von Menschen, die ganz offensichtlich lebend mit in das Grab gezogen und dort ohne Gewaltanwendung gestorben waren. Die Ausgräber standen vor einem Rätsel.
Das Unerklärliche ist inzwischen einem zumindest theoretischen Verständnis gewichen. Theoretisch deshalb, weil wir Abendländler gewiß unfähig sind, die Glaubensvorstellungen jener frühen Hochkultur nachzuvollziehen. Denn hier wird uns eine Religion bewiesen, die für ihre Gläubigen den Tod beseitigt hatte, weil sie ohne alle Zweifel an die Allmacht der Großen Mutter, in diesem Falle Ischtar, glaubten und eine Wiedergeburt für sie eine Gewißheit war. Was wir ›Tod‹ nennen, war für sie der harmonische Durchgang zu einem schöneren Leben. Diesen Durchgang gemeinsam mit einer Königin, d. h. mit einer Statthalterin dieser höchsten Gottheit auf Erden, vollziehen zu dürfen, wurde sicherlich als ein besonderes Auserwähltsein empfunden.
Wir wissen nur noch von den Japanern, daß sie den Tod mit gleicher

Gewißheit als Durchgang empfinden, oder in ihrer Mehrzahl doch noch bis vor kurzem so empfanden.
Damit aber kulminieren jene Vorstellungen, die in der Steinzeit ihren Anfang nahmen und die von den Höhlenwänden zu uns sprechen. Wieder aber ist ein Goethescher Schauder fällig, wenn wir unsere Gedanken darauf lenken, welche Zeiträume kultureller Entwicklung jenem Stand der Dinge vorausgegangen sein müssen, der bis zur Ausgrabung durch Woolley gewissermaßen eingefroren war.
Sumer repräsentiert die am weitesten entwickelte und ausgewogene Gynaikokratie, die wir bisher kennen. Entwickelt von einer zuvor sicherlich rein matriarchalen Form bis hin zu einem deutlichen Ausgleich zwischen den Geschlechtern. Denn hier erscheinen die Männer schon weithin gleichberechtigt, bei Ehebruch wie Scheidung behandelt das Gesetz die Partner völlig gleich. Nahm ein freier Mann eine Sklavin zur Nebenfrau, so wurden sie und ihre Kinder dadurch gleichermaßen frei, heiratete die Freie einen Sklaven, ging der Rang der Mutter auch auf die Kinder über, wie eh und je unter Mutterrecht. Neu war, daß das jetzt auch für den Mann gegenüber einer unfreien Frau galt. Verlobungsgeschenke des Mannes verblieben der Frau auch nach der Scheidung. Sie konnte Verträge schließen, Prozesse führen, gegebenenfalls auch gegen ihren Mann, andererseits war sie vor seinen Gläubigern geschützt wie er vor den ihren. Bei der weit entwickelten Rechtspflege war es die Regel, daß schon im Ehevertrag für alle Eventualitäten, also auch für eine mögliche Scheidung, Vorsorge getroffen wurde. Bis hin zur Nachfolgeregelung und etwaiger Adoption gemeinsamer oder eigener Kinder eines oder beider Partner.
Selbst das Schulpensum verrieten die Tontäfelchen mit ihrer festgebrannten Keilschrift. Mädchen und Buben besuchten die Schule gemeinsam, sie erlernten die gleiche Grammatik, Geometrie und Mathematik bis hin zum Ziehen von Quadratwurzeln. Und das alles vor mehr als 5000 Jahren, unter einer milden Form von Gynaikokratie.
Was hier im folgenden an asiatischen Beispielen behandelt wird, ist nur eine im Telegrammstil gebotene Kurzfassung eines Stoffes, der für sich allein dickere Bücher zu füllen vermag als dieses.
Der süßlich lüsterne, sentimental-sadistische Kitsch (Galahad) über orientalische Harems hat unseren Blick für die wahre Stellung der Frau in der arabischen Welt so weit getrübt, daß eine Kennerin der Verhältnisse wie Lady Wortley Montague dazu schreiben konnte:

»I cannot but admire the extreme stupidity of all the writers, that have given account of them.«

›Unter dem Pantoffel stehen‹ ist eine türkische Redensart, weil die Frau die ihren vor die Tür stellt, wenn sie ehelichen Besuch *nicht* wünscht. In weiten Teilen Arabiens darf ein Mann sich in Gegenwart seiner Mutter erst dann setzen, wenn sie ihn dazu aufgefordert hat. Die hohe Kultur dieser Völker ist erheblich älter als der Islam, mit dessen Begründung Mohammed eine ähnliche Rolle übernommen hat wie 2000 Jahre vor ihm Moses. Mohammed selbst wurde lebenslang von seiner Frau, einer reichen Großgrundbesitzerin und effizienten Handelsherrin, ausgehalten, wohnte auch bei ihr, wie noch heute mancherorts die Ehe in Arabien matrilokal ist.

An der hohen sarazenischen Kultur hatte weibliche Ritterschaft einen großen Anteil. Deren Anmut und Noblesse traf noch die Führer der Kreuzritterschaft tief, und viele von ihnen liefen zumindest innerlich zu den Feindinnen über. Innerlich unabhängig, lehnten es diese Frauen seit eh und je ab, sich an nur einen Mann zu binden, und heirateten, nach Caussin, wie die berühmte Dame Mawia bint Afzar nur den Mann, »dem es gelingt, ihr zu gefallen, und sie trennt sich von ihm, sobald die Laune wechselt«.

Vor Mohammed gab es zweierlei Ehen in Arabien, die Beena, bei der beide Parteien das gleiche Recht auf Scheidung hatten, und die Mota mit dem Recht der Frau auf Polyandrie, also Vielmännerei. Mohammed nannte diese Eheform einer Dame seiner Zeit gegenüber schlicht Hurerei und mußte sich belehren lassen: eine freie Frau ist niemals eine Hure, was immer sie auch tut.

Während der ganzen Sarazenenzeit fochten junge Frauen zu Pferd, befehligten eigene Truppen, trugen Schuppenpanzer und schlugen z.B. im Jahre 633 n.Chr. die Byzantiner in die Flucht. Und wo frühe assyrische Inschriften schon über Arabien berichten, erwähnen sie nur Königinnen. Wenn später Könige erscheinen, so heißen ihre Titel ›Fürst*in* des Himmels und der Erden‹ und verraten damit mutterrechtliche Vergangenheit genauso wie unser ›*matri*monium‹ für Ehe und ›*metro*polis‹ für Hauptstadt.

Die arabischen Sieben Weisen waren Frauen, und nichts setzte sich so mühsam durch wie Mohammeds Bestreben, die Urmutter Al-Uzzra zu einer Tochter ihres Sohnes Allah umzudeuten. Aber er brauchte das so dringend wie einst Moses, um seine neue Eheform, die Baal – von ›Herr‹ – gegen die gynaikokratische Urform durchzusetzen. Vielleicht war es seine ganz private Form der Auflehnung gegen die

lebenslange Abhängigkeit von seinen Frauen – insgesamt vier. Eine folgenschwere Art von Verdrängung.
In jenen Gebieten Asiens, in denen Malaien leben, gilt gleichfalls dort noch Mutterrecht, wo es nicht durch ›moderne‹ Einflüsse verdrängt wurde. Die Malaien brachten Gynaikokratie mit, als sie diese Inseln besiedelten. Es gibt sehr viele Stufen und Schattierungen von Frauenherrschaft, angeregt vor allem auch durch den von ihnen angenommenen Islam. Nieuwehuis gibt diesen Bericht: »Die erwachsenen und die verheirateten Männer dürfen nicht im Stammeshaus der Weiber, sondern nur im Bethaus wohnen. Kinder werden in die Familie der Mutter hineingeboren, dort unterhalten und erzogen. Der Mann, wenn auch reich und angesehen, zieht nicht ins Haus der Frau, sondern verbringt nur ab und zu eine Nacht bei ihr. Sie erhält im Haus der Mutter ihre eigene Wohnung und was sie sonst braucht. Kinder erben von der Mutter, nicht vom Vater, seine Besitztümer oder Einnahmen gehen an die Kinder der Schwester über, ebenso die Titel und Würden.«
Früher noch als in Rom und Athen oder bei den Juden erfolgte auch in China der Umbruch zur Männerherrschaft. Nur hier und da, in dynastischen Bräuchen, in sprachlichen Fossilien, verrät sich noch das frühere Anderssein der Gesellschaft. Seit Chroniken die chinesische Geschichte verzeichnen, wurden die Frauen strikt unterdrückt und in Unselbständigkeit, Hilflosigkeit und gar Dummheit hineinmanövriert, so daß sie am Ende den Männern selbst nicht mehr gefielen. Erst mit der chinesischen Revolution unserer Tage fand die Sklaverei chinesischer Weiblichkeit ein jähes Ende.
Aus dem Mißfallen am Ergebnis männerrechtlicher Vormacht entstand dann das Gegengewicht, entstanden die großen Kurtisanen. Die ›hoa-nui‹, Töchter der Blumen, die außerhalb gewährter Liebesstunden auf betonte Distanz gingen, untereinander aber freundschaftlich verbunden waren, können als eine zweite, von Ehefrauen völlig getrennte Art von Frauen gelten. Vom Standpunkt extremen Männerrechts eine ideale Lösung, da der Mann innerhalb seiner eigenen Ordnung kaum je mit nur einer Art Frau auskommt, nicht anders als die zu Polyandrie neigenden Frauen unter Frauenherrschaft. Wie man eine Hoa-Nui wurde, schildert Bazin:
»Gewiß gab es sehr verschiedene Stufen; damit aber ein junges Mädchen zur höchsten Kaste in den ›grünen und roten Distrikten‹, wo die Kurtisanen wie Schwestern zueinander sind, Eintritt erlange, mußte sie vor anderen durch Schönheit, Charme und Geist glänzen, Mei-

sterschaft erlangt haben in Gesang, Flöten- und Guitarrenspiel, Geschichte und Philosophie. Nicht genug damit, wird von ihr verlangt, daß sie alle Schriftzeichen, enthalten in der Lehre des Lao-Tse, dem Tao-te-king, zu malen verstehe (mit Sicherheit einige tausend!). Hat sie dann noch mehrere Monate im ›Pavillon der hundert Blumen‹ verbracht, die letzten Feinheiten in Tanz und Gesang erlernt, darf ihr der Titel ›freie Frau‹ zuerkannt werden. Nun ist sie erlöst von den beschwerlichen Pflichten des Geschlechts, von Gebären und Stillen, und mag sich wohl erhaben fühlen über das junge Mädchen unter der Kontrolle des Vaters, über die legale Konkubine unter der ihres Herrn, über die legitime Frau, bewacht vom Gatten, und sogar über die Witwe, bevormundet vom Sohn.«

Trotzdem, China war zu allen Zeiten zu groß, um jemals restlos gleichgeschaltet zu sein. Im Quellgebiet des Ho-ang-ho stieß man auf älteste Formen von Mutterrecht und Frauenherrschaft. Alle Würden gehen dort auf die alten Frauen über, es herrscht Polyandrie auf Zeit, und als Vater gilt dem Kind, wen die Mutter als solchen bezeichnet. Nur Frauen verfügen über Besitz.

In Südchina fanden sich noch im vorigen Jahrhundert zwei weitere Völker, die ausschließlich von Königinnen beherrscht wurden. W. Gill: »Die Man-Tseu, ein Stamm von dreieinhalb Millionen Menschen, wird von einer Königin aus dem heiligen Frauenclan beherrscht. In diesem ist die Königsmacht erblich, sie kann immer nur von einer Frau ausgeübt werden.«

Und J. Gray: »Es ist der Erwähnung wert, daß einer der eingeborenen Stämme stets von einer Frau regiert wird. Diese Souveränin erhält von ihren Untertanen den Titel Noi-Tag. Sie bringen ihr tiefste Ehrfurcht entgegen, und der ganze Stamm ist unter dem Namen Nue-kun, ›die von Frauen Beherrschten‹, bekannt. Das Vorrecht, diese Stämme zu regieren, besitzen die weiblichen Mitglieder einer einzigen Familie, somit besteht beim Tod einer Fürstin wenig Wahrscheinlichkeit eines Streites um die Nachfolge.«

Es gibt offenbar noch eine Vielzahl zum Teil sehr alter chinesischer Chroniken, die sich mit dem westlichen Nachbarland Tibet hoch im Himalaya befassen.

»Das Glück, weniger Menschen zu haben, als es bequem und sicher zu ernähren vermag, dankt Tibet wohl seiner alten, von den Frauen heldenhaft verteidigten Vielmännerei« (Galahad). Es gehörte viel Anpassungsfähigkeit dazu, in einem Lande mit so wenig Brennstoffen auszuharren – die wenigen christlichen Einwohner müssen sich die Hölle kalt vorstellen; sonst würden sie sich nach ihr sehnen ...

Landor: »Die Tibetanerin ist dem Manne weit überlegen, nie scheu; während die Männer vor den Fremden davonliefen oder sich versteckten, begegneten ihnen die Frauen stets mit Würde, sprachen ungeniert und fließend. Sie haben ein besseres Herz, mehr Courage und einen nobleren Charakter als die Männer.«

Im 8. chr. Jahrhundert berichtet das chinesische Buch Tang-Shu über ein Land, das ganz Nordtibet umfaßt haben muß:

»Das östliche Königreich der Frauen ist ein Teil von Chi'ang. Auch im Westen ist ein von Frauen beherrschtes Land, darum heißt dieses das östliche, zum Unterschied. Von Ost nach West ist es neun Tagereisen, von Nord nach Süd zwanzig Tagereisen lang. Es hat achtzig Städte und wird von einer Königin beherrscht, die im K'ang-yen-Tal residiert. Es gibt über 40 000 Familien und 10 000 Soldaten. Die Herrscherin heißt Pin-chin; ihre weiblichen Beamten Kao-pa-li sind wie unsere Staatsminister. Sie beauftragen die Männer mit allen äußeren Obliegenheiten. Aus dem Inneren des Palastes erhalten die Männer Befehle. Die Herrscherin hat in der Nähe ihrer Person einige hundert Frauen. Alle fünf Tage wird ein Staatsrat abgehalten. Stirbt die Herrscherin, so zahlt das Volk mehrere Zehntausend von Goldmünzen ein und wählt aus dem königlichen Clan zwei kluge Frauen, eine zum Regieren und die andere als Aushilfskönigin, damit sie im Falle des Todes der ersteren deren Nachfolgerin wird. Sie bewohnen Häuser. Das der Königin ist neun Stockwerke, das der Bevölkerung sechs Stockwerke hoch. Die Herrscherin trägt einen blauen oder schwarzen, plissierten Rock, ein Überkleid gleicher Farbe, mit langen, auf dem Boden nachschleppenden Ärmeln, im Winter ein mit Stickereien verziertes Lammfellkleid. Sie trägt ihr Haar in viele kleine Zöpfe geflochten, auch Ohrgehänge und jene Art Lederschuhe, die bei uns in China als so-i bekannt sind. Die Frauen achten die Männer nicht hoch, und Reiche halten sich immer eine große Anzahl männlicher Diener. Die Männer besorgen auch den Kriegsdienst und bewirtschaften den Boden.«

Die Urform der tibetanischen Vielmännerehe ist wahrscheinlich eine frühere Form von Gruppenehe zwischen Schwestern und Brüdern zweier Sippen. Nach und nach aber scheint es die tibetanische Frau verstanden zu haben, daß jeweils nur eine von ihnen den ältesten der Brüder und damit alle anderen heiratet – so vereinigte sie deren Arbeits- und Liebeskraft auf sich allein. Stirbt der Älteste, rückt der nächste und alle weiteren im Range nach. Wird nach der Heirat von der Schwiegermutter noch ein weiterer Sohn und damit zunächst Schwager geboren, so wird er bei Erreichen des entsprechenden Alters hinzugeheiratet.

Tibetische Frauen sind ehrlich empört, wenn sie von Ehen mit nur einem Manne hören – wie solle denn da eine Frau glücklich und wohlhabend werden können? Da die Männer als Hirten, Ackerbauern und Händler viel unterwegs sein müssen, und das manchmal über Wochen und Monate, ist die Idee mit dem stets greifbaren Ersatz so dumm gar nicht, aus der Sicht der Frauen. Trotzdem kann sie, können aber auch ihre Männer Ehen auf Zeit mit anderen Partnern eingehen, dagegen ist aber die Hauptehe, die ja von den Sippen getragen wird, unlösbar. Es wäre ja auch die Scheidung etwa der einen Frau von sechs Brüdern oder umgekehrt der sechs Männer von der einen Frau überhaupt nicht praktikabel. Um so weniger als aller Besitz auch hier wieder der Frau allein gehört. Stirbt jedoch die Frau, so bleiben die Männer nicht lange Witwer: die nächstältere Schwester tritt auch dann ohne Umschweife an die Stelle der Verstorbenen, wenn sie in der Zwischenzeit Nonne geworden war. Ihre Reaktivierung bereitet weder moralische noch andere Schwierigkeiten. Und den Männern wurde Trauerzeit und nachfolgende Brautsuche abgenommen.

Chinesische Chronisten gehen so systematisch und gründlich vor, daß man ihnen Zuverlässigkeit nicht nur in diesem Falle unterstellen darf. Nach anderen Berichten, die erst nach dem Jahre 634 n.Chr. entstanden zu sein scheinen, hat es in dem präantiken Kerngebiet skythischer Amazonen, nämlich um den Kaspisee herum, bis etwa in das Jahr 1000 intakte Amazonenstaaten gegeben, worüber es sogar, wenn auch spärliche, europäische Berichte gibt, die aber hierzulande vorwiegend als Erfindungen eines zu phantasievollen – französischen – Reisenden eingestuft wurden. Rockhill, der vor der gänzlichen Absperrung das Land noch bereisen konnte, erfuhr bei seiner letzten Fahrt von einem Fürstentum Po-mo, das von einer Königin beherrscht wurde, die weit über ihr Land hinaus bekannt und gefürchtet war wegen ihrer außerordentlichen Geschicklichkeit und Treffsicherheit im Gebrauch der Steinschleuder.

Genau wie es in Europa eine große Zahl von Völkernamen gibt, die sich von dem Urwort KALL herleiten und daher ursprünglich wahrscheinlich den Sinn ›Frauenschaft‹ haben – Gallier, Galizier, Gaelen, Chalder, Lakedämonier, Lacetaner, Kelten, Hellenen, Helvetier –, gibt es auch in Schwarzafrika zahlreiche Stämme, die im Grunde schon auf diese Weise ihre mutterrechtliche oder gynaikokratische Vergangenheit verraten: Galla, Bakalai, Lingala, Makalaka, Hallenga, Ngola, Dongola, Kongo, Bakongo, Schona, Bakunda, Ganguella, Schelltuk, Schilluk oder sogar die Kung-Buschmänner, deren Wort für Frau ›khuana‹ in weltweiter Nachbarschaft steht, vom mittelhochdeutschen ›kvenne‹ bis zur ›kona‹ der Norweger und Aymara, die dem Inkareich ihre Sprache liehen.

Die Galla hatten früher über Gynaikokratie hinaus ein amazonisches Heerwesen. Sir Galahad: »Die Einschränkung ›früher‹ wird uns bei afrikanischen Völkern immer wieder begegnen. Noch im 16. und 17. Jahrhundert bestanden weite Teile des Kontinents aus blühenden, zusammenhängenden Reichen wie das Kaiserreich Kongo unter den Mani-Kongo. Durch die europäische Ausbeutung, durch die Verschleppung ganzer Stämme in die Sklaverei sind diese Reiche erst entvölkert worden, dann verarmt, schließlich verfallen. Gewiß hat es mit städtisch-ritterlichen Kulturen verschiedener Rassen auch die verschiedensten Staatsformen gegeben, deren Spuren Frobenius nachgegangen ist. Das Königtum aber überall dort, wo es entweder in ursprünglich matriarchalen Kerngebieten des Westens bodenständig ist oder von den hamitischen Eroberern aus dem Norden auch ostwärts eingeführt wurde, schöpft Kraft und Legitimität aus einer priesterlich-magischen Weibersippe, muß doch in Afrika sogar ein gewöhnlicher Schamane eine Regenmacherin zur Mutter haben, um beglaubigt zu sein. Auch von der Ehefrau bleibt er abhängig – wird sie schwanger, verliert der Zulu-Regenmacher seine Fähigkeiten, weil Schwangerschaft vorübergehend ihre Zauberkräfte lähmt, er allein aber nichts über die Natur vermag.« Auch Rehse bestätigt: »In den ältesten Zeiten gab es in Afrika große, von ›Göttinnen‹ regierte Königreiche. Diese hatten Priester und Priesterinnen, die alle Staatsgeschäfte im Namen ihrer Herrin besorgten.«

Bei den Banyoro durfte gerade die königliche Schwester keine Kinder von ihrem Brudergatten haben und abortierte im Falle einer Schwangerschaft. Diese hätte bedeutet, daß der König für eine unerträglich lange Zeit von ihren okkulten Fähigkeiten abgeschnitten gewesen wäre. Das jetzt selbständige Angola nannte sich nach einer Königin N'gola, welche sich vor rund 500 Jahren an der Spitze ihres Heeres heldenmütig und bis zum Letzten gegen die Portugiesen verteidigt hatte. ›Singa N'Gola‹ ist der Name der Großen Urmutter dieses Volkes.

Bevor Europäer diese Länder und ihre oft noch unter Gynaikokratie lebenden Völker und deren blühende Kulturen zerstörten, war Afrika ein glücklicher Kontinent. Die blutige Conquista, aus den gleichen überwiegend niedrigen Motiven der Bereicherung gespeist wie vorher die spanische in Amerika, zerstörte das Gleichgewicht mancher Landschaft, zerrüttete die gewachsene Naturalwirtschaft, unter der niemand Hunger litt, und beseitigte menschliche Bindungen und Ordnungen mit dem Ergebnis einer durch die Frauen selbst nicht mehr kontrollierbaren Bevölkerungsexplosion. Was immer ›die großen Pioniere‹ der letzten paar Jahrhunderte an persönlichem Ruhm und Reichtum aus Afrika herausgeholt haben mögen, wir alle zahlen heute das Vielfache davon für das Unrecht und den Schaden, der in so relativ kurzer Zeit angerichtet worden ist.

Weil die sogenannten Indianer – sogenannt, weil diese Benennung auf den Irrtum des Kolumbus zurückgeht, Indien erreicht zu haben – den puritanischen Pioniergeist ihrer weißen Gegner, in denen sie nur gesetzlose Banditen und Landräuber sehen konnten, so aus ihrer ganzen Veranlagung und Natur heraus verabscheuten, daß sie sich lieber ausrotten ließen, als sich anzupassen, ist ihre Zahl dezimiert und das Wissen über sie mangelhaft. Nach dem heutigen Bild der Forschung aufgrund zahlreicher Einzelberichte der Landnehmer befand sich Amerika bei seiner letzten Entdeckung in einem teilweisen Umbruch zum Männerrecht. Entlang beider Küsten und mitten durch das große Land bildeten Gynaikokratien eine starke Minderheit. Berichte wie die des Père Lafitte zeigen das:

»Bei den Frauen liegt alle wirkliche Autorität des Landes. Die Felder und alle Erträge gehören ihnen, sie sind die Seele der Ratsversammlungen, die Herren über Krieg und Frieden, sie verwahren den Fiskus oder öffentlichen Schatz. Sie sind es, denen man die Gefangenen übergibt, sie begründen die Ehen, ihrer Herrschaft unterstehen die Kinder, und ihr Blut bestimmt die Erbfolgeordnung.«

Einmal mehr also reines Mutterrecht, reine Frauenherrschaft. Es ist immer wieder erstaunlich, wie sich die gleichen Grundzüge, sei es von Mutterrecht, sei es von Gynaikokratie, an so weit voneinander getrennt lebenden Völkern herausgebildet, wenn auch verschieden lange gehalten haben. Es kann nur als ein Hinweis auf das unermeßliche Alter dieser Sozialordnung gewertet werden, sollte man meinen.

Ein besonderer Zug Amerikas ist die strenge Exogamie bei vielen Indianern – die jungen Männer werden an befreundete und benachbarte Stämme verheiratet, für die eigenen Mädchen und Frauen zieht

man Fremde vor. Übrigens heiraten beide Geschlechter mehrfach, und die Folge sind zahlreiche Halbgeschwister, die wiederum nur bei gleicher Mutter als verwandt gelten.
Die aus Indianerbüchern bekannten Seneca bewohnten von Frauen erbaute Langhäuser, in die Männer fremder Clans zwar aufgenommen wurden, aber zu bestimmen hatten allein die Frauen.
Im Falle der Schwangerschaft, welche zusammen mit der Stillzeit die Frau für mehrere Jahre unantastbar machte, durfte der Mann ausziehen und sich Ersatz suchen. Letzteres galt auch bei den Pueblo-Indianern, nur wohnten bei ihnen die Männer nicht mit den Frauen zusammen, sondern kamen lediglich auf Besuch. Ihnen waren ›tolas‹ genannte Erdhöhlen gebaut worden, in denen sie lebten und schliefen. Mehrmänner- und Mehrweiberehen waren in Amerika nichts Ungewöhnliches, gründeten sich aber wahrscheinlich auf frühere Bräuche von Gruppenehe, bei der die Brüder einer Sippe entsprechend viele Schwestern einer anderen heirateten. Wenn man an Tibet denkt, so scheint auch diese Art der Bindung zwischen den Geschlechtern eine verbreitete Frühform darzustellen. Auch hier in Amerika verstanden die jungen Frauen, Empfängnis zu verhüten oder zu abortieren, schließlich brachte eine voreheliche Karriere ohne Kinder entschieden bessere Heiratschancen. Darunter verstand man durchaus nicht etwa Jungfräulichkeit oder Keuschheit in unserem Sinne. Naturvölker allgemein – und daher wohl auch frühe Menschen – sehen in einem solchen Zustand noch am ehesten eine milde Form von Schwachsinn.
Auch in Amerika findet man wieder die Auffassung, daß das Bauen Sache der Frauen sei. Missionare berichteten voll Stolz, welche schönen Kirchen ihnen von Frauen und Mädchen erbaut worden seien. Einige hatten genügend Selbstironie, um zuzugeben, welchen Reinfall sie erlebt hatten, wenn sie, aus ihrer Erfahrung ganz logisch, Männer zu dieser Arbeit herangezogen hatten. Eine höchst vergnügte und vor Ergötzen johlende Menge von Frauen und Kindern umgab die Baustelle mit den hilflosen und verlegen herumstehenden Männern.
Nicht Häuser, sondern nur primitivste Gebilde aus Zweigen bauen die Seri am Golf von Kalifornien. Ihre ›Kun-kaks‹, d.h. wörtlich Frauenschaften, lebten sehr zurückgezogen und versuchten ihrerseits, jeden Fremden oder Eindringling ohne Angabe von Gründen sicherheitshalber erst einmal umzubringen. Sie blieben daher lange unbekannt, und erst Dr. McGee gelang es, ein paar der Harmloseren

unter ihnen in Mexiko zu stellen und zu befragen. An der Spitze der Clans steht je eine Mutter, die über Töchter und Enkelinnen herrscht. Außer Feuersteinspitzen für ihre Pfeile stellen sie keine Werkzeuge her. Das Wort der Clan-Mutter ist Gesetz, Männer, die einheiraten wollen, werden harten Proben unterworfen. Ein Wort für Vaterschaft gibt es nicht, weil ihnen der Begriff ›Vater‹ unbekannt ist. Die Seri lebten genauso unberührt von den benachbarten Hochkulturen von Mexiko wie manche Stämme der Urwälder Südamerikas von den Hochkulturen der Anden.

Das von Pizarro auf der Suche nach dem sagenhaften Goldland entdeckte und schließlich durch List und Wortbruch eroberte Inkareich stand schon unter Männerrecht, doch gab es noch Anzeichen früherer Frauenherrschaft. Das waren einmal die besondere Verehrung der Mondgöttin Mamaquilla und die hieran geknüpften Bräuche, zum anderen die Stellung der Quoiah neben dem Inka und der weibliche Staatsrat der ›Mamacunas‹.

Von Thor Heyerdahl – ›American Indians in the Pacific‹ – stammt die durch Beweise gut untermauerte These, daß die mittel- und südamerikanischen Hochkulturen erst relativ kurz vor der Entdeckung durch Kolumbus entstanden und daß sie fremden Männern zu danken seien, die der Urbevölkerung viele Errungenschaften gebracht hätten. Diese Männer seien blond bis rothaarig gewesen, während die ansässigen Völker schwarzhaarig waren. Außerdem waren die Fremden bärtig, ganz im Gegensatz zu den bartlosen Einheimischen, von denen sie mit Bart gezeichnet und beschrieben wurden. Da es sich demnach um sog. kaukasische Menschen gehandelt haben muß und da ihr Erscheinen relativ jungen Datums sein soll, ist anzunehmen, daß sie es waren, die unter anderem auch Männerrecht und den Glauben an nur einen obersten – männlichen – Gott anstelle der früheren Großen Mutter mitgebracht haben.

Wir haben bei unserer ausgedehnten Rundreise Brauchtum kaum erwähnt, es hätte den Rahmen dieses Kapitels gesprengt. Hier nur ein paar Anmerkungen zu Bräuchen, die jeder von uns kennt und von denen man vielleicht nicht ohne weiteres vermutet, daß sie mit gynaikokratischer Vergangenheit zusammenhängen.

Unser Osterfest bewahrt in seinem Namen die Erinnerung an eine frühe Göttin der Fruchtbarkeit – ›Ostara‹. Nicht nur bei uns, sondern weltweit waren Ei und Hase oder Schlange Symbole der Fruchtbarkeit oder, genauer: der Wiedergeburt. Kein Wunder also, daß alle

diese Dinge unbedenklich miteinander vermischt wurden und bis heute unsere Osterhasen Ostereier legen müssen, obwohl kein Hase je zu derart absurdem Tun zu bewegen wäre.
Das christliche Osterfest umgreift die Zeit von der Kreuzigung bis zur Wiederauferstehung Jesu. Als Erinnerung an ein historisches Ereignis bestünde doch aber Grund genug, solches Gedenken jeweils an dem Tag zu feiern, an dem es einst stattfand. Vermutlich aber war schon das Passah-Fest, an das sich Ostern anlehnt, in Erinnerung an viel frühere Feiern zu Ehren einer Mondgöttin terminiert, denn nur darum widersteht es noch heute offenbar jeder Festlegung auf einen bestimmten, ›historischen‹ Tag. Denn das Osterfest fällt oder folgt immer auf den vierten Vollmond des neuen Jahres. Daher die verwirrenden Schwankungen zwischen Ende März und Ende April.

Für die englische Sprache, an deren bestimmtem Artikel ›the‹ man anders als beim deutschen ›der, die, das‹ kein Geschlecht des nachfolgenden Wortes ablesen kann, ist alles, was nicht unmittelbar Mann oder Frau ist, weder maskulin noch feminin, sondern neutrum. Wenige Ausnahmen gibt es – eine ist der schon erwähnte Mond, der weiblich verstanden wird. Hier ist also die Erinnerung an eine einst verehrte Mondgöttin sogar in die Grammatik eingegangen. Übrigens auch bei ›Nation‹ (von lateinisch ›nasci‹ = geboren werden): Germany and *her* government. Das verrät wie schon das lateinische Wort, das gleichfalls feminin ist, eine frühe Vorstellung, wonach ein Volk als die Gesamtheit aller von Müttern Geborenen gesehen wird. Als Anmerkung sei hinzugefügt, daß auch unser Wort ›Volk‹ wie die Noi-kun der Chinesen oder die Kun-kak der Seri-Indianer vom Grund der Sprache her ›Frauenschaft‹ bedeutet.

Um das Jahr 700 beschrieb der britische Historiker Beda die Sitten und Gebräuche der dreihundert Jahre zuvor eingewanderten Angeln. In seinem lateinischen Text findet sich diese Stelle über den Weihnachtsabend: »ipsam noctem nunc nobis sacrosanctum tunc gentili vocabula ›MODRANICHT‹, id est matrum noctem, apellabant.«
Die Angeln feierten also die Weihenacht als ›Nacht der Mütter‹, und das war zugleich der Beginn ihres neuen Jahres! Über die nordische Wortform ›Jul‹ (von ›hjul‹ = Scheibe) läßt sich erschließen, daß auch die Nacht der Mütter unter dem besonderen Akzent der Mondgöttin stand. Außerdem war es ein Totenfest, das den Hinübergegangenen zu Ehren besonders laut und fröhlich gefeiert wurde, mindestens drei

Tage und Nächte lang. Was, nebenbei bemerkt, in Norwegen und Schweden heute noch genauso geschieht. Man erwartet die Toten der Sippe zu Gast und stellt ihnen von den besten Speisen etwas hinaus auf den Hof.
Im Ravensburgischen, im Ermeland und in Oldenburg waren noch vor einem halben Jahrhundert Kinderlieder lebendig, die in ›dem‹ Mond unverhohlen eine Frau ansprachen:
»Mane, Mane witte, giv iusen Kind de Titte« und ähnliche mehr.
In den Hochanden Perus beten insgeheim noch heute Mädchen und Frauen zur Mamaquilla, der vor-inkanischen Mondgöttin, nicht nur um alles, was Frauen sich wünschen, sondern vor allem auch um das Weiterleben der Göttin selbst: wäre sie nicht mehr, könnten Frauen nicht überleben.

Die vorgeschichtliche Auffassung von der Frau als einem ›Gefäß des Lebens‹ war noch voll lebendig, als der Mensch der ausgehenden Jungsteinzeit lernte, aus Ton Gefäße zu formen. Noch ohne Töpferscheibe, aus Bändern von Ton aufgebaut, zeigen viele solcher Vasen und Krüge, zuletzt die erst vor wenigen Jahren auf Santorin ausgegrabenen, gut 4000 Jahre alten, deutlich und unmißverständlich weibliche Brüste. Im Laufe der Zeit wurden daraus Buckelornamente und schließlich, nach Erfindung der sich drehenden Töpferscheibe, umlaufende, erhabene Verzierungen. Auch die Sprache hat die Zusammenschau von Frau und Gefäß bewahrt, ›Vas'e‹ und ›Ge'fäß‹, englisch ›ves'sel‹ stehen noch in unmittelbarem sprachlichen Zusammenhang mit dem schon erwähnten ›fah‹ in ›umb'fah'en‹, mit der den Inhalt eines Gefäßes meinenden Form ›fas'sen‹ und daher auch dem ›Faß‹, der Ausgangsform des ›Ge'fäß'es‹, mit dem ›favn‹ oder ›fang‹ für den weiblichen Schoß, mit der ›Fase'nacht‹, der ›Fähe‹, aber auch der ›fe'mina‹ und natürlich der weiblichen Genitalöffnung ›va'gina‹ – wobei der zweite Teil dieses Wortes wieder dem griechischen ›gyne‹ oder dem nordisch-inkanischen ›kon‹ oder dem südchinesischen bzw. seri-indianischen ›kun‹ für Frau zuzuordnen ist.
Wenn zur ›Fasenacht‹ Männer in die ›Bütt‹ steigen, um sich zu produzieren, so ist auch das ein schon vom Sprachlichen her sehr verräterischer Brauch, denn die Bütt ist nicht nur nach Form und Inhalt, sondern auch sprachlich ein Gefäß und damit ein Äquivalent für das entscheidende Merkmal der Frauen.
Das Gefäß aber als Entsprechung für Weibliches setzt sich fort bis zu den größten Bütten, die der Mensch je zu bauen verstand, bis zu Boo-

ten und Schiffen. Wir sagen *die* Tirpitz oder *die* Meteor und folgen damit den Engländern, deren Grammatik das Schiff wie eine Lady behandelt und die sogar einen ›ship's husband‹, also einen ›Schiffsgemahl‹ kennen, den, der den Pott an Land mit allem Nötigen zu versorgen hat, bevor er wieder ausläuft.

Wen wundert es da noch, daß auch Quellen als weibliche Wesen angesehen werden, aus der unverstellten und direkten Sicht des frühen Menschen. Was Wunder, wenn in der Folge weibliche Wesen an Quellen geistern, Nymphen und Göttinnen, und über sie wieder so manche lokale Muttergottes herrscht bis auf den heutigen Tag. Wie viele Kapellen, Kirchen und Dome verraten nicht durch ihren Standort an einer Quelle ihre verbotenen Beziehungen zu heidnischen Glaubensvorstellungen.

Wo wie im Flachland Quellen selten sind, da genügen auch Brunnenlöcher. Vor allem in der Jungsteinzeit warf man wertvolle Opfergaben in solche Brunnen, der Erdmutter zu Ehren und den findigen Archäologen unserer Zeit zu Gefallen. Auch Rom leistet hier noch einen Beitrag, wenngleich etwas verschleiert. Sein ›mundus‹ betrifft zunächst alles, was mit Frauen zusammenhängt, erweitert sich später sogar noch zu dem Begriff ›Welt‹ (vergleiche ›mondän‹ und ›mundial‹). Weibliches und Weltliches verschmelzen in jenem ›mundus‹ genannten Abgrund, der als Zugang zur unteren Welt, zum Reich der Erdmütter, gesehen wurde. Er befand sich inmitten Roms, im Comitium, und seine runde Öffnung war mit einem gleichgroßen runden Stein, dem ›lapis manalis‹, bedeckt. An drei bestimmten Tagen des Jahres öffnete man den Schacht und opferte Früchte. Das ist wiederum sehr deutlich, denn Früchte zu opfern und in den natürlich als weiblich verstandenen Urmund zu werfen sollte dem Verlangen nach neuer Geburt, nach Wiedergeburt Nachdruck verleihen.

Das Urwort KALL, dem wir uns später noch ausführlicher widmen wollen, steckt, kaum verändert, sowohl in unserer ›Quelle‹ als auch in frühen Wörtern für Mündungen. Nicht nur bei uns, sondern weltweit bezeugen Ortsnamen (die in ihrer Mehrheit aus früheren, schon vorhandenen Flurbezeichnungen übernommen wurden) eine solche Anwendung des KALL: Kehl an der Mündung der Kinzig in den Rhein, Kall'münz an der der Vils in den Regen, Kahl an der eines Baches in den Main. Weil nun aber KALL zugleich für die Frau und mütterliche Gottheiten steht, warfen die Gläubigen der Vorzeit Opfergaben auch in Mündungen, wie z.B. in den Wasserlauf La Tène, dort, wo er in den Bieler See mündet. Nach den reichen Funden einer deutlich von anderen Epochen unterscheidbaren Zeit spricht man heute von der La-Tène-Zeit.

Entsprechendes hat sich auch im vorkolumbischen Amerika ereignet. Wo beim Umbruch zu Männerherrschaft der tiefe Sinn gewisser Tabus, von Ge- und Verboten längst vergessen war, da änderte man diese so wenig wie die Sprachgewohnheiten. In China, der wahrscheinlich ältesten Androkratie, blieb es bei ›hun-yin‹ = ›einen Mann nehmen‹ für unser ›heiraten‹, obwohl seither eben die Frau genommen wird. Trotz Männerrecht behandeln wir unsere Frauen mit größerer Rücksicht, bei einer Schiffskatastrophe gehen Frauen und Kinder zuerst von Bord, genau wie die Schimpansenweibchen vor den Löwen bevorzugt fliehen dürfen. Es ist noch heute ein besonderer Frevel, eine Schwangere zu schlagen, selbst unter Tieren, und als die größte Missetat gilt nach wie vor der Mord einer Mutter. Die Römer sahen in allen Nachkommen noch immer einen Teil der Mutter, und wenn solche Teile einander töteten, dann verlor der Mörder jedes Anrecht auf Wiedergeburt – man bestattete ihn oder sie nicht, sondern warf sie in einem Sack in den Fluß.

Diese alte Ordnung hatte mit der fortschreitenden Entwicklung der Menschen und ihrer natürlich bedingten Differenzierung in Rassen und Völker zumindest zwei Schwachpunkte. Einmal die gesellschaftliche Diskriminierung der Männer, die von diesen notwendig kompensiert werden mußte und auch kompensiert wurde: Wir sehen sie gegen Ende der weiblichen Vorherrschaft gleichziehen, sie rücken auf zu Herrschern, wenn zuerst auch noch von der Frauen Gnaden, sie versehen zunächst die Jagd, besorgen die Waffen- und Werkzeugentwicklung, später das Militärwesen, sie werden Ärzte, Künstler, Seefahrer, Philosophen, Schmiede; ihr Vorrang etabliert sich im Technischen und Geistigen. Sie hatten also eigentlich schon immer die Machtmittel, eine Änderung herbeizuführen. Wenn sie es nicht schon früher getan haben, so wegen ihrer Einbindung in gesellschaftliche und religiöse Überlieferungen, die in vorgeschichtlicher Zeit eine ungleich stärkere Wirkung auf die Menschen ausübten.

Der zweite Schwachpunkt war zweifellos das im Nichtwissen der Frühzeit begründete Credo, daß nur die Frau, und das ganz allein aus sich selbst heraus, neues Leben zu schaffen vermöchte. Sobald die Funktion des Mannes als Besamer einmal erkannt war, mußte Gynaikokratie und Mütterglaube ins Wanken geraten. Bei den meisten Kulturen und Völkern hat dieser Übergang mehr oder weniger kurz vor dem Beginn der Zeit, die wir heute als die ›geschichtliche‹ begrei-

fen, stattgefunden, und das auf vielerlei Weise – ruhig, ohne große Erschütterungen bei vielen Naturvölkern, bestimmt und zielbewußt, aber ohne Diskriminierung wie bei den Römern, konsequent machtlüstern wie bei den Chinesen oder heftig und affektgeladen, und daher in Unterdrückung ausartend, wie bei den Athenern und den Juden. Leider haben wir Europäer gerade von den beiden letzten Entwicklungsarten am meisten übernommen und fortgeführt.
Der Mensch der Vorzeit hat erste Einsichten in den Zusammenhang zwischen Besamung und Geburt noch selbst protokolliert. Offenbar aber war ein langer Weg von solchen frühen Gedanken bis zu einschneidenden sozialen Veränderungen zu durchlaufen. Merkwürdigerweise klafft zwischen der ersten, so deutbaren Feststellung und den nächsten Manifestationen eine zeitliche Lücke von über 10 000 Jahren. Das kann sich natürlich ändern, falls mehr Funde zu diesem Thema ans Licht treten. Es könnte aber auch sein, daß Folgerungen aus der ›Erkenntnis‹ verdrängt und verketzert wurden oder gar eine Bestrafung wie das Vertreiben aus dem Paradies erfuhren, wie immer, wenn eine herrschende Weltanschauung sich bedroht fühlte oder fühlt.
Anthropomorphe Darstellungen, Figuren also in ungefährer Menschengestalt, haben die ersten Spuren hinterlassen. Die Künstler der Steinzeit, die ihre Objekte so genau kannten, daß ihnen bei deren Darstellung nur solche ›Fehler‹ unterliefen, die beabsichtigt waren (das Gehörn der Stiere en face z.B.), können sicherlich nicht ernsthaft beschuldigt werden, frühe Menschendarstellungen als verzerrte Karikaturen gewollt zu haben. Wenn die naturgetreue Abbildung der Geschöpfe der einzige Zweck ihrer Kunst gewesen wäre, dann hätten sie uns anatomisch genaue Menschenbilder überliefert. Da aber schon die Tierbilder symbolischen Charakter hatten, wie wir nun durch Marie König wissen, haben auch die Menschenbilder vor allem anderen eine der damaligen Zeit verständliche Botschaft zu verkünden. Daher wird eine solche menschenähnliche Figur aus kosmischen Ordnungssymbolen, Drei- und Vierecken zusammengesetzt, wobei die DREI wieder auf die drei Mondphasen, auf das Phänomen Zeit und auf Wiedergeburt hinweist, während die VIER, von den vier Kardinalpunkten des Raumes herstammend, eben für diesen steht. Die 3 und die 4 wurden schon von dem Psychologen C. G. Jung als archaische Symbole der Menschheitsgeschichte enthüllt, wenn auch von anderen Bezügen her als bei Marie König, deren Entdeckungen bei diesen beiden Zahlen nicht haltmachten. Ihr ist es gelungen, den

Sinn dieser alten Zeichen des frühen Menschen wieder zu lesen. Uns berührt zudem einmal mehr das Fortwirken so alter Findungen in heutigen Begriffen; haben nicht die Summe aus 3 und 4 und das Produkt von 3 mal 4, die 7 und die 12, von altersher eine besondere Bedeutung bewahrt?

»Anthropomorphe Gestalten hat schon der Jungpaläolithiker gezeichnet, wie in der vielbeachteten Szene ›Puits‹ von Lascaux. Sie befindet sich in einem engen Schacht unterhalb der ›Apsis‹. Während die anderen Bilder sich meist auf die Deckenwölbung beziehen, steht diese Darstellung im Gegensatz dazu an der tiefsten Stelle. Dort unten befindet sich der sterbende Bison, Symbol des erlöschenden Mondes. Was verhilft ihm zu neuem Leben? Diese Rolle ist einer anthropomorphen Figur zugedacht. Es ist kein Lebewesen dargestellt, wie es der Alltag sieht, auch kein Jäger. Wir sehen den ungefähr viereckigen Körper und an den erhobenen Händen je vier Finger. Das große Zeugungsorgan weist auf seine Potenz, das neue Leben zu erschaffen. Die kräftigen Beine verankern die Gestalt im Diesseits, während ihr Vogelkopf und der hinzugesetzte Vogel den Begriff mit dem Himmel und der Erweckung verbinden. Es ist das Mysterium des Todes dargestellt, und in neuer, lunarsymbolischer Gestalt verläßt der Stier als Nashorn den Ort der Wandlung.«

Als in Südeuropa schon die Bronze erfunden war, lebten im Norden noch steinzeitliche Jäger und erste Ackerbauern. Wie 10000 Jahre zuvor an anderen Orten geschehen, ritzten sie ihre Zeichen und Symbole in harte, von Eiszeitgletschern glatt geschliffene Granitflächen. Wieder Marie König:

»Auf der Felsplatte von Backa bei Brastad ist eine 1,60 m große Figur dargestellt. Der Körper ist viereckig, den Kopf bildet ein Diskus. Sie hebt beide Hände. Über der rechten Hand steht das Beil, das die Herrschaft über Tod und Leben bezeugt, was auf dem Felsblock in der Höhle ›Marie König‹ durch Pfeil und Vulva genauer angegeben wurde. Die Potenz der Erneuerung verkündet in Backa das große männliche Organ, das die Gestalt sichtbar zum Erzeuger des Lebens stempelt.

Das Reich der Toten wollte man im Wasser finden, und den Eingang dazu bildeten die Quellen. Wie das Bild zeigt, entsprang am oberen Rand der abfallenden Felsplatte ein Rinnsal. Es windet seinen dunkel gefärbten Lauf über die Fläche, und in diesem Quellwasser steht mit beiden Füßen die große Figur. Sie gibt sich dadurch als Herrscher der Unterwelt zu erkennen.«

Wenn hier auch ein heutiger Mensch mit heutigen Vorstellungen und heutigem Wortschatz längst Vergangenes zu übersetzen versucht, so wird doch deutlich, wieviel schwieriger alles für die Menschen geworden sein muß. Als man noch ›im Stande der Unschuld‹ lebte, war Tod nur Durchgang zu neuem Leben durch Wiedergeburt. Darunter verstand man etwas so Einfaches wie eine der Geburten, deren Zeuge man mehrfach im Leben wurde. Mit dem Wegfall dieser so einfachen Vorstellung durch die Akzentverschiebung zu männlicher Zeugung bedurfte es mühsamer Konstruktionen, um überhaupt noch eine Hoffnung zu erhalten. Schließlich sind es nur noch die Seelen, die weiterleben, nicht mehr der ganze, blutvolle Mensch selbst in seiner unversehrten Individualität.
Die Darstellungen von Lascaux vor fünfzehn- und von Backa vor dreitausend Jahren zeigen aber auch, daß ein noch so reich ausgeschmücktes Mysterium des Todes das einstige, wenn auch nur vermeintliche Wissen um ein Weiterleben nicht zu ersetzen vermochte. So verloren die Menschen mit den Müttern zugleich das leichtere Glück und die Gewißheit der ewigen Fortsetzung ihres so geliebten Lebens. Wir haben das auch nie vergessen. Fast alle Kulturvölker haben ihr ›Paradies‹ oder ihr ›Goldenes Zeitalter‹ verloren!

Das Protokoll der Sprache

Richard Fester

Seit es eine paläolinguistische Wissenschaft und damit die Erforschung menschlicher Sprache in die Urgeschichte zurück gibt, wird immer klarer, daß Sprache zugleich auch ein Protokoll der frühen Geschichte des Menschen ist.

Dies wird um so deutlicher, je zentraler die Bedeutung der erforschten Themenkreise für das Leben des Menschen war. Das gilt für das Feuer in gleichem Maße wie für alles, was mit der Frau zusammenhängt. Damit wird einmal mehr klargestellt, daß alle uns heute bekannten Sprachen einen gemeinsamen Ursprung haben, eine Erkenntnis, die einer Wissenschaft so lange verschlossen bleiben mußte, wie sie sich an das geschriebene Wort allein hielt. Diese so erreichbaren 5–6000 Jahre schrumpfen angesichts des bis heute beweisbaren Alters des Menschen von fast fünf Millionen Jahren zu einem Fast-Nichts. Während Biologen heute in der Sprache *das* zoologische Merkmal der Species Homo sehen, schätzen Kybernetiker, daß ohne Sprache als Medium des Austausches und der Speicherung von Erfahrungen einige 20 Millionen Jahre mehr vergangen wären, bevor der Mensch aufgrund von Evolution und Mutation seinen jetzigen Entwicklungsstand erreicht hätte.

Da die bisher ältesten Funde ein Alter von nahezu fünf Millionen Jahren aufweisen, begreifen wir heute besser, wie lange schon Sprache menschliches Leben und spezifisch menschliche Entwicklungen begleitet. Hat sie aber zugleich auch eine Protokollfunktion, dann müßte sie – unserer These entsprechend – die Bedeutung der Frau für das Leben unserer Vorfahren reflektieren. Das läßt sich einmal an der Verbreitung bestimmter, sprachlich gleicher oder gleichwertiger Formen über den ganzen Erdball hinweg ablesen, zum anderen aus der Infiltration gewisser zentraler Begriffe in benachbarte und zugeordnete ersehen. Wir hatten diesen letzten Vorgang schon gestreift, als wir das frauliche Grundkonzept im Gefäß, im Schiff, in der Höhle und in der Quelle oder in Mündungen aufspürten. Solche Kettenre-

aktionen sind für uns heute deshalb so aufschlußreich, weil sie früher einmal, als solche Wörter geprägt wurden, zwingend waren.
Da es zwei tragende Brücken von unserer Gegenwart zu jeder noch so fernen Vergangenheit gibt – zum einen die Generationenkette (jeder von uns ist ein Nachkomme auch der frühesten Menschen), zum anderen die ›Muttersprache‹ (d.h. jeder lernte zu allen Zeiten so zu sprechen wie seine Mutter und deren Mutter) –, können wir sicher sein, daß auch unsere eigene Sprache alle die Elemente enthält, die einst die Sprache der Steinzeit ausmachten.

Die Archetypen

Von den sechs als Fundament aller Sprachen gefundenen Archetypen oder Erstprägungen (BA, KALL, TAL, TAG, OS und ACQ) finden nur die ersten vier auf Weibliches Anwendung.
BA findet sich überall dort, wo es um den Menschen geht, um sein körperliches Sein, um Buhlen um Frau oder Mann, um die Sorge von beiden, Vater wie Mutter, um Sohn oder Tochter der eigenen Familie, um Nahrung und Wärme, um den Bau der Wohnstatt, von Booten und Waffen, um die Jagd von Vieh, den Fang von Fischen und Vögeln, um Freund oder Feind, um Verwandte und Nachbarn.
BA findet sich weiter bei Viehnamen, sofern Fruchtbarkeit das wesentliche war, beim Wild und seinem unmittelbaren Nutzen für den Menschen, ebenso bei eßbaren Pflanzen oder solchen, die zum Gewand, zur Matte oder zum Gefäß verarbeitet werden konnten. Bei Bäumen dann, wenn sie Bau- oder Brennholz lieferten, Obst trugen oder auffallend groß waren.
BA durchdrang besonders intensiv alles, was mit Bauen und Wohnen zusammenhängt. Die Bereiche des Machens und Wollens sind gesättigt davon. Und wo immer das nahe Beieinander typisch ist, wie beim Weben, Binden, Fügen oder Buhlen, da stellt BA das Hauptkontingent.
KALL ist jede Vertiefung, jeder Hohlraum, jede Wölbung, jeder enge Durchlaß, ist Schale, Kehle, Höhle, Wohnstatt, Kulthöhle, Quell und das Tal wie der Paß, der die Höhe überwindet. Vor allem aber der mütterliche Leib, die Geburt, das Kind, die Sippe, der Clan, das Volk. Tiere und Fruchtbarkeit, Schnecken und Muscheln, die ihre Wohnhöhle mit sich tragen, Pflanzen und Bäume, die hohl sind oder hohle Früchte haben oder sich zum Aushöhlen für Bütten und Boote

eignen. KALL ist auch Niederung, Senke, Meer, Mündung, Flußbett, See, aber auch Zugang und Weg.

TAL ist unten, ist Einschnitt, ist Weibliches, ist das ›Tal‹ der Landschaft, die Ebene, der Boden, die Erde und aus dem Gegensatz Wasser/Land häufig auch Insel.

TAG ist der aufrechte Mensch, der Stehende, es ist darum groß, hoch, erhaben, hoher Berg, spitz, hart, Stein, Waffe, Werkzeug. Es ist das wehrhafte Wild, das Raubtier, Schlange, Fisch, Drache und Vogel, aber auch Baum von großer Stammhöhe. Es bezeichnet den ranghöheren Menschen, die Götter und Gott; körperbezogen vor allem auf Gliedmaßen, Zunge, Zähne, männliches Glied und daher Zeugung.

In ihrer Bedeutung viel enger gefaßt sind OS für Öffnungen und ACQ für das Wasser.

Natürlich sind auch diese sechs Urwörter nicht alle zur gleichen Zeit, sondern nacheinander entstanden. Die Folge der Aufzählung entspricht wahrscheinlich – mit Ausnahme des ACQ – der Sequenz ihrer Entwicklung.

Es scheint einleuchtend, daß BA als die erste Wortform angesehen werden kann, da es ein ›Wort‹ ist, das Kinder noch vor Erreichen ihrer eigentlichen Sprechfähigkeit nachbrabbeln und das sogar Affen imitieren können. Bei unseren heutigen Vorstellungen vom Alter des Menschengeschlechts mag dieser eine und erste Archetyp zwei Millionen Jahre lang genügt haben, um alles, was der so frühe Mensch schon begreifen konnte, auszudrücken. Dies eine Wort ließ sich nämlich variieren und wurde auch vielhundertfach abgewandelt: da ist zunächst die Lautfärbung der Vokale, die, bei dem am einfachsten zu sprechenden *a* beginnend, über *au* und *ao* zu *o* und *u* fortentwickelt wurde und schließlich über das *e* das *i* erreichte, während Zwischenlaute wie *ä, ö, ü* und *eu* oder *ei* das Klangbild der Sprache zusätzlich bereicherten.

So waren also schon zwölf verschiedene Wörter für unterschiedliche Sinngehalte möglich. Mit den gleichen instrumentalen Möglichkeiten (Lippenstellung und Atemluftstrom) ließ sich aber schon bald das B zu P und F und zu W und M weiterentwickeln. Und schon wäre der frühe Mensch bei 48 Wörtern angelangt. Das ließ sich auf einen Schlag verdoppeln, wenn man statt BA ›baba‹ und statt ›ma‹ ›mama‹ sagte. Noch einmal das Doppelte ergab sich, wenn man die Lautfolge umdrehte und zu ›ab‹ und weiter zu ›aba‹ fortschritt.

Damit hätte der frühe Mensch schon ein Vokabularium von fast 200

Wörtern mit Sinngehalten erfüllen können, eine beachtliche Zahl, wenn man bedenkt, daß gewisse sehr einfache Menschen unserer hochzivilisierten Gesellschaften gleichfalls mit 200 Wörtern im täglichen Sprachgebrauch auskommen. Die Spannweite zu Sprachgewaltigen wie Goethe oder Churchill ist allerdings überraschend groß, beide verwendeten an die 60000 Wörter, während wir Durchschnittsverbraucher von Sprache mit 1500 bis 3000 auskommen.
Wenn wir nun frühen Menschen zu einem späteren Zeitpunkt zutrauen, die B-Varianten P, F, PF, W und M entweder allein oder zusammen mit einem weiteren Vokal vorn oder hinten an ihre erstgefundenen 200 Formen anzuhängen, dann ergibt sich eine um 2000 Möglichkeiten erweiterte Kapazität sprachlichen Ausdrucks. Das wäre dann sogar für unsere durchschnittlichen Bedürfnisse ausreichend.
Das Hinzutreten eines weiteren Archetyps wie etwa KALL erfolgte wahrscheinlich sehr lange nach der Entwicklung und Ausreizung der BA-Phase. Inzwischen hatte die jahrtausendelange Übung diejenigen anatomischen Teile, die zum Sprechen zunächst wohl nur zweckentfremdet worden waren, in der Weise weiterentwickelt, daß Fortschritte möglich wurden.
Obwohl im Verlauf der Auseinanderentwicklung der Sprachen in den – sagen wir – letzten Jahrhunderttausenden unterschiedliche Präferenzen zum Tragen kamen und gleiche Begriffe andernorts von verschiedenen Archetypen hergeleitet wurden, deckten doch BA-Abkömmlinge den ganzen denkbaren Bereich dessen ab, was frühe Sprache auszudrücken hatte. Um sich das zu beweisen, genügt es, ein oder zwei Dutzend heutiger Sprachen zusammenzusehen und daraufhin zu durchleuchten.
Wir dürfen ferner davon ausgehen, daß zu jener, immer noch sehr frühen Zeit, da die BA-Phase zuendeging und dieses erste Urwort sprachlich wie lautlich ausgereizt war, bereits eine Vielzahl von Homo-Gruppen bestand, die relativ unabhängig voneinander lebten. Mit dem Auftreten des neuen Archetyps wurde so manches bisherige BA-Wort ersetzt, je nach Gusto und sicherlich von Gruppe zu Gruppe nicht immer gleich. Daneben erkennen wir heute noch, daß das neue KALL ergänzend neben das alte BA gestellt wurde. BAU war für sich allein schon als Trinkgefäß prädestiniert, aber viele Gruppen setzten das KALL hinzu und kamen so z. B. zu dem lateinischen BAU'CALE für unser weit verbreitetes PO'KAL. Ebenso war BOU für sich allein schon ›Bub‹ oder ›boy‹ – die Schotten machten

daraus ihr BOU'CHAILL für unser KNA'BE, genau die gleiche Zusammenfassung, nur in umgekehrter Reihenfolge. Auf das Nebeneinander folgten Fusionen: PF'LEGE, PF'LUG, F'LIEGen, KLA'FFen oder GREI'Fen sind solche Verschmelzungen, denen man die zweierlei Herkunft kaum noch ansieht. Gleiches geschah in allen Sprachen. Und immer, wenn ein neuer Archetyp entstand und in den erweiterten Sprachschatz eingefügt wurde, wiederholte sich das Spiel des Ersetzens, Nebeneinanderstellens und Verschmelzens alter und neuer Wörter.

Wenn man den Archetyp KALL zeitlich nach BA einordnet, so ist das schon darum einleuchtend, weil er drei statt nur zwei Laute verwendet.

Wenn wir uns vergegenwärtigen, daß auch Sprache nur allmählich entstanden ist und notwendigerweise am Anfang nur einige wenige Wörter umfaßte, dann wird wohl auch klar, daß frühe Wörter einen breiteren Sinngehalt abdecken mußten als heutige, von denen wir aus -zigtausenden auswählen können, um unsere Gedanken möglichst präzise zu treffen. Da ist bis heute erkennbar geblieben, daß ein einzelnes Wort oft eine erhebliche Bandbreite von Sinngehalten haben konnte. Wir können das griechische GAL'a, das ›Eis‹ bedeutet und das in einer Reihe mit unserem KAL't steht, über das italienische GELA'ti und das französische GLAC'e bis zu unserem GLETSCH'er verfolgen, der gleichfalls die ursprüngliche Bedeutung von ›Eis‹ hat und dem wir nun sprachlich inzwischen differenziert assoziieren: glitschig, glatt, gleiten, aber auch Glast, Glanz, gleißen, glitzern. Denn zu den Eigenschaften von Eis gehört eben neben seinem Kaltsein auch der Glanz. In gleicher Weise einst nur mit einem einzigen Wort abgedeckt, erscheinen heute assoziiert: ›Frau‹ und ›Freude‹ sowie ›froh‹ und ganz sicherlich noch ›freien‹.

Das GAL'a für Eis ist ein gutes Beispiel für die Fallstricke, die heutigem Forschen gespannt sind – und die darauf zurückgehen, daß die Sprachschöpfer der Vorzeit keine Sprach*forscher* waren –, denn schon in benachbarten romanischen Sprachen ist CAL'or das genaue Gegenteil, nämlich ›Wärme‹. Wie kommt es dazu?

Nun, aus den weiter oben angegebenen Sinngehalten für KALL wird vielleicht verständlich, daß viele Sprachen dieses Wort für Hohles und, im Gefolge, auch Rundes einsetzten. So konnte KALL auch den menschlichen Kopf bezeichnen. Der aber diente wiederum dazu, draußen in der Landschaft die Höhen der Berge zu markieren – Steinkopf, Ochsenkopf und viele andere sind uns heute geläufige

Bergnamen. Wir können sicher sein, daß in manchen fremdländischen Bergnamen noch ein Wort für ›Kopf‹ steckt. Im Winter nun, und während der Eiszeit auch sommers, sind die GALL-Höhen und -Köpfe nicht nur KAHL, sondern auch mit Eis oder Schnee bedeckt (wobei auch ›Schnee‹ übrigens eine Nachfolgeform von KALL ist) und daher KAL't. Fast genauso heißt der höchste Berg Norwegens, da man im Laufe der Zeit das jeweilige Wort, weil es nicht mehr geläufig war oder weil anderssprachige Bewohner auftauchten, als Namen ansah und das eigene Wort anhängte – so geschehen beim ›Gal'hoi'piggen‹, wobei der letzte Teil auch wieder eine vergessene Form für ›Kopf‹ ist.
Rund und hohl war aber nicht nur der menschliche Schädel, sondern auch so manches an der Frau, vor allem der bei Schwangerschaft aufgewölbte Leib. Wie sehr gerade der beachtet wurde, zeigen steinzeitliche Zeichnungen, Reliefs und Plastiken überdeutlich. Was Wunder, daß sich von daher KALL ganz besonders der Frau insgesamt, aber speziell auch der mütterlichen Frau annahm. Als man in früher Zeit angesichts des geringen Mundvorrats an Wörtern einen Ausdruck für ›Wärme‹ brauchte, da war das so menschliche BA das erste, weil es den Gedanken der körperlichen Wärme nahelegte – ›Feuer‹ und ›Wärme‹ sind solche BA-Ableitungen. CAL'or war da schon eine Differenzierung, weil es das wohlige Gefühl mütterlicher Wärme suggerierte.
Soviel zur Erläuterung der ›Fallstricke‹ und warum KALL in einer Sprache für Kaltes und in einer anderen für Warmes Verwendung finden konnte.

Wir wollen uns bei unserem weltweiten ›Cherchez la femme!‹ auf einen der drei oder vier Archetypen, welche auf die Frau Anwendung finden konnten, beschränken, auf KALL.
Einige Anmerkungen zum besseren Verständnis seien vorausgeschickt.
Selbstverständlich ist es ohne Belang, ob KALL-Beispiele je nach Sprache mit C oder G statt K wiedergegeben sind. Ferner sei nochmals betont, daß der mittlere Laut A durch jeden anderen ersetzt werden kann, ohne daß sich an der Zugehörigkeit zu KALL etwas ändert – lateinisch CALLIS ist wie keltisch KILL ein Weg, *hebräisch* KALLAH wie *quechua* QUILLA eine Frau. Im Laufe der Jahrtausende hat sich auch der Endlaut L vielfältig verändert, er kann ganz wegfallen, durch einen Vokal ersetzt werden, er kann sich zu r oder n

wandeln – die KALYX der Griechen ist ein Gefäß wie die deutsche KANNE auch, die griechische KORA ein Mädchen wie die schottische COLLEEN. Das so wichtige K darf sich zu CH und SCH wie auch H (z. B. SCHALL und HALL) und über KW/Q sogar zu W fortbilden: die englische WELL ist wie die schwedische KÄLL eben eine QUELLE.

Wahrscheinlich aus Übermut oder Vexierlust gegenüber Fachleuten ist menschliche Sprache weltweit auch darauf verfallen, Laute abzutauschen – Topp/Pott, Ziege/Geiß, Kuhle/Loch, Kahn/Nach'en, Buhlen/Lieben –, und erst recht von einer Sprache zur anderen: push/schub'sen, Dame/Maid, facere/schaffen, Schnee/neige –, so daß neben KALL die sprachlich gleichwertige Variante LAK steht, deren Einzelteile auch ihrerseits wieder alle die Wandlungen durchlaufen, die oben schon angeführt wurden. Wenn man also alle vorgegebenen Lautwandlungen durchspielt, kommt man bei einem Archetyp von anfangs drei Lauten auf viele Tausend mögliche Formen. Das läßt sich auch in einem Schema zeigen:

Das KALL-Schema

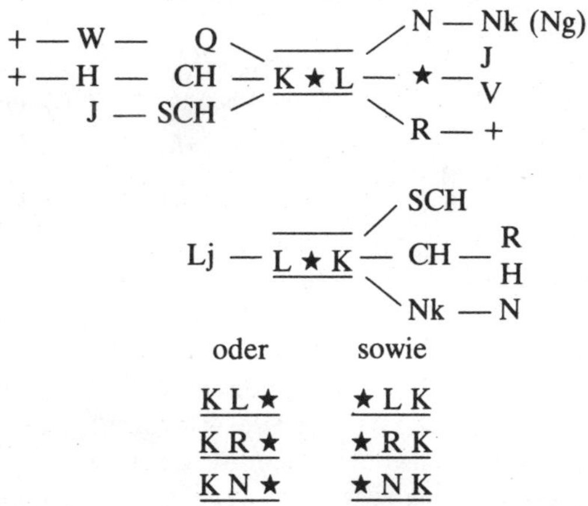

Die erste Gruppe der nun folgenden Beispiele befaßt sich ganz allein und unmittelbar mit der Frau. Mögen auch die genauen Bedeutungen manchmal Unterschiede zeigen, so liegen sie doch alle in der Band-

★ bezeichnet jeden beliebigen Vokal, + den Verlust eines Konsonanten. Der Lautabtausch wie bei K ★ L und L ★ K ist auf jeder weiteren Stufe gleich gut möglich, etwa KAN/NAK, KOR/ROK, LIN/NIL, wobei das –L– am Ende wieder zu –N– werden kann, also zu NAN, NA und AN.

breite des unmittelbar Weiblichen: die englisch-irisch-schottischen Wörter QUEEN, CWEN, QUEAN und QUAIN bedeuten junge Frau, Mädchen, alte Frau und Königin, sind aber gleichwohl nur Varianten des nordischen KVINN, und das bedeutet ›Frau‹. Bleiben wir daher auch hier der Not früher Sprache eingedenk, die mit wenigen Wörtern auskommen mußte und erst im Laufe vieler Jahrzehntausende so feine Unterschiede zu machen vermochte, wie wir sie heute verwenden, wenn wir Loch und Lücke, Boot und Bütte für im Grunde doch ein und dieselbe Sache sagen.

Unmittelbar Weibliches

(Allzu exotische Sprachen sind mit einem * versehen, wenn es sich um schwarzafrikanische, und mit **, wenn es sich um vorkolumbische amerikanische Idiome handelt.)

englisch GAL junge Frau	*schottisch* GAL sweetheart	*hebräisch* GAIL Mädchen	*MAindian.** A'KAL Frau
tibetisch CAL'ba Frau	*SAindian.* CAL'che Frau	*baskisch* GAL'du Ehefrau	*finnisch* KAL'HALU Frau
isländisch KJAL'ta ♀ Schoß	*baskisch* GAL'tzar Geburt	*lappisch* GAL'go Ehefrau	*tagalog* da'LAGA Mädchen

Das Tagalog ist eine Sprache philippinischer Ureinwohner. Das DA' vor dem eigentlichen Wortteil für Weibliches ist möglicherweise der Rest einer TAG-Form, wie sie auch beim baskischen GAL'du angedeutet scheint. Dies geht zurück auf das Phänomen der weiblichen Brust, im Englischen z.B. DUG für Brustwarze und daher SUCK für ›saugen‹. Man konnte also bei einem Mädchen ebensogut auf die stärker entwickelte Brust reagieren, wenn man sie unterscheidend beschreiben wollte. Eine Reaktion, die man übrigens der deutschen TOCH'ter und der englischen DAUGH'ter noch deutlich ansieht. Im Etruskischen ist ›tite‹ hervor- oder herausragend, was einerseits einen Namen wie ›Titus‹, aber auch das etwas vulgäre ›Titte‹, beim Tier ›Zitze‹ und das griechische ›Tithene‹ für Amme erklärt.

* MA, SA und NA bedeuten Mittel-, Süd- und Nordamerika; ma. heißt mundartlich

hebräisch KAL'LACH Braut	*schottisch* KEAL'LEACH alte Frau	*irisch* CAIL'LEACH Urmutter	*deutsch ma** KALLE ältere Frau
jiddisch KALLE alte Frau	*sumerisch* KALA weiblich	*finnisch* HALA'ta Weib	*SAindian.* a'CHALA Weib
germanisch WALA Urmutter	*tibetisch* b'LAG Weib	*lappisch* LACH'tut Frau	*MAindian.* LAKAN Frau
SAindian. LACHO CALLU Braut	*motilon*** KAL'LUCHA Liebchen	*quechua*** HUAYLLU junge Frau	*baskisch* GALE Geliebte
finnisch GALLES Ehefrau	*aymara*** hua'KALLI Mutter	*suahili* KIALI Mädchen	*suahili* a'HALI Frau, Clan
arabisch ma'HALI Ehe	*griechisch* GAYA Urmutter	*suahili* m'KAYA Wöchnerin	*NAindian.* s'QUAU Frau
*quechua*** QUOIAH Frau d. Inka	*MAindian.* mu'LAY Weib	*angolanisch* N'GOLA Mutter, Königin	*suahili* bon'GOLA Coitus

Die beiden letzten Beispiele zeigen, wie der zentrale Begriff ›Frau‹ – GOLA – durch spätere Zutaten in seinen Bedeutungen erweitert wird. In einem früheren Stadium genügte GOLA für alle Assoziationen.

Auffallend ist bei dieser Gruppe von Beispielen auch die Kombination mit BA-Faktoren wie ma-, mu- oder bon-, eine nur zu natürliche Verbindung, wenn man sich den ältern BA-Bereich vergegenwärtigt.

suahili ki'GOLI Mädchen	*irisch* COLLEEN Mädchen	*griechisch* LOCHOS Geburt	*englisch* GIRL Mädchen
kroatisch KUL'JAVa schwanger	*lateinisch* VUL'va ♀ Genital	*sikkim* KU'KULA Frau	*lunda** LUKỌ'kesha hl. Clanmutter
MAindian. COA'miza'GUL Feenkönigin	*japanisch* cha'KUI Empfängnis	*irisch* QUAIL Mädchen	*finnisch* HEILAKKA Frau
suahili che'LEKA Liebesfreude	*suahili* o'LEKA heiratsfähig	*schottisch* GILL Mädchen	*hethitisch* si'KIL Mädchen

Wenn frühere Sprachforscher, welche die Möglichkeit gemeinsamen Ursprungs menschlicher Sprache lange Zeit so entschieden leugneten, oder jene, die aufgrund ihrer vorgeblichen Kenntnis uramerikanischer Idiome den Beweis für die ›Unmöglichkeit‹ einer Herkunft aus *einer* Ursprache beibringen zu können glaubten (Adam Müller), sich auf einige wenige, aber wichtige Phänomene des menschlichen Seins wie etwa Wasser, Feuer oder eben das Weibliche konzentriert und hier systematisch verglichen hätten, dann wäre ihnen die Peinlichkeit erspart geblieben, die Vergleiche wie diese hier leider verursachen müssen.

tibetisch KILIG'pa Mädchen	*altdeutsch* GILE'thar Gebärmutter	*finnisch* KIHLA Verlobung	
langobardisch GAN'bara Urmutter	*hethitisch* HAN gebären	*ägyptisch* KAN'dake Pharao-Mutter	*etruskisch* CANA Großmutter
hethitisch HANN'as Großmutter	*finnisch* pi'KANEN Mädchen	*süditalisch* GAGN'edda Mädchen	*irisch* QUAIN junge Frau
kungbushman KHUANA Mädchen	*NAindian.* QUAN'dy Mädchen	*ibo** n'WANY Frau	*yoruba* eb'GON Mutter

Von dem altdeutschen GILE'thar für Gebärmutter stammt übrigens das leicht abfällige ›Gelichter‹, das die uterine Verwandtschaft aus einer Gebärmutter ähnlich treffend definiert wie das griechische ›homogalaktes‹, die von der gleichen Muttermilch Genährten. Mit dem Eintritt in die KAN-Varianten werden die Übereinstimmungen querbeet von einem Kontinent zum anderen noch frappanter.

baskisch ez'KON'GAI Ehefrau	*japanisch* ban'KON Heirat	*japanisch* bek'KON Intimität	*laotisch* CON'GAI Lebensgefährtin
*ibo** a'GHON'GHON Mädchen	*suahili* KON'do Nachgeburt	*quechua*** CONA Frau	*norwegisch* KONA Frau
norwegisch KJÖNN Geschlecht	*tagalog* GONG Ehefrau	*assam* CHONG Mutter	*baskisch* –GUN– Frau

südchines.	*norwegisch*	*vedisch*	*tibetisch*
KUN	HUN	KUN'ti	CUN'ma
Frau	sie	Frau	Frau
*seri***	*deutsch ma.*	*suahili*	*suahili*
KUN	KUN'KEL	m'KUNGA	KUNA
Frau	Frauensippe	Hebamme	♀ Genital

Wir haben das norwegische KONA hier neben dem quechua CONA stehenlassen, obwohl das nordische Wort eigentlich KUNA gesprochen wird – andererseits findet sich beim Inka-Wort gelegentlich auch die Schreibweise CUNA, z.B. in ›Mamacuna‹, dem Staatsrat hoher Frauen in der Umgebung des Inka. Auch in dieser Gruppe sind die Entsprechungen zwischen weit voneinander entfernten Sprachen überraschend und überzeugend, was ihr dadurch bewiesenes Alter angeht.

altenglisch	*engl. Slang*	*suahili*	*griechisch*
CUN'd	CUN't	KUNE	GYNE
Geburt	♀ Genital	Frau	Frau

Steht schon das griechische GYNE, das ja auch unserem vielverwendeten Fachausdruck ›Gynaikokratie‹ sein entscheidendes Element geliehen hat, in wahrhaft weltweitem Zusammenhang mit gleichlautenden Wörtern ganz anderer Völker, so verraten die zuzuordnenden Ausdrücke für Eltern, Vorfahren und Nachkommen: GON'eis, Pro'GON'oi und Epi'GON'oi, überdeutlich die matriarchale Vergangenheit auch der Griechen.

lateinisch	*lateinisch*	*schottisch*	*nordisch*
GEN'us	GENE'SIS	CWEN	GJEN'te
Geschlecht	Zeugung	Mädchen	Mädchen
suahili	*englisch*	*nordisch*	*althochdeutsch*
KU'KENI	QUEEN	KVINN	KVENN'e
Weibliches	KON'i'GIN	Frau	Frau
engl. ma.	*lateinisch*	*lateinisch*	*altdeutsch*
QUEAN	va'GIN'a	ori'GIN'is	CHIN'den
Weibsbild	♀ Genital	Ursprung	Frau
germanisch	*maori*		
GINNANGA'gab	HINE		
Urmutter	Ahnfrau		

Genaugenommen bezeichnet das Wort KÖNIG für sich allein schon eine Frau; eine Parallele also zu dem Bericht von früheren arabischen Reichen, in denen der Titel Fürst'IN auch dann noch erhalten blieb, als Männer dieses Amt ausübten. Auch die weibliche Endung -IN ist, wenn auch weit entfernt von der Urform, ein echtes KALL-Derivat.

Die in unseren Zusammenstellungen gewählte Art der Aufeinanderfolge richtet sich nicht nach dem Alphabet, sondern nach dem zu vermutenden Ablauf des allen Sprachen eingegebenen Lautwandlungspotentials. Zu allen Zeiten aber haben sich frühe Wörter in ganz unterschiedlichem Tempo gewandelt, viele blieben sogar bei ihrer Erstform stehen. Das besonders dann, wenn sie in eine Sackgasse gerieten, zu einem Titel wurden wie die QUEEN, oder zu Namen wie das norwegische KJEL'LAUG, aber auch GAIL, WAL'traut, GUNHILD, HELENA, ANNA, INGE, WIL'trud, WIL'RUN oder die gälische GWEN'dolyn. Wörter für Frau, die zu Titeln wurden, erwähnten wir schon bei chinesischen und afrikanischen Gynaikokratien. Wir bleiben bei der oben beschriebenen, nicht-alphabetischen Aufeinanderfolge der Wörter, schon darum, weil sie uns die Verwandtschaften so viel besser aufzeigen.

Der nächste Teil:

Mittelbar Weibliches

griechisch GALA Muttermilch	*griechisch* homo'GALAK'tes Geschwister	*lateinisch* LAC– Muttermilch	*irisch* bou'CHAILL Bub-KIND
zigeunerisch KALA CLAN, Sippe	*tuareg* a'KALAK zeugen	*finnisch* nas'KALI KIND	*suahili* a'HALI CLAN
marathi mu'LAGI KIND	*deutsch ma.* b'LAG'e KIND	*finnisch* JAL'KEL Nachkomme	*finnisch* KAN'taisä AHNE
*surinam*** KANA CLAN	*suahili* JANA KIND	*griechisch* CHAINO KLA'ffen	*hindi* LOG VOLK

Wenn in der dritten Zeile des einzelnen Beispiels das Wort der Übersetzung gleichfalls mit großen Buchstaben gedruckt ist, so ist auch dieses deutsche Wort eine Form des KALL.

lateinisch VULG'us VOLK	*tibetisch* LUG's GEN'us, Art	*finnisch* mu'KULA KIND	*finnisch* väki'LUKU VOLK
deutsch KLÜNGEL Sippschaft	*deutsch* KUNGELN be'GUN'stigen	*chinesisch* HUN-yin heiraten	*tibetisch* CUN'NU Baby
tuareg KEL CLAN	*tuareg* KEL'LAK viel VOLK	*spanisch* LECHE Milch	*hebräisch* JEL'ed KIND
tibetisch KYEu KIND	*altdeutsch* CHILIN KLEIN	*suahili* KILENGA Fötus	*irisch* KILLEEN Kinderfriedhof

Das althochdeutsche CHILIN zeigt noch deutlich, daß ein Wort, das ursprünglich ›Kind‹ bedeutet, für ›klein‹ Verwendung fand – vergleiche hierzu auch CHILIN mit dem englischen CHILD. Das gleiche gilt auf andere Weise für das spanische ›niño‹, das auch für ›niedrig‹ (lat. ›nanus‹), also wiederum ›klein‹ steht. Sowohl die deutsche Endung -CHEN wie -LEIN oder -EL und -LE sind hier abgeleitet: man hängte also das Äquivalent für Kind irgendwo an und erreichte in der Wirkung eine Verkleinerung des Vorangegangenen – Frau'chen, Bäum'lein, Brünnele, Bussel und so weiter. Auch die Zugehörigkeit zu etwas, was wir mit -LICH und die Briten mit -LY ausdrücken, ist eine KALL-Form und bezieht sich auf das Mutter-Kind-Verhältnis.

finnisch nu'LIKKA Baby	*finnisch* NAL'LIKKA Bengel	*finnisch* LIEKKU Wiege	*englisch* CHIL'd KIN'd
schottisch KIN CLAN	*germanisch* CYN CLAN, Stamm	*englisch* KIN'dred ♀ Verwandtschaft	*englisch* a'KIN so verwandt
deutsch KIN'd Nachkomme	*suahili* KIN'dugu ♀ Verwandtschaft	*altdeutsch* GINNAN KLA'ffen	*altdeutsch* GINAN sich öffnen
deutsch Be'GINN ›Anfang‹	*deutsch* Be'GINN ›Eröffnung‹	*englisch* GAIN ge'WINN'en	*deutsch* -LICH zugehörig zu

Hier verdienen das englische KIN'dred und das suahili KIN'dugu noch einmal hervorgehoben zu werden, da sie nicht nur beide genau das gleiche, und zwar speziell die Blutsverwandtschaft über die Frau, bedeuten, sondern auch das sprachlich gleiche zusätzliche Element TAG (-dugu, -red) verwenden. Eine Parallele dazu zeigt das ebenso weiblich eingebundene Wort KLEI'D, das in der Eskimo-Entsprechung KULIK'TAG aufs erstaunlichste auseinandergenommen und in seine Bestandteile zerlegt wird: genau wie KULIK ist das geschrumpfte KLEI eine KALL-Doppelung, während das gerade noch vorhandene D die Herkunft von TAG anzeigt.

Weibliche Begriffe fächern aus bis zu Sehnsucht, Schönheit und Sanftmut auf der einen, Geil- und Lüsternheit, Erregung und Vorstellungen des Nahe-beieinander-Seins auf der anderen. Die Sprache lebt von solchen Assoziationsketten in weit stärkerem Maße, als uns normalerweise bewußt ist. Wir fanden das schon beim Eis, wir sehen es auch in der englischen Kette water, wet, weather, die uns mit dem deutschen Wetter mit einbezieht.

Schon die ersten Beispiele zeigen uns, was wir unter dem zu verstehen haben, was die nächste Überschrift anzeigen will:

Weibliche Wirkungen

Norwegisch GAL liebestoll	*hebräisch* GAIL Freude	*tagala* ma'HAL lieb, teuer	*hebräisch* ma'HALLACH Zärtlichkeit
chinesisch LAK Balz	*englisch* LUCK G'LÜCK	*deutsch* GEIL lüstern	*englisch* be'GUILE verführen
schottisch WYLE verführen	*englisch* LIKE lieben	*englisch* LIKE G'LEICH	*deutsch* G'LEICH'en ÄHN'LICHsein

Analog der Gleichung Frau = Freude gibt es eine Fülle von KALL-Vorkommen, die diese beiden fast deckungsgleich zeigen. Auch verstehen wir jetzt, warum das englische LIKE einmal ›lieben‹ und ein andermal ›ähnlich sein‹ bedeuten kann; von KALL her wird beides ›g'leich‹ leicht verständlich.

*loma**	*finnisch*	*catalan*	*suahili*
GALAK	RAI'LAKKA	GALA	LAGHAI
G'LÜCK (!)	freudig erregt	SCHÖN	verführerisch
laddinisch	*romanisch*	*griechisch*	*griechisch*
a'LACH	GAL'ant	KAL'os	LAGN'os
Ehe	nur zu Frauen	SCHÖN	lüstern
finnisch	*englisch*	*finnisch*	*finnisch*
HALAI	CAJOLE	HALU	HALU'ta
umarmen	verführen	Sehnsucht	lieben

Das Loma-Wort GALAK für Liebes'GLÜCK zeigt, daß auch unser Wort eigentlich eine Verdoppelung, eine Verstärkung ist. Sicherlich hieß das anfangs – bei den Loma-Negern wie bei uns – GAL/GAL, aber bei häufigerem Gebrauch (und das wollen wir unseren Vorfahren gern wünschen) sprach sich das mit der Umkehrung des zweiten KALL leichter. Das trifft auch auf alle anderen, schon genannten Verdoppelungen zu, in deren lange Reihe auch der bereits erwähnte norwegische Mädchenname KJELLAUG, aber auch die irische Urmutter CAILLEACH gehören. Eine andere, in unseren Beispielen längst vertretene Möglichkeit der Sprecherleichterung bestand darin, das L des ersten KALL zu verschlucken und den Vokal zu verdünnen, wie gehabt bei KI'KOLI.

altenglisch	*suahili*	*suomi*	*baskisch*
GAY	HAI'ba	KAI'ho	a'LAI
Liebeslust	SCHÖN'heit	Sehnsucht	GLÜCK'LICH
hethitisch	*hebräisch*	*suahili*	*finnisch*
LI'LAI	a'GOL	KOLA	KOOLA
besänftigen	Bund	befriedigen	zusammen
englisch	*kroatisch*	*kroatisch*	*deutsch*
GOL'uptious	KOLEVKA	KOLENO	K'LUG
genüßlich	Wiege	GENeration	SCHLAU
akkadisch	*deutsch*	*akkadisch*	*deutsch*
GULU	LOCK'en	GULU	G'LÜCK
frohLOCK'en	verführen	Buhler	größte Freude
nordisch	*deutsch*	*deutsch*	*deutsch*
LYKKE	Verg'NÜG'en	GUN'st	KÜHN
GLÜCK	Lustgewinn	Vorzug	wagend

KOOLA für ›zusammen‹ verrät noch offener als das romanische CON die Art des gemeinten Beieinander. Beachtung verdient auch der akkadische Buhler GULU, da er unserem GALAN unmittelbar benachbart ist, wenn er auch durch ein paar tausend Meilen und Jahre von ihm getrennt ist. Ferner auch K'LUG, das wie SCHLAU und sogar KÜHN den Frauen zugeordnet erscheint.

tibetisch KEL'ba abhängen	*spanisch* a'LEG're verGNÜG'LICH	*englisch* LECHER Wüstling	*finnisch* HELLÄ zärtlich
finnisch HELL'iminen liebkosen	*finnisch* HELLA zusammen mit	*englisch* LECHER d. Wollust frönen	*deutsch* Be'GEHR ver'LANG'en
spanisch QUIER'o ich liebe	*deutsch ma.* KIL'ten fensterln	*finnisch* KIL't freundlich	*schottisch* KIL't Leibschurz
englisch JIL't kokett	*finnisch* HILJAA weich	*finnisch* LIKIN NAHE, nächst	
tibetisch mtun'KAN sanft	*tibetisch* monza'KAN geliebt sein	*spanisch* GAN'ar ge'WINN'en	*tibetisch* d'RIN'CAN lieb
englisch GAIN ge'WINN	*suahili* to'KANA abstammen	*suahili* t'WAANA sich vereinigen	*finnisch* i'HANA lieblich
englisch CAN'oodle liebkosen	*hethitisch* KAN'es KENN'en	*französisch* CHAN'ce GLÜCK	*englisch* KIN'd freundlich
englisch KIN'd Art, Gattung	*japanisch* KON Ehe	*romanisch* CON zusammen mit	

Den ›Frauen‹ assoziiert ist auch das ›Frönen‹, sowohl in seiner lustbetonten Anwendung bei Vergnügen und WOL'lust, wie auch als ›Fron‹, einer Art Zwangsarbeit. Letzteres wird als ›Frauendienst‹ der Vorzeit gedeutet, was später als nicht mehr freiwillige und unentgeltliche Arbeitsleistung des Volkes zugunsten neuer Herren von diesen nur zu gern übernommen wurde und erst da seinen bitteren Beigeschmack bekam.

deutsch	*deutsch*	*suahili*	*nordisch*
KÖNNEN	GÖNNEN	m'SHONGO	KJÄNNA
fähig sein	gewähren	liebestoll	fühlen,KENNEN
deutsch	*suahili*	*altenglisch*	*suahili*
KENNEN	te'KEN'ya	GINNAN	KINEM'be
vertraut sein	kitzeln	sich öffnen	CLI'toris

Und noch einige Beispiele von Umkehrungen:

deutsch	*deutsch*	*englisch*	*deutsch*
NAHE	NACK't	NAG	NECK
beieinander	ganz ohne	NECK'en	wie NIXE
englisch	*finnisch*		
NEX't	NUUKA		
NÄCH'st	eng beisammen		

Daß zu GÖNNEN und KÖNNEN als KALL-bedingt auch das KENNEN zu zählen ist, hängt mit seiner ursprünglichen Nebenbedeutung ›fühlen‹ zusammen. Lange bevor es die Mutter zum erstenmal *sieht,* ›kennt‹ das Kleinkind seine Mutter von der Berührung her, von der Erfahrung des Weichen und Warmen. ›Kennen‹ gehört also zu KIN, dem engen Kreis um die Mutter, man kennt eben, wer dazu gehört.

Nach dieser Rundschau über den Erdball bleibt die Feststellung auszusprechen, daß es Vergleichbares für den Mann nicht gibt. Die sprachlichen Reflexe, die männliches Wirken hinterlassen hat, sind sehr mager. Genau diese Beobachtung zwang den Paläolinguisten, sich genauer mit dieser Seite der sprachlichen Überlieferung zu befassen, denn ein solch eklatantes Übergewicht weiblicher Termini mußte einen Grund haben, und der war am ehesten in einer langandauernden und weit zurückreichenden gesellschaftlichen Dominanz der Frau zu sehen.

So klare Beweise für männliches Prägen der Sprache wie ZEUG'en oder GATT'e, beides klare TAG-Formen, sind äußerst selten und eindeutig später entstanden. Die Vermutung, TAG sei erst nach BA und KALL gefunden und verwendet worden, läßt sich weltweit an Wörtern für das Feuer beweisen: TAG wird für Feuer erst verwendet, als man Wörter für das jederzeitige, willentliche Zünden brauchte, also nach der Erwerbung dieser besonderen Fertigkeit. Jahrmillionenlang, dürfen wir angesichts des Alters der ›Lucie‹ aus der Afarsenke annehmen, genügte dem Menschen das natürliche, gelegentlich durch Blitz oder Dürrebrände entfachte Feuer. Später machte man dies natürliche Feuer transportabel, indem man einige Stücke Restglut in Asche hüllte und in einem hölzernen Behälter aufbewahrte, um sie bei Bedarf wieder anzublasen. Lappenfrauen praktizierten diese Methode noch vor fünfzig Jahren, die Frauen der Andaman-Aborigines tun dies noch heute. Nicht nur bei Lappen und Andaman-Insulanern, auch sonst in der Welt sind es immer die Frauen, welche das Feuer hüten und unterhalten. BA wie auch KALL bieten da schon von der Sprache her Gründe, für den frühen Menschen hier Zusammenhänge zu sehen.

Das ist so rätselhaft gar nicht. Ein von Vorkenntnissen unbelastetes Kind kann sehr wohl davon ausgehen, daß es donnerstags viel donnere und daß die Leute freitags eigentlich frei haben müßten ... Auch unsere Vorfahren wußten nach Jahrtausenden nicht mehr, warum ihre Vorfahren einst KALL für die Frau und später einmal das gleiche Wort für Wärme herangezogen hatten. Weil aber nun in ihrem Leben diese beiden Erscheinungen gleich lauteten, fügte man sie, der Muttersprache gehorsam, auch gedanklich zusammen. Erst als man Feuer nach freiem Ermessen zu zünden verstand und für diesen Vorgang TAG-Termini verwenden mußte, gab es fortan auch männliche, d.h. analog TAG-verbundene Götter, als letzten den DEO'BAL (DEO = Gott und BAL = Feuer), unseren inzwischen zu einem Satan degradierten ›Teufel‹.

Trotzdem blieben in den meisten Kulturen die Frauen die besonderen oder gar heiligen (Vestalinnen in Rom) Hüterinnen der Flammen. Auch das ›Ewige Feuer‹ in Kirchen und an Gräbern geht vermutlich auf jenen Brauch vor der prometheischen Erfindung des Feuerzündens zurück, als Frauen ein ewiges Feuer bei sich trugen, um es jederzeit und an jedem Ort wiederzubeleben. Wie nahe Frauen und Feuer bei- und füreinander stehen, zeigt die folgende kleine Auswahl:

baskisch GAL'GAL Hitze	*baskisch* GAL Wärme	*tibetisch* GAL'me Feuer	*türkisch* GHAL GLU't
akkadisch KALU verbrennen	*lateinisch* CAL'ere warm sein	*arabisch* QALAY erhitzen	*quechua*** KALLUN LOH'en
finnisch LAUKAI feuern	*quechua* CANCA erhitzen	*mapuche*** CAN'CAN erhitzen	*ibibio** i'KANG Feuer

baskisch	*baskisch*	*suahili*	*quechua*
GAN	GIN'GAN	KAANGA	CANA
Sonne	Sommerwärme	erhitzen	Feuer legen
japanisch	*tibetisch*	*quechua*	*tibetisch*
tai'KA	KOL'ma	COLL	G'LOG
gr. Feuer	aufkochen	kochen	Blitz
*aymara***	*suahili*	*quechua*	*quechua*
LOKA	KOLE'za	KONI	KONOY
Glut	aufflammen	heiß	feuern
*mapuche***	*englisch*	*suahili*	*suahili*
CUL'ven	LUKE	LEKA	KEN'gee
brennen	LAU	Feuer	Sonnenwärme
akkadisch	*finnisch*	*finnisch*	*lappisch*
KILU'tu	HILUA	LIEK'KIN	HILLA
Feuer	GLÜH'en	Flamme	Glut

Schon von der Erstdefinition des KALL, die wir zu Beginn dieses Kapitels wiedergegeben haben, gehört das Phänomen der HÖHLE in den ursprünglichen Sinnbereich. Es *konnte* also gar nicht anders kommen, als daß man, einmal zu religiösen Ideen und Riten fortgeschritten, Frauen- und Mütterkulte zur Sicherung, Herbeiführung und Beschleunigung der eigenen Wiedergeburt in die der Frau KALL-gleiche Höhle verlegte. Wenn diese Höhlen zudem mit Zeichen wie der Drei und der Vulva versehen sind, dann bleiben auch diese noch in dem zwingenden Zusammenhang von geistiger und sprachlicher Ausprägung.

Anmerkung:
Um Mißverständnissen vorzubeugen, muß auch hier wieder darauf hingewiesen werden, daß die oben und im folgenden wiedergegebenen Beispielreihen nur eine *kleine* Auswahl des erarbeiteten Materials darstellen. Auch hier nicht herangezogene Sprachen sind voll von parallelen Formen. Die Auswahl wurde so getroffen, daß sich einmal Bekanntes und weniger Bekanntes mischt, zum anderen aber die großen Kontinente einigermaßen repräsentiert sind.

griechisch KALYX Ge'WÖL'be	*sanskrit* KALA HÖHLE	*italienisch* GAL'eria Tunnel	*aymara* KKALA HOHL
quechua KALL'pa Höhlung	*deutsch* KAULE KUHLE/LOCH	*hethitisch* HALLU Höhle, Loch	*thai* KHAN hohl
baskisch KAN'pai Gewölbe	*baskisch* GANGA Gewölbe	*japanisch* bo'GAN Hohlform	*malayisch* ta'KHANA Höhle
*quechua*** HUANCA Höhle	*tibetisch* GAN Loch	*tibetisch* KOL hohl	*lateinisch* COL'ere aushöhlen
griechisch KOIL'os hohl	*griechisch* KOIL'ia Höhle	*finnisch* KOLO Loch	*quechua*** COYA Höhle
hebräisch SCHEOL Höhle	*samojedisch* LUOK Loch	*baskisch* txo'LOKA Loch	*baskisch* KONKA Höhle
tibetisch KON'ston hohl	*etruskisch* CUL hohl	*quiché*** CUL hohl	*duala** KULU hohl
sumerisch HULU hohl	*finnisch* KUILU Abgrund	*quechua*** CULLUNA Grube, Höhle	*suahili* KUO Höhle
slowakisch jas'KYNA Höhle	*etruskisch* CELA Grabhöhle		

Der von der Sprache her zwingende Zusammenhang von Frau und Höhle wird weiter verstärkt durch die Tierbilder, von denen nach Leroi-Gourhan immer gerade die in die wichtige Mitte der Höhle gesetzt sind, die wir auch heute noch mit KALL-Namen nennen. Warum diese Tiere mit KALL-Namen bezeichnet worden waren, das wußten die Maler des Aurignacien und des Magdalénien schon längst nicht mehr, aber sie malten sie aus dem gleichen Grunde wie unsere Kirchenmaler die Taube, wenn sie den Heiligen Geist symbolisieren wollen. Die Tiere der Höhle standen wie die Vulva und die Drei für das Symbol der Wiedergeburt, einfach wegen ihrer damals schon gebräuchlichen Namen.

Weitere Tafeln auf den letzten Seiten dieses Kapitels zeigen die sprachlichen Entsprechungen zu Tieren, Gefäßen und Quellen, die wir im vorhergehenden Text streiften, sowie auch zum Haus. Bei Tieren und beim Haus spielen BA und TAG eine etwa gleich große Rolle wie KALL, das hier aus der Formengebung für das Wohnen in Höhlen eine Fortsetzung in die nach der Eiszeit selbstgebauten Höhlen gefunden hat. Dagegen dominiert KALL bei Gefäßen und Quellen weltweit und sehr deutlich.

Die besondere Beziehung zwischen Haus und Frau ergab sich aus der frühen Sozialordnung, die sich zum Teil bis in unser Mittelalter fortgesetzt hat: die Ehe war matrilokal, der Mann zog in das Haus der Frau. Einander benachbart gesehen wurden Frau und Haus auch noch bei den Etruskern, deren außerordentlich gut erhaltene Grabtumuli am Kopfende jeder dort beigesetzten Frau einen Hausgiebel und in Reichweite ihrer Hand die Miniatur eines Hauses, eine ›cassetta‹, zeigen.

Die KALL-Entsprechung FRAU/QUELL

urromanisch GALL QUELL, Brunnen	*baskisch* GAIO Brunnen	*finnisch* KAI'vo Quell	*baskisch* u'GARRI Quell
arabisch AIN Quell	*mongolisch* bu'LAK Wasserstelle	*quechua* KOLLA Bergquell	*mongolisch* KOLO'det Wasserstelle
samojedisch LUOK'ta Zufluß	*baskisch* ur'GUNE Quellen	*schwedisch* KÄLLA Quell	*englisch ma.* KELD Quell
englisch WELL Quell	*saharensisch* GEL'ta Wasserstelle	*mapuche*** ELLON hervorquellen	*maya* KEN'ote Quell
norwegisch KIL'de Quell	*australisch* GHIL'GAI Wasserstelle	*baskisch* YILO Quell	*samojedisch* GIERA Quell

KAL'ia nannten die Griechen ihre Wohnstatt, und fast gleich, nämlich CALLI, die Azteken und die Nahuatl. Ein CAN bewohnen die Mallorquiner, ein KAN die Japaner, Tibeter, ferner die Nahuatl, die Quechua, Navajos und Maya, während die Maori Neuseelands die etwas geschrumpfte Doppelung KAIN'GA beisteuern. Die später

folgende Tafel dazu zeigt an einem weiteren Beispiel primären Sinngehalts die zwingende Fernwirkung archetypischer Grundformen über alle denkbaren Entfernungen (Europa–Amerika–Afrika–Neuseeland) und Zeiträume hinweg.
Gerade angesichts solcher Fernwirkungen über Raum und Zeiten ist man versucht, einem deutschen Wort und Begriff eine interessante, ja, sensationelle Deutung zu geben. Das Wort WALL'fahrt ist in seinem ersten Teil ein deutliches KALL-Derivat, das Playback sehr kurz (vgl. das KALL-Schema), nämlich WALL/KWALL/KALL, analog der Reihe schwedisch KÄLLA – deutsch QUELL – englisch WELL.

Die KALL-Entsprechung FRAU/HAUS

nahuatl** KAL Haus	_aztek_ xa'CAL Holzhaus	_tibetisch_ m'GAL'pa Hütte	_chontal_** cica'KWAL Bude
suahili GHALA Gebäude	_quechua_ KALA Haus	_französisch_ CHAL'et Hütte	_arabisch_ he-KALU Tempel
aztek JA'KALE Hütte	_nahuatl_ KALLI Haus	_aztek_ teo'KALLI Gottes-Haus	_griechisch_ KAL'ia Haus
suahili KALIKA bewohnen	_arabisch_ ma'HAL gr. Haus	_russisch_ ba'LAGAN Tartarenzelt	_malayisch_ ba'LAY Gemeinschaftshaus
suahili KAYA Häusergruppe	_chontal_** LAXUL Haus	_mallorquin_ CAN Haus	_japanisch_ KAN Haus
tibetisch KAN Haus	_nahuatl_ CHAN Haus	_tibetisch_ KAN'bu Kate	_quechua_ CAN'cha gr. Haus
navajo HO'GAN rohe Hütte	_maya_ CAAN Haus	_aymara_** CHANA Haus	_maori_ KAIN'GA Wohnplatz
türkisch KHANE Haus	_irisch_ bo'HAUN Hütte, Bude	_kroatisch_ KOLI'ba Hütte	_menorquinisch_ LLOC Bauernhaus
eribaagba** ma'LOCA Hütte	_europäisch_ LOGE bes. Raum	_französisch_ LOG'is Unterkunft	_englisch_ LODGE wohnen

baskisch	*suahili*	*quechua*	*chontal***
GOI	KONA	CHULL'pa	a'XUL
Wohnraum	Absteige	rd. Grabturm	Haus
kroatisch	*maya*	*kiswaheli***	*baskisch*
KULA	KULAN	GUN'bwa	LEKU
Haus	zuhause sein	Wohnung	Haus
suahili	*finnisch*	*gaelisch*	*quechua*
CHEN'GO	KENNO	CIL	QUIN'ta
Haus	Zelle	Kirche	Landhaus

Als Sinngehalte bieten sich zwei an, KALL für Frau und KALL für Höhle. Das Wallfahren zu besonders wundersamen Muttergottesstandorten ist ein fester Bestandteil katholischer Glaubensausübung in aller Welt, von Lourdes über Tschenstochau oder Lluch bis zum Montserrat und Guadeloupe.

Da hätten wir also ein steinzeitliches Wort für heutige Kulte übernommen – wunderbar genug.

Es spricht aber gleichviel dafür, daß die WALL'fahrt noch heute so und nicht anders heißt, weil sie auf die steinzeitlichen Kulthandlungen in Höhlen zurückgeht. Mit ein wenig Phantasie kann man die Emotionen nachvollziehen, wie das Eintauchen in das Dunkel und in die geheimnisvolle oder auch unheimliche Welt tief unter der Erde einen außerordentlichen seelischen Spannungszustand bewirkte, wie die Menschen einander bei den Händen halten mußten, um sich im Dunkel nicht zu verlieren, wie sie bei schwachem Licht die Figuren an Wänden und Decken schemenhaft an sich vorbeigleiten sahen und wie sie dann nach Stunden oder gar noch längerem Verweilen ›im Schoß‹ der Großen Mutter Erde wieder ans grelle Licht traten und sich ›wie neugeboren‹ fühlen mußten.

Solche Kultriten haben mit Sicherheit auf Kinder, die irgendwann zum erstenmal dabeisein durften oder mußten, einen unvergeßlichen und unauslöschlichen Eindruck gemacht. Ein paar hundert oder ein paar tausend von ihnen haben offenbar diese Erinnerung stets bewahrt und bis in unsere Zeit weitergereicht.

Wer im Rhein-Neckar-Raum aufgewachsen und heute nicht viel jünger als 40 Jahre ist, hat das dort heimische Kinderspiel ›Higgeleskett‹ noch selbst mitgespielt. Es besteht darin, daß die Kinderschar sich bei den Händen hält und so in einer langen Schlange bewegt, das aber bei gebückter Haltung. Forscher, die sich den Überlieferungen widmen, die in Kinderspielen unbewußt weitergereicht werden, haben dieses

Spiel als das spielerische Wiederholen und Imitieren vorzeitlicher Prozessionen gedeutet. Um so mehr übrigens, weil das Wort ›KETT‹ im zweiten Teil im Althochdeutschen ›Unterirdisches‹ bedeutet – noch Otfried übersetzt im 8. Jahrhundert das Grab Christi mit KETI (Schöll).

KALL-Entsprechung FRAU/GEFÄSS

hethitisch GAL Becher	*europäisch* po'KAL Trinkgefäß	*lateinisch* CALYX KELCH	*griechisch* KAL'pis Vase
englisch CAUL'dron Kessel	*tibetisch* KAL'YOR Gefäß	*hindi* KALA'sia Gefäß	*finnisch* KAU'KALO Trog
lateinisch bauCALE Pokal	*suahili* GAL'ILI SCHALE	*arabisch* KALI'bu Gießform	*etruskisch* HALKH'za KRUG
quiché LAK Schale	*französisch* f'LACON F'LASCH'e	*lateinisch* LAGENA Amphore	*griechisch* LAGYN'os Flasche
portugiesisch LAGAR KEL'ter	*englisch* CAN KANN'e	*suahili* KANO Bütte	*tibetisch* o'KYAN Topf
japanisch WAN Schale	*deutsch* WANN'e Becken	*hethitisch* HAN KELLE	*hindi* COL'COL KAURI-Schale
tibetisch KOLE Trinkschale	*lateinisch* CON'CHA Muschelschale	*griechisch* KON'CHE Schale	*englisch* NOGGIN hölz. Gefäß
etruskisch CULIKNA Trinkkelch	*suahili* ba'CULI Becken	*aztek* CUAULE Schale	*griechisch* KYLIX Trinkschale
hethitisch KULLI'ta Gefäß	*tibetisch* KUN'ba Gefäß	*tibetisch* GUR'GUR KIRN-Faß	*englisch* CHURN Kirnfaß
griechisch KELE'ba Vase	*aymara* KERO Becher	*griechisch* LEKANE Tafelgeschirr	*griechisch* LEK'ythos Ölflasche
suahili LEGENE Gefäß	*englisch* KIL'der'KIN Faß	*englisch* KEELER Wanne	*holländisch* LIGGER Faß

Auch das in der gleichen Gegend als Wirtshausnamen noch vorkommende ›Kettenkalb‹ bringt das gleiche KETT mit dem KALL der Höhle zusammen, wobei die Verballhornung zu ›Kal*b*‹ so naheliegt wie die Wandlung des nicht zu seltenen Bergnamens ›Hünenstein‹ oder -berg zu Hühner-, Hinkel- oder gar Gickelstein.
Wie schon erwähnt, bedeutet das lateinische COL'ere ›aushöhlen‹. Das ist aber nur die eine Seite, auf der anderen trägt es den Sinngehalt ›pflegen‹, und daher stammen unsere heutigen Begriffe und Wörter ›Kultur‹ und, für uns hier wichtiger: ›Kult‹. Hier sind also in der Doppelbedeutung des Wortes COL'ere ›Höhle‹ und ›Kult‹ einander unmittelbar benachbart. Wort und tieferer Sinn der Höhle haben sich im Deutschen aber nicht nur zu ›Hel‹ und ›Hölle‹ und zum ›Hehlen‹ für ›verbergen‹ weiterentwickelt, sondern auch zu ›heilig‹, einer Assoziation, die sich in vielen Sprachen analog ergeben hat.
Wir dürfen also der Deutung WALL'fahrt als Erinnerung an einen jahrtausendelang geübten ›heiligen‹ ›Höhlen‹-›Kult‹ einen gewissen Vorrang einräumen, nicht zuletzt dank des gnädigen Zufalls, der uns das Heidelberger Kinderspiel bewahrt hat.
KALL steht weltweit auch für den Begriff des Runden. Wie tief das in unser Unterbewußtsein eingelagert ist, fördert ein einfacher Test mit einer Gruppe von Menschen gleich welchen Alters, Geschlechts oder Bildungsstandes zutage. Gibt man einer solchen Gruppe den Auftrag, die Lautkombinationen KALL und TAK (-*K*, um Gedankenverbindungen zu unserem ›Tag‹ auszuschließen) zeichnerisch auszudrücken, so werden deutliche Mehrheiten KALL mit runden und TAK mit spitzen Figuren kommentieren.
Während BA-Formen für Tanz wie spanisch BAIL'ar, unser BALL und v. a. m. zeigen, daß es dabei um ein Vorspiel zum BUHL'en, also eigentlich um BAL'z geht, deuten KALL-Formen auf kultische Reigen, kroatisch KOLO, griechisch CHOR'os, nordisch LEK, schottisch LAIGH und altdeutsch LAICH, ungarisch KALA'maika, siamesisch LAKON bis hin zum LIKURAI, dem kultischen Rundtanz der Frauen (!) auf Timor. Zu allem Überfluß ist auch unser eigenes Wort REIG'en ein Abkömmling von KALL bzw. dessen gleichwertiger Umkehrung LAK. Man braucht nur das sprachlich späte R (es hat noch gar nicht alle Sprachen erreicht) gegen seinen Vorgänger L auszutauschen, und schon kommt man zu dem schottischen oder altdeutschen Äquivalent.
Es dürfte als eine uralte Wahrheit unbestritten sein, daß man Rundes mit der Frau und nicht mit dem Mann assoziiert. Beweise dafür haben

uns die Menschen der Steinzeit nicht nur in unserer Sprache, sondern auch in Hunderten von Fundstücken hinterlassen – aber das gehört schon zum nächsten Kapitel.

KALL-Entsprechungen FRAU/TIER (ohne Vögel und Fische)

tibetisch KAL'ma Tragtier	*hethitisch* GALA GAUL	*suahili* ba'GHALA Maultier	*deutsch* WAL'LACH Pferd
romanisch CAVALLO Gaul, Pferd	*deutsch* KAL'b jg. RIN'd	*griechisch* GALE Wiesel	*persisch* GAU KUH
norwegisch GAU'pe LUCHS	*hindi* GAUIAL Krokodil	*finnisch* KARHUN Bär	*deutsch* QUALLE
europäisch WHAL	*abessinisch* JAAL Ziegenart	*suahili* a'YALA Hirschart	*hattisch* take'HAL LÖWE
afghan HALYS SCHLANGE	*finnisch* HALLI HUN'd	*finnisch* KANA HENNE, HUHN	*quechua*** GUANACO Lama-Art
lateinisch CAN'es Hund	*malayisch* KOU'KANG Halbaffe	*tibetisch* KIANG Wildpferd	*hindi* NAG Schlange
schottisch NAG Reitpferd	*arabisch* NAGA ♀ Kamel	*australisch* KOALA ›Teddybär‹	*finnisch* KOIRA Hund
*mapuche*** CHOLA Hund	*SAindian.* ANA'CON'da gr. Schlange	*suahili* CON'do Schaf	*finnisch* KONI Gaul
afrikanisch NAKONG Antilopenart	lateinisch GULO Vielfraß	suahili KULUNGO Antilopenart	tibetisch LUG'GU Lamm
lateinisch LYCAON HYÄNE	*griechisch* LYK'os WOL'f	*englisch* COON Waschbär	*afrikanisch* GNU Kuhantilope
japanisch KEN Hund	*englisch* KENNEL Hundegespann	*nordisch* REN Ren-Tier	*mexikanisch* GILA Krustenechse
englisch LEECH EGEL	*suahili* KINO'KERO Gazelle	*deutsch* RIN'd Kuh	*deutsch* RICKE ♀ Reh

KALL-Entsprechungen FRAU (Gefäß)/SCHIFF

lateinisch	*romanisch*	*englisch*	*lateinisch*
GALEA	GALE'asse	GALIOT	GALE'ota
Schiff	Ruderschiff	Boot	schnelles Boot
spanisch	*allg.*	*malayisch*	*tagalog*
GALEON	GALEERE	GALLI'vat	KALAN
Schiff, 3 Decks	Ruderschiff	Piratenschiff	Einbaum
polynesisch	*arabisch*	*anamitisch*	*anamitisch*
KALANK	ba'GALA	GAY'diang	GAY'YOU
Auslegerboot	2-Mastsegler	Lastkahn	Bootsart
eskimo	*irisch*	*deutsch*	*NAindian.*
KAJAK	poo'KHAUN	KAHN	CANU
Paddelboot	Fischerboot	massives Boot	Bootsart
malayisch	*malayisch*	*spanisch*	*griechisch*
tu'KANG	toni'KANG	GOL'eta	HOL'kas
Ruderboot	DSCHUNKE	Schoner	Lastkahn
englisch	*venezianisch*	*lateinisch*	*französisch*
HULL	GON'dola	HUL'CA	GUINGE
Schiffsrumpf	Bootsart	Lastschiff	Gig
arabisch	*angelsächs.*	*englisch*	*romanisch*
fa'LUCCA	KEOL	LOGGER	ba'LAHU
Schiffstyp	Kriegsschiff	LEICH'ter	Schoner
tagalog	*keltisch*	*türkisch*	*türkisch*
ba'LANGAY	CEU'bal	KELEK	KEJK
gr. Kanu	Fischerboot	Floß	Gondel
australisch	*englisch*	*hindi*	*arabisch*
mo'GUEY	KEEL	CHELINGO	JEL'ba
Kanu	Schiff	Brandungsboot	Handelssegler
schottisch	*engl. ma.*	*gaelisch*	*englisch*
HOY	bor'LEY	bir'LINN	KILLOCK
Prahm	Trawler	Barke	SchiffsANKER

Was hier über das Protokoll der Sprache gesagt wurde, soll nun im Kapitel der Marie E. P. König an den von der Urgeschichtsforschung erarbeiteten und gefolgerten Fakten gemessen werden.
Ein paar Protokoll-Notizen seien dem Leser noch in das nächste Kapitel mitgegeben.
Darin wird von Höhlenzeichnungen die Rede sein, Abbildungen begleiten den Text. Vielfach handelt es sich dabei um die früheste der

Techniken, um das Ritzen. Dieses Wort steckt auch in älterer Form in unserem ›Reiß'zeug‹. Bauhandwerker ›reißen‹ ihre Maße auf das Werkstück. Das gleiche Wort im Nordischen, ›rita‹, heißt denn auch schon ›zeichnen‹. Noch einmal das gleiche im englischen ›write‹, es bedeutet heute ›schreiben‹. Ein kurzer Weg in die Altsteinzeit.
RITA, RITZEN und WRITE sind TAG-Wörter, die den spitzen Gegenstand, Griffel, Stichel oder Stift reflektieren, mit dem geschrieben oder gezeichnet wurde. Unsere ›Linie‹, slowakisch LINKA, und deutsch St'RICH, eng. St'ROKE, sind KALL-Abstämmlinge, die die bewirkte Vertiefung bezeichnen, die erste und für Jahrhunderttausende einzige Art, Linien zu ziehen oder Striche zu machen.
Der sprachliche Zwang, der von einem Urwort ausgeht, blieb bis in die Gegenwart hinein wirksam. Wenn Marie König hier ein paar Seiten weiter den Ortsnamen ›Hüls'heim erwähnt, so sagt eigentlich schon dieser von KALL hergeleitete Name alles das aus, was von ihm berichtet wird: ›Hül‹ allein ist schon Quelle und konnte oder mußte als heilig oder heilkräftig verstanden werden. Nicht anders etwa ›Heil'bronn‹ – auch da ist die erste Silbe völlig identisch mit der zweiten, und zu allem Überfluß heißt die unmittelbar neben der heute noch fließenden Quelle erbaute Kirche St. Kilian. Zufall?
Bei ›Gönners'dorf‹ am Rhein wurden Hunderte von Frauenbildnissen gefunden. ›Gön‹ kann auf Frau, kann auf Kultstätte deuten – nach Jahrtausenden noch.
Am Rande der Gemarkung von Neudenau im Jagsttal steht eine Gangolfkapelle. ›Gan'golf‹ – wer immer das auch gewesen sein soll – ist ein aus zwei KALL zusammengesetzter Name. Das eine ist vom Quell belegt, an dem das Kirchlein steht, das andere durch die Kultstätte, die hier christlich überbaut werden mußte. Aber auch der uralte Brauch, hier im Frühling alle Pferde – KALL-gesprochen alle GÄULE – zu segnen, hat aus der Steinzeit überdauert. Er wird seit dem Siegeszug des Traktors von den Reitervereinen der Region fortgeführt.
Ein letztes: Die KALL-Form WÖL'bung überspannt Höhle oder Himmel in gleicher Weise. Im Himmel eine über die Erde gestülpte Glocke zu sehen, brachte die Römer zu ihrem COELum und die Azteken zu CALOCAN (= dreimal KALL!).

Die Frau im Kult der Eiszeit

Marie E. P. König

Wie ein ferner Quell künden Sagen, Märchen und Legenden von früheren Zeiten. Sie beginnen mit den Worten: »Es war einmal...«
An diesen Überlieferungen überrascht, daß so oft die Frau dominiert, während doch im Alltag der Mann das Sagen hatte. Hier einige Beispiele aus bekannten Märchen:
Viele alleinstehende Frauen, sogenannte Hexen, besaßen Zauberkräfte, nicht nur die Knusperhexe aus Hänsel und Gretel. Dagegen gab es wenige männliche ›Zauberer‹. Das spiegelt sich noch in den mittelalterlichen Hexenprozessen.
Zwölf gute Feen bestimmten wohlwollend das Geschick von Dornröschen. Doch die dreizehnte forderte den Tod.
Hinter den Bergen bei den sieben Zwergen überlistete die böse Stiefmutter das arme Schneewittchen wieder.
In der Unterwelt regierte Frau Holle. Der Brunnen war der Eingang zum Jenseits, und diesen Weg schlugen die beiden Mädchen ein. In Not halfen die ›drei Spinnerinnen‹ der Königin.
Gerade solche Dreiheiten werden oft erwähnt, auch in den Legenden aus unserer nächsten Nachbarschaft. Karl Lohmeyer hat das alte Volksgut gesammelt und unter dem Titel ›Die Sagen der Saar‹ herausgegeben.
Als ein Bauer am Siedelswald bei Ensheim frühmorgens Gras mähte, traten Drei Jungfrauen aus dem Nebel hervor. Sie trugen lange, weiße Gewänder, und eine von ihnen hatte einen silbernen Halbmond auf der Stirn. Als ein Hahn krähte, waren alle drei plötzlich verschwunden.
Drei Jungfrauen sollen auch im tiefen Walde in der Gegend von Erfweiler gewohnt haben. Sie wurden unsichtbar, sobald man sie anrief.
Am Ortsausgang von Hülsweiler steht eine alte Laurentiuskapelle, neben einer heilkräftigen Quelle! In ihr befindet sich ein altes plastisches Bild, das ›Die Drei Marien‹ darstellt. Ihm werden Wunderdinge nachgesagt.

Lohmeyer weist darauf hin, daß die Verehrung der Drei Marien auf den keltischen Kult der ›Drei Matronen‹ (die nach Schöll identisch sind mit den ›Drei Bethen‹!) oder auf die germanische Verehrung der drei Schicksalsgöttinnen, der Drei Nornen, zurückzuführen ist. Man sieht – hier und anderswo – in den Drei Marien die Christianisierung der alten Ternitäten oder Dreiheiten. Wovon lassen sich diese wiederum ableiten? Weshalb sind es gerade drei – und warum sind solche Dreiheiten immer weiblichen Geschlechts?

Tiefer als die Schriftquellen und die mündliche Überlieferung führte archäologische Forschung in längst vergessene Vergangenheit zurück. Ihre Arbeit brachte inzwischen reiche Ernte, unter anderen Dingen fand man zahlreiche Frauenstatuetten. Die ältesten stammen aus dem Aurignacien, sie wurden schon vor ungefähr 30 000 Jahren angefertigt – welch eine Zeitspanne!

Dagegen gibt es nur wenige männliche Darstellungen. Weshalb dominieren die Frauen?

Den Entdeckern schienen diese weiblichen Figuren merkwürdig verzerrt. Sie zeigten oft groteske Körperformen, waren fußlos und hatten meist keinen Kopf. Weshalb hat der Mensch der Eiszeit, der so realistische Tierbilder zu malen verstand, die Frauen so ›häßlich‹ dargestellt?

Sie entsprechen so gar nicht dem Schönheitsideal der heutigen Zeit. Man sah ihre langen, hängenden Brüste, den vorgewölbten Leib, die massigen Schenkel und die übertriebenen Wölbungen des Gesäßes und nahm an, die eiszeitlichen Frauen hätten diesen Figuren entsprochen – obwohl sie doch zweifellos Füße und auch einen Kopf ihr eigen genannt haben mußten ... Trotzdem stellte man die Figur einer steatypen, fettsteißigen Hottentottenfrau in eine Vitrine des Musée de l'Homme in Paris als Erklärung für die Körperlichkeit der eiszeitlichen Statuette von Lespugue, Haute Garonne.

Es wurden vielerlei Erklärungen für die Eigenart dieser Frauenstatuetten gesucht. Carl Schuchardt meint in seinem Buch ›Alteuropa‹, daß die Frauen der Altsteinzeit diese auffallende Fettleibigkeit besessen hätten, weil sie ihre Tage bequem auf den Fellagern der Abris (Wohnplätze) verbrachten, während die Männer durch Jagdzüge ihren Körper geschmeidig erhielten.

Es wurde auch die Frage aufgeworfen, weshalb die Frauen in der Kaltzeit nackt dargestellt wurden, und Schuchardt meinte dazu, daß im Aurignacien das Nacktgehen, wenigstens im ›Hause‹, noch allgemein Sitte gewesen sein könnte. Andere wollten in dieser Art der

Darstellung einen sexuellen Anreiz erblicken. Dazu rechnet Schuchardt auch die Darstellung von Vulven, die er als »flüchtige Kritzeleien anscheinend obszöner Art« bezeichnet.

Da diese Frauengestalten, wie später auch die Göttinnen der Antike, unbekleidet dargestellt waren, erhielten sie die Bezeichnung ›Venus‹. Erst allmählich ging man vom subjektiven Eindruck ab und erkannte, daß diese Denkmäler ihre eigene Sprache sprechen. Schon Bachofen hat sich mit der Sprache der Symbole und deren Genesis beschäftigt; er starb schon 1887, also standen ihm nur die antike Gräbersymbolik und literarische Quellen zur Verfügung. Er schloß aus romantischer Sicht auf eine Urreligion, die die ›große Urmutter‹ verehrte und auf der sich das ›Mutterrecht‹ gründete.

Die Archäologie erschloß sehr viel ältere Quellen. In ihnen äußert sich eine Zeit, die noch nicht von den antiken Denkweisen beherrscht wurde, die noch keine ›Götter‹ kannte. Können wir denn heute noch den Zugang zum Ausdruck jener Zeit gewinnen?

Den Schlüssel zur Denkqualität der Frühzeit liefern uns die Werkzeuge. Sie blieben in lückenloser Folge aus allen Zeitaltern erhalten. Sie setzten voraus und bezeugen, daß ihre Hersteller fähig waren zu planen und daher zu denken. Gehlen nennt sie deshalb ›steinerne Begriffe‹.

Die geistige Entwicklung des Menschen läßt sich am Beispiel der Werkzeugentwicklung verfolgen, wie ich in meinem Buch ›Am Anfang der Kultur‹ nachgewiesen habe.

Diese paläopsychologischen Untersuchungen ergaben, daß der Mensch am Anfang allgemeine, universale Begriffe bildete und erst der Fortschritt die Spezialisierungen brachte. Diese ursprünglichen, diese ältesten Begriffe erfaßten das Wesentliche und ermöglichten die spätere Erkenntnis der genaueren Einzelheiten. Wenn wir also eine der frühen Frauenstatuetten in der Hand halten und uns fragen, weshalb sie gerade so und nicht anders gebildet wurden, so müssen wir sie als Urform verstehen und den Anfang suchen, der die Entwicklung bestimmte.

Das setzt aber voraus, daß wir den Anfang und das Gesetz der geistigen Entwicklung kennen. Es ist also nicht abwegig, wenn wir damit beginnen, diejenigen Wurzeln freizulegen, auf die im Laufe der folgenden Ausführungen immer wieder zurückgegriffen werden wird.

Die Grunderfahrung der Welt

Über das Alter der Menschheit berichtete einst die Bibel. Der Glaube an ihre Zeitangaben geriet ins Wanken, als menschliche Reste gefunden wurden, die viel älter waren und sogar noch aus der Eiszeit stammten. Mit geschichtlichen Maßstäben gemessen, schien diese Menschheit unvorstellbar alt zu sein. Man nahm an, daß sie zu ihrem Beginn noch tierische Züge aufwies.

Im letzten Jahrzehnt wurde unser Wissen ein weiteres Mal grundlegend erweitert. In den Schichtungen der großen afrikanischen Rift-Senke wurden zahlreiche menschliche Schädelreste entdeckt, die zweifellos viel älter waren als alles, was man vorher gefunden hatte. Das weibliche Skelett, das die Ausgräber im äthiopischen Teil dieser Senke, im Afar-Abschnitt fanden, war ›Lucie‹. Man wollte mit dieser Namensgebung wohl die geistigen Fähigkeiten betonen, die diese Homo habilis schon besaß. ›Lucie‹ aber lebte schon vor drei Millionen Jahren! Wird sie die Älteste bleiben? Noch werden weitere Grabungen durchgeführt.

Den Beweis für die geistigen Fähigkeiten des frühen Menschen legen seine Werkzeuge ab. L. Balout schreibt, daß man Stücke gefunden hat, die vielleicht drei bis vier Millionen Jahre alt sind, mit Sicherheit aber vor zwei bis drei Jahrmillionen angefertigt wurden. Schon sie bilden die unerläßliche Voraussetzung für alle späteren Werkzeugtypen, die kontinuierlich ohne jeden Bruch weiterentwickelt wurden.

Jeder Typ setzt einen Denkakt, einen Plan, einen Begriff der Dinge voraus, die angefertigt werden sollen. Denn es wurde schon gezielt, d.h. auf eine bestimmte Form hin, gearbeitet. Von den einfachen Werkzeugen ausgehend, wurde schon vor zwei Millionen Jahren eine regelrechte Technik des Abschlagens gefunden. Das Material dafür wurde in Entfernungen von mehreren Kilometern im Umkreis gesammelt.

Es ist also festzustellen, daß der frühe Mensch bereits sein erworbenes Wissen überlieferte und weitergab. So konnte der Nachfolger jeweils auf dem Vorhandenen aufbauen und es seinerseits ein Stück weiterentwickeln. Da Begriffe nicht biologisch vererbbar sind, müßte jeder immer wieder von vorne anfangen, wenn es keine Überlieferung gäbe. Nur die Möglichkeit der Tradition erlaubte folglich geistigen Fortschritt und dadurch den Aufbau von Kultur.

Man hat Wohnplätze gefunden, wo Werkzeuge und Knochenreste kreisförmig gehäuft zusammenlagen. Sie sind ungefähr 1,8 Millionen

Jahre alt. Ihre Bewohner waren also keine wild umherstreichenden ›Bestien‹, sondern planende, denkende und ihre Erfahrung weitergebende Geschöpfe. Wir fragen uns heute, was verbindet das Einst mit dem Jetzt? Was bedeuten die letzten Jahrtausende im Verhältnis zu diesen Jahrmillionen? Einst wurde der Mensch der Neandertalerzeit als tierisch ver- oder mißachtet, heute ist er als Homo sapiens neandertalensis anerkannt, denn er begann vor 100000 Jahren damit, seine Toten rituell zu bestatten, wie alle Menschen nach ihm. Rückt er damit nicht an unsere Seite, fast wie ein Vetter?

Und dann der Mensch, der vor ungefähr 17 000 Jahren die Bilder in der Kulthöhle Lascaux malte? Bezeugt ihn nicht die künstlerische Qualität seiner Bilder als uns ebenbürtig, fast wie ein Bruder?

Wir dürfen diese frühen Menschen nicht länger mit überheblichen Vorurteilen betrachten, sie waren nicht ›dümmer‹ als wir. Das gilt genauso für die Menschen der Antike oder unsere eigenen Vorfahren. Sie kannten zwar so manche Errungenschaft späterer Zeit nicht und hatten darum keinen so hochdifferenzierten Begriffsschatz wie wir, aber mit ihrem Universalinstrument Werkzeug legten sie das Fundament, schufen sie die Voraussetzung für unsere moderne Technik.

Wie die Bilder zeigen, blieb der Mensch nicht beim Werken stehen. An einem Tage muß er die – sagen wir ruhig: – Erleuchtung gehabt haben zu denken: »Ich bin«.

Das aber war nur ein erstes Stichwort, denn ihm schloß sich sogleich die Frage an »Wo bin ich?«. Er sah sich bewußt um und erkannte den Lebensraum, der ihn umgab, und er erkannte seine Welt.

Aus allen Beobachtungen bildete er den universalen Grundbegriff des Alls, das erste Weltbild.

Damit legte er den Grundstein zu einer fast unübersehbaren Entwicklung. Erst jetzt konnte er sich im Dasein näher orientieren. Vor ihm erhoben sich die weiteren Fragen: »Wo komme ich her, wo gehe ich hin?«

Wir wissen nicht, wann diese schöpferischen Ideen zuerst im Menschen aufgetaucht sind; er konnte das auch noch nicht übermitteln. Wir können aber die Folgen sehen, die sich aus dieser ersten Konzeption zu einem späteren Zeitpunkt ergaben.

Der Begriff ›Welt‹ war etwas Neues. Er entsprang dem Geist des Menschen, war sein Produkt. Kein Tier hat je die ›Welt‹ gesehen. Auch wir sehen immer nur Teile davon. Und doch können wir das Universum denken. Da aber ein jeder Begriff Gestaltsqualität besitzt, so mußte es möglich sein, ihm im Bild oder Zeichen, als Laut oder Geste Ausdruck zu verleihen. Wir aber fragen uns, wie wohl ein erstes Weltbild früher Menschen von ihnen dargestellt worden sein mag und ob sich davon Dokumente erhalten haben? Wie konnte man überhaupt einem solchen Gedanken Ausdruck verleihen, einem Gedanken, der alle erreichbaren Dimensionen übertraf?

Karl Jaspers hat sich in seinem Buch ›Psychologie der Weltbilder‹ mit der Problematik des ersten Weltbildes befaßt. Er schreibt, daß die Situation für den Menschen in doppelter Sicht erfaßbar war. Er konnte sich gleichsam als Mittelpunkt empfinden, umschlossen vom runden Horizont und von der Wölbung des Himmels. Er sah sich dann sozusagen wie in einem gewölbten Raum eingefangen, dem ›Weltraum‹. Dies ist die ›subjektive Sicht‹. Diese Art von Raum konnte man auch in der Höhle finden, deren Deckenwölbung der Vorstellung vom gewölbten Himmel entsprach. Dachte man sich aber die Welt von außen her gesehen, also in ›objektiver Sicht‹, so rundete sich, was von innen als ›Wölbung‹ erschien, zur ›Kugel‹. In der christlichen Kirche erscheint ja auch die Kuppel von innen gesehen als ›Himmelswölbung‹ und trägt die entsprechende Ausmalung, während sie von außen die Form der Halbkugel zeigt. Der universale Begriff der Welt konnte dem Typ ›rund‹ entsprechen.

Um diesen Gedanken ergreifbar, begreifbar zu machen, mußte der an sich grenzenlose Raum abgegrenzt sichtbar gemacht werden. Der Mensch suchte vielleicht Objekte, die dieser Form entsprachen, runde Bachkiesel etwa. Doch könnte es unter anderem auch der menschliche Kopf gewesen sein.

Die Zeiten haben das meiste verwischt, nur wenige Dokumente sind überliefert. Doch immerhin können wir fragen: Weshalb wurde vor 320000 Jahren ein isolierter Schädel in der Höhle Tautavel in den Pyrenäen deponiert? Weshalb legte man einen anderen zur Neandertaler-Zeit in die Höhle des Monte Circeo bei Rom?

Doch was lag näher, als Lehm zu nehmen, der sich kneten und formen ließ, um daraus z.B. Kugeln zu bilden? Daß solche Kugeln erhalten blieben und auch noch gefunden wurden, war gewiß ein großer Glücksfall. Sie lagen bei Achenheim in der Nähe von Straßburg unter 17 m hohen Schichten unmittelbar auf dem Boden des alten Rheintales. Sie sind versintert, zeigen aber noch deutlich die Fingerspuren der Hände, die sie vor ungefähr 300000 Jahren anfertigten.

P. Wernert stellte fest, daß ähnliche Kugeln aus der Frühzeit auch noch an anderen Orten gefunden wurden, auch solche, die aus Stein zurechtgehauen wurden. Er wies darauf hin, daß bei Funden aus der

Neandertaler-Zeit solche Kugeln regelmäßig zum Inventar der Fundplätze zählten.
Diese Urform wurde, wie das Werkzeug, kontinuierlich überliefert. Der Fortschritt brachte hier wie dort die Spezialisierungen. Werkzeuge waren handlich und leicht zu identifizieren. ›Weltanschauliche‹ Begriffe dagegen konnten nur symbolisch dargestellt werden und waren auch dann nicht so leicht verständlich. Denn sie drückten eine Welt des Geistes aus, die nicht greifbar und dem Nur-Materialisten – damals wie heute – verschlossen war. Sie bilden aber die Voraussetzung für den kultischen Bereich, auch dort, wo sie nicht sichtbar aufgezeichnet waren. Das gilt insbesondere für Bestattungen, die die Kenntnis weltanschaulicher Begriffe voraussetzen, Begriffe, auf die wir nur indirekt schließen können.

Ein Bestattungsplatz aus der Neandertaler-Zeit

Unter einem Felsdach in der Nähe einer kleinen Höhle bei La Ferrassie, Dordogne, entdeckte D. Perony zwischen 1906 und 1921 sechs menschliche Skelette, die vor ungefähr 100000 Jahren sorgfältig bestattet worden waren. Die Beigaben, die man ihnen mitgegeben hatte, lassen uns annehmen, daß man damals schon an ein Weiterleben nach dem Tode glaubte.
Man hatte das Sterben beobachtet; und man hatte sich, irgendwann einmal beginnend, Gedanken über eine, über die eigene Wiederkehr gemacht. Welche Beobachtungen mögen dazu geführt haben? Darüber geben die Bestattungen selbst eine erste Auskunft: sie sind ostwestlich angeordnet. Dieser Ausrichtung kann nur die Beobachtung der Gestirne zugrundeliegen. Die Sonne ging blutrot im Westen unter, um mit der Morgenröte im Osten wieder aufzutauchen. Hatten etwa die Gestirne einen Weg gefunden, der sie unter der Erde hindurch- und zurückführte? Konnten die Toten dieser Bahn folgen? Mußten sie dafür rot gefärbt werden wie die Gestirne? Bestreute man deshalb die Toten mit Ocker?
In der Neandertaler-Zeit, das zeigten die Gräber, hatte man also schon die Kardinalpunkte Osten und Westen gefunden und so die Erkenntnis der Richtung gewonnen.
Die Richtung ist ein Begriff, und sie ist unanschaulich. Wie konnte man dem Gedanken von Richtung Ausdruck verleihen?
Einem Toten in La Ferrassie wurde ein Langknochen ins Grab gelegt, mit darauf eingeritzten geraden Linien. Als Grabinventar dürfte zwi-

schen ihm und der ost-westlich angeordneten Bestattung ein Denkzusammenhang bestanden haben. Konnte mit der geraden Linie der Ausdruck für die Himmelsrichtung gemeint sein? Teilte eine solche Weltachse die Welt in zwei Hälften? Das diffuse All gewann so Ordnung und, zunehmend, Gestalt.

Als das erste graphische Zeichen, die Linie, geritzt wurde, war das eine Sternstunde der Menschheit. Damit begann der Mensch zu ›schreiben‹. Wir heute haben ein ganzes Alphabet unterschiedlicher Zeichen, um all die vielen Bücher zu schreiben – am Anfang von all dem steht nur ein einziges Kommunikationsmittel, die Gerade. Doch die Kombination vieler Linien ermöglichte es frühen ›Schreibern‹ bald, vielerlei auszudrücken.

Solches Wissen des frühen Menschen ging nicht mehr verloren. Bis ins Mittelalter wurden die Toten nach den Gestirnen ausgerichtet – welche Zusammenhänge zwischen Einst und Jetzt! Und auch die Gerade verlor nicht mehr an Bedeutung. Sie blieb das grundlegende Ordnungsschema beim Aufbau der Kultur, und mit ihr kann auch heute noch jede Richtung angegeben werden.

Doch ohne gleich einen so weiten Bogen zu schlagen, können wir die Tradition auch Schritt für Schritt verfolgen. Wir haben im Herzen Frankreichs eine ganze Kulturprovinz mit über 2000 Kulthöhlen, deren Wände mit Zeichen überzogen sind, mit Zeichen, die alle aus geraden Linien zusammengesetzt sind. (1)* Diese Höhlen in der Ile-de-France entstanden meist durch Wasser, das durch eine Quarzitschicht von unterschiedlicher Mächtigkeit strudelte, die ihrerseits über tertiären Sanden liegt. Das Wasser nahm die weicheren Teile des Quarzits mit, ließ härtere stehen. So bekamen die Gänge eine gebuckelte Form. Sie sind auch von sehr verschiedener Größe, weiten sich einmal zu stattlichen Räumen und sind ein andermal so eng, daß man von ›Einmannslöchern‹ spricht, in denen nur ein einzelner Platz findet.

Diesen Höhlen fehlt der Schauer des Mystischen, die Faszination der Tiefe, die Großartigkeit der Höhlenbilder. Die Zeichen wirken nüchtern und sachlich. Hier versagte auch die ehemals so beliebte Deutung als ›Jagdzauber‹, obwohl J. Baudet nachgewiesen hatte, daß diese Zeichnungen schon in der Neandertaler-Zeit begonnen und seitdem kontinuierlich fortgesetzt worden waren. Er hat gleichermaßen festgestellt, daß die ältesten Zeichen die gerade Linie und das Linienkreuz waren, die jedoch bis zum Schluß in den Höhlen überwie-

---

* Die Ziffern in Klammern verweisen auf Abbildungen im Tafelteil

gen. Das Ende brachte das Christentum, das den ›Teufel austrieb‹, der hier wohnen sollte, und mit dem Christogramm den Sieg Christi in die Höhlenwände schlug.
Dann versanken die Höhlen im Gebüsch. Der Wald von Fontainebleau schützte sie vor der Zivilisation; es ist noch heute schwer, sie zu finden.
Die alten Zeichen zeigen die ungebrochene Tradition durch viele Jahrtausende, denn ein glücklicher Zufall lieferte den Beweis dafür, daß schon der Neandertaler das Linienkreuz kannte. L. Vertes entdeckte in der Travertin-Siedlung bei Tata in Ungarn ein solches Zeichen. Unter hohen und daher sehr alten Sinterschichten fand er einen Nummulites perforatus, dessen eine Seite glattgeschliffen war. Sie wurde von einem sehr akkuraten Linienkreuz überzogen. Vertes nimmt an, daß mit dem Zeichen die vier Himmelsrichtungen gemeint waren. Man hatte also auf die erste Gerade eine zweite gestellt, die sie im rechten Winkel schnitt und damit die genauere Weltordnung erreicht: die in vier Viertel unterteilte Welt.

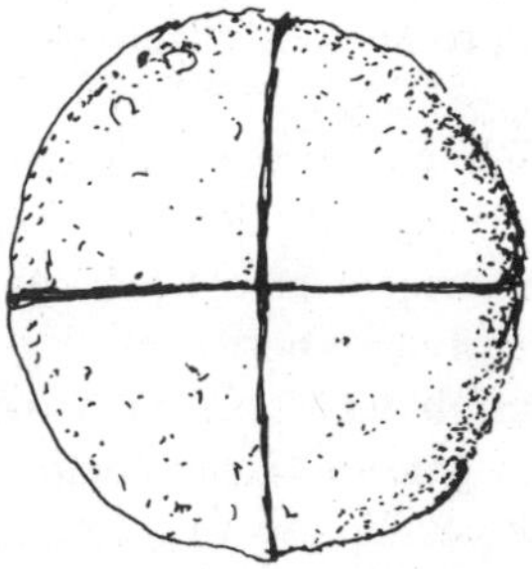

Ein gerundetes, einzelliges Gehäuse eines Nummulites perforatus, schwach geschliffen und mit einem *Linienkreuz* versehen. Es stammt aus der Travertin-Siedlung aus Tata (Ungarn), Neandertalerzeit. Durchmesser 2,1 cm. (L. Vértes, Tafel V,2, 1964). Mittelpaläolithikum.

Und auch dieses Grundschema wurde lückenlos überliefert. Jeder konnte es verstehen, denn der Jäger sah die gleichen Gestirne wie später der Bauer; sie folgten ihnen auf allen Wegen. Offen blieben dagegen immer die Grundfragen der menschlichen Existenz, die Frage nach dem »Stirb und werde!«. Und immer suchte man offenbar Trost bei den Gestirnen und richtete die Toten auf sie aus.
Von besonderer Bedeutung war es, daß der Mensch im Schnittpunkt der beiden Geraden den Mittelpunkt der runden Welt erkannte, den

die Griechen so viel später als ›omphalos‹, als ›Nabel‹ der Welt bezeichneten.
Mit diesem Punkt fand der Mensch den ersten festen Punkt im All. Hier sah er sich selbst verankert, die Welt und die Gestirne drehten sich um ihn.
Dieser Punkt hat schon früh besondere Beachtung gefunden, das können wir in den Kulthöhlen des Waldes von Fontainebleau feststellen. Bei vielen Linienkreuzen, die dort in die Wände geschliffen wurden, ist dieser Schnittpunkt durch eine schüsselförmige Vertiefung betont und hervorgehoben.

Wenn der Mensch die Sonne beobachtete, die ihm die Richtung wies, dann kann er auch den Mond nicht übersehen haben. Er beobachtete den regelmäßigen Gestaltwechsel und erkannte die drei markanten Formen des zunehmenden, vollen und abnehmenden Mondes, oder ganz allgemein ausgedrückt: die DREI.
Das Kommunikationsmittel war die Linie. Um die Zahl Drei anzugeben, konnte man drei parallele Striche ritzen. Dieses Zahlenbild ist uns noch bekannt in der römischen Ziffer. Wo tritt es zum erstenmal in Erscheinung?
Wir sprachen zuvor schon von den geraden Linien auf dem Knochen bei La Ferrassie, einer Bestattung aus Neandertaler-Zeit. Diese Linien sind gruppenweise angeordnet. Klar tritt eine Zusammenstellung von drei parallelen Linien hervor.
Dreiheitlich war die Gestalt des Mondes, und danach wurde der Ritus der Bestattungen ausgerichtet. Es ist aufgefallen, daß bei den Bestattungen in La Ferrassie oft Dreierwerte in Erscheinung treten. Im Grab Nr. 1 wurden Kopf und Schultern des Toten durch drei Steinplatten geschützt. Über den Kindergräbern Nr. 3 und 4 lagen je drei prächtige Silex-Werkzeuge, die in der gleichen Richtung angeordnet waren. Drei sehr gute Geräte wurden auch über dem Kindergrab Nr. 6 entdeckt; eine dreieckige Steinplatte bedeckte einen Kinderschädel. Außerdem wurden neun Gruben entdeckt, die in regelmäßigen Abständen je zu dritt zusammengestellt waren. F. H. Bergounioux hat auf diese merkwürdige Dreierordnung hingewiesen, die er im Zusammenhang mit dem Mondwechsel verstanden wissen will.
Nach der Zeit des Neandertalers übernahm der Jungpaläolithiker das alte Ordnungsschema, das ihm zugleich die Möglichkeit bot, den Ablauf der Zeit nach den Mondphasen zu ordnen.
Wir finden im Jungpaläolithikum vielfach Gruppen von je drei

Strichen, wie z.B. vor dem großen Stierkopf in der Kulthöhle Lascaux. (2)
Drei Striche ließen sich aber auch zum Dreieck zusammenbinden, das dann die Zahlenqualität noch durch die drei Winkel erhöhte. Das Dreieck kannte schon der Jungpaläolithiker, es ist ein zeitloses Zeichen, denn es gerät nie mehr in Vergessenheit – es würde zu weit führen, hier aus allen Zeiten Beispiele anzuführen. Doch wir werden noch einmal darauf zurückkommen.
Solche Strichgruppen haben die eiszeitlichen Jäger oft wiedergegeben. Drei Striche kreuzen in der Kulthöhle Gabillou, Dep. Dordogne, eine Bison-Zeichnung.
Der mittelsteinzeitliche Jäger, der keine Bilder mehr malte, behielt dennoch dieses Ideogramm der Drei bei. Er zeichnete es in roter Farbe in Form von drei Punkten oder drei Strichen auf Kieselsteine, die er ins Wasser der Arise deponierte, die die alte Kulthöhle Mas d'Azil (Ariège) durchfließt (3).
Vor allem überdauerte dieses Sinnzeichen in den Kultstätten in der Ile-de-France. In jeder Höhle ist es zu finden, oft sehr tief eingeschliffen, wie in der Höhle Malesherbes, Loiret, als ob es immer wieder nachgezogen worden wäre (4).
So ist es verständlich, daß auch zur Urnenfelderzeit das alte Wissen noch lebte. Es fand neuen Ausdruck auf den Urnen, wo dieses Sinnzeichen zum Ornament angeordnet wurde. Diese Tradition lebte noch im Keltischen, und wir finden sie wieder, als gegen 150 v.Chr. die Kelten mit der Eigenprägung von Gold- und Silbermünzen begannen und dabei das schöne antike Vorbild auflösten und die alten heiligen Zeichen wieder anführten (21, 22).

Das Tod-Leben-Problem

Genauer beobachtet, zeigte der lunare Zyklus dem Menschen der Steinzeit eine bestimmte Lücke. Der Mond ging nicht, wie die Sonne, an jedem Tag von neuem auf. Drei Nächte lang blieb er verschwunden. Wir nennen diese Zeit die Neumondphase, also die Zeit, während der sich der Mond ›erneuert‹. In der Frühzeit konnte niemand die astronomisch richtige Erklärung dafür finden. Die Phantasie mußte zu Hilfe kommen, und daran hat es dem Menschen ja nie gemangelt.
War der abnehmende, zum Ende hin immer lichtschwächer werdende Mond schließlich gestorben? Teilte er das Schicksal des altern-

den Menschen, oder schrieb er es sichtbar vor? Tröstete er aber nicht zugleich den in Existenznöten befangenen Menschen durch die Gewißheit der Wiederkehr?
Dieser ewige Wechsel von Tod und Leben ist von allen Menschen zu allen Zeiten beobachtet worden, gleich in welchen Teilen der Welt. Deshalb spielt die Lunarsymbolik eine so große Rolle im Kult insgesamt, vor allem aber beim Bestattungsritual. Es bleibt nur die Frage, wie das in früheren Zeiten und an unterschiedlichen Orten zum Ausdruck gebracht wurde.
Wie wir sahen, begann man damit, die drei sichtbaren Mondphasen durch drei parallele Linien oder durch das Dreieck wiederzugeben, wie es in den jungpaläolithischen Bilderhöhlen, aber auch in den Kulthöhlen im Wald von Fontainebleau geschehen ist.
Fälliger Fortschritt brachte den genaueren Ausdruck, und da besonders die Angabe der Dunkelzeit. Dafür brauchte man ein neues Zeichen.
Diese Menschen waren Jäger, sie töteten mit Pfeil und Lanze. Konnte daher der Pfeil, die Lanze nicht auch zum Symbol des Todes werden? Lange Zeit wollte die Forschung in diesem Zeichen nur den Beweis für ›Jagdzauber‹ sehen. Dem aber widersprechen die Darstellungen in den Kulthöhlen von Fontainebleau. In der Höhle ›Rocher des Potets‹, Departement Seine et Marne, sind drei parallele Linien in den Quarzit geschliffen und neben ihnen ein Pfeil (5). ›Jagdzauber‹ ist in diesem Zusammenhang nicht gut denkbar, hier dürften die drei Parallelen auf die Dreizahl der Mondphasen und der Pfeil auf das ›Sterben‹ des Mondes, auf die Neumondphase, zielen.
Solche Pfeile sind in vielen Höhlen zu finden. Sie weisen auf das Wissen der Menschen vom Sterben hin, aus dem Zusammenhang mit weiteren Symbolen erhellt jedoch ihre Hoffnung über das Sterben hinaus.
Wenn mit dem Pfeil das Sterben gemeint war, so gab das nächtliche Gestirn durch seine Erneuerung zugleich die Gewißheit des neuen Lebens; so heißt es noch im sumerischen ›Handerhebungsgebet‹ von Nanna, dem Mondgott: »Mutterschoß, der alles gebiert«. Das Erscheinen des neuen Lichtes feierte Gudea, der Herr von Uruk, mit Hörnerschall als ›Geburt des Mondes‹.
So die sumerischen Hymnen. Doch fehlte dem frühen Menschen die Schrift, die die Sumerer schon hatten, wie also konnte er diesen Gedanken neuer Geburt festhalten, verständlich machen? Man wußte aus vielfacher Beobachtung, wie Kinder das Licht der Welt erblicken,

sah ihre Geburt aus dem Mutterschoß. Gewiß, ein natürlicher Vorgang – aber konnte der weibliche Schoß nicht auch zum Symbol für Wiedergeburt werden?
Die Zeichen der Höhle ›Marie König‹ im Wald von Fontainebleau finden ihre Erklärung in genau diesem Sinne. Die Höhle besteht aus einem großen Felsdach, das teilweise eingebrochen ist. In der Mitte liegt ein großer, ungefähr runder Block, der verschiedene Zeichen trägt, darunter einen Pfeil neben einer Vulva (6). Neben dem Pfeil als Zeichen für das Sterben dürfte mit der Vulva die Neugeburt, das Leben, gemeint sein. Hier haben wir eine Ausdrucksform für das ewige »Stirb und werde«, ein Gesetz, das der Mond gewissermaßen vorlebte, das man aber auch in der ganzen Natur wie im menschlichen Dasein bestätigt fand.
Vulven sind in den meisten Höhlen des Waldes von Fontainebleau anzutreffen. Man spricht da dann leicht von ›Fruchtbarkeitskult‹. Macht über Fruchtbarkeit ist aber nur ein Teilaspekt jeder Religion. Oder ist das Christentum etwa ein ›Fruchtbarkeitskult‹, weil seine Priester die Felder segnen?
Es ist auch nicht zu übersehen, daß diese Vulven oft tief im Innern der Höhle angebracht wurden. In der Erde suchte – und sah – man das Geheimnis der Wiedergeburt, und wir Heutigen müssen uns oft tief in den Fels hinabzwängen, um die Vulven zu finden. Diese Darstellungen waren vielen aufeinanderfolgenden Generationen wichtig und bedeutungsvoll, denn der Ort zeugt von wiederholter Begehung. Man kannte aber auch später immer noch den Bezug der Vulven auf die Lunarsymbolik, das bezeugen drei parallele Linien, die der Vulva aufgezeichnet sind, und das seitlich beigefügte Dreieck in der Grotte von Moîgny in der Ile-de-France (7).
Seinem Zyklus folgend, zog der Mond über den nächtlichen Himmel. War nicht die Höhlenwölbung ein Gleichnis für die dunkle Himmelswölbung draußen? Konnte der Mond nicht auch im Zeichen der Vulva als ›Mutterschoß‹ an die Höhlendecke geritzt einen Sinn ergeben?
Eine solche Darstellung finden wir an der Deckenwölbung der Höhle Ronceveau bei Buthiers im Tal der Essonne. Dort steht ein tief eingeritztes Dreieck mit leicht abgerundeten Ecken, das teilweise reliefartig herausgeschabt ist. Eine sorgfältig gearbeitete runde Vertiefung bildet den Mittelpunkt, dünne Linien führen in dieses Loch hinein oder wieder heraus. Die Ähnlichkeit mit einer Vulva ist nicht zu übersehen (8). Dieses Relief ist von vielen Ideogrammen umgeben, von

Kreuzen, Strichgruppen zu dritt und vielen kleinen Schlagspuren, die von einem Kult, von damaligen Wallfahrern zeugen.
Die Form dieses Reliefs legt außerdem den Vergleich mit der äußeren Gestalt der Höhle nahe. Sie befindet sich in einem Felsblock, der, von der Seite gesehen, dreieckig ist. In der Mitte befindet sich das Einschlupfloch (9). Bot nicht der Fels an sich, die Höhle in ihrer ganzen Situation, wieder den Vergleich mit dem Mutterschoß an? Noch der archaische Mensch verglich das All mit dem Leib der Mutter und sah sich darin geborgen ›wie das Kind im Mutterleib‹.
Da die Ideogramme in den Kulthöhlen nicht einwandfrei zu datieren sind und der alte Glaube noch den frühen Hochkulturen heilig war, suchen wir nach Spuren des Anfangs. Wir finden sie in La Ferrassie, dem Ort der Bestattungen, wo seit der Neandertaler-Zeit die Gestirne beobachtet und mit dem Tod-Leben-Problem in Verbindung gebracht wurden.
Als die Zeit des Neandertalers zu Ende gegangen war, hielt eine neue Bevölkerung Einzug. Sie fanden den Bestattungsplatz von La Ferrassie, belegten ihn mit Platten, ließen aber die Gräber frei. Dafür deponierten sie skulptierte Platten. D. Perony fand vier Steinplatten, auf denen im Aurignacien Vulven dargestellt sind, eine von ihnen im Zusammenhang mit dem Schoßdreieck. Die Vulva hier, auf den Gräbern, sollte sie nicht Geburt und Erneuerung versinnbildlichen?
Auf einer der Steinplatten ist außer Vulven noch ein Tierbild dargestellt. Der Körper erscheint in seitlicher Sicht, die Hörner aber, wie gedreht, in Vorderansicht.
Wie kam es zu diesem Tierbild, und welcher Zusammenhang besteht zwischen dem Tier und der Vulva?

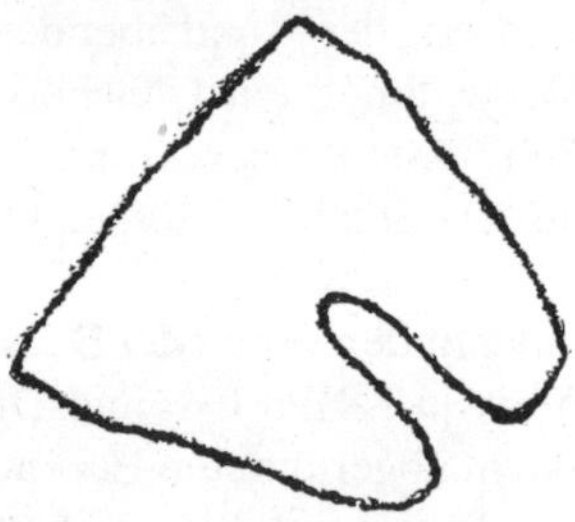

La Ferrassie (Dordogne). Stein mit tief eingeschnittener Vulva, die im Zusammenhang mit dem Schoßdreieck steht. (22x22 cm) Aurignacien-Périgordien. Jungpaläolithikum.

Die Bildsymbolik

Wir sahen es schon: wenn man die sichtbaren Mondphasen zählte, dann waren es drei. Sie ließen sich aber auch mit Hörnern vergleichen. Das war offenbar in allen Zeiten der Fall, noch Shakespeare spricht im ›Sommernachtstraum‹ vom ›doppelt gehörnten Mond‹! Der Jäger der Vorzeit könnte diesen Vergleich gefunden haben. Diese ›Mondhörner‹ mußten aber, den beiden Bogen des zu- und des abnehmenden Mondes entsprechend, gegenständig angeordnet werden. Daraus erklärt sich der Stil der eiszeitlichen Stierbilder.
Um Sinn und Bedeutung des Bildes zu erhärten, wurde in der Höhle Ganties-Montespan, Haute Garonne, ein Bison mit vergrößerten und zur Seite gedrehten Hörnern gezeichnet, dazwischen aber noch das Ideogramm der drei Phasen tief eingeritzt, nur daß hier die Vollmondphase mit der Rundung beginnt.
Ähnliche Hinweise auf die Mondbogen finden wir bei vielen Bildern. In der Höhle von Candamo in Asturien ist ein Bison gezeigt, dessen Hörner in Form von zwei Halbbogen gezeichnet sind (10).
Für die Mondbogen ließen sich aber weitere Vergleiche ziehen. Glichen sie nicht auch den mächtigen Stoßzähnen des Mammuts, den Hörnern des Nashorns, den Hauern des Ebers? Die Phantasie des Menschen war fast unerschöpflich, immer mehr Tiere wurden für die Lunarsymbolik entdeckt.
Wenn aber der Mond als Tier dargestellt werden konnte, mußte auch für die Sonne ein Symbol gefunden werden. Die hatte keine Bogenformen, also durfte ihr Abbild keine Hörner tragen. Als Solarsymbol bot sich das Pferd an, seine flatternde Mähne konnte mit der Aureole verglichen werden.
Mit diesen Tierbildern begann ein neuer Abschnitt in der geistigen Entwicklung. Der Neandertaler hatte die gerade Linie als Kommunikationsmittel gefunden und ›schrieb‹ seine Erkenntnisse auf. Der Mensch des Aurignacien dagegen nutzte eine andere Ausdrucksform. Er nahm das Abbild des Geschauten, den visuellen Eindruck also, die Körperlichkeit der ihn umgebenden Dinge, zum Rahmen der Aussage. Er ›schrieb‹ nicht, er schuf ein ›Bilderbuch‹.
Vom ersten Stierbild an änderte er dabei das Vorbild ab, denn es sollte ja eine Aussage übermitteln. In der Kulthöhle steht nicht der ›fette‹ Stier, die Jagdbeute (denn oft ist nur Kopf oder Gehörn gezeigt), auch nicht der ›Vermehrer der Herden‹ (denn eiszeitliche Tiere sind meist ohne Genital gezeichnet), sondern hier kreisten die

Gestirne. Deshalb waren die sie verkörpernden Tierbilder auch nicht auf den Erdboden herunterbezogen, sie sollten nicht im Diesseits stehen, denn ihr, der Gestirne Reich, war das Jenseitige über und außerhalb der Erde. Die größere Bedeutung gewann da der Mond, denn sein Zyklus des Zu- und Abnehmens entsprach der ewigen Wahrheit des »Stirb und werde«. Darum ist der Stier der Höhlen in den meisten Bildern proportional größer dargestellt als das Pferd der Sonne.
Die Kraft dieser Gedanken eroberte die Welt der Vorzeit. Alle Kulturen kennen Stierbilder. Die Sumerer nannten ihn den »Himmelsstier, der mit den goldenen Hörnern über die Zeit bestimmt«. Unzählige Abbilder des Stieres sind überliefert worden. Manchmal tragen sie das Dreieck auf der Stirn, ihr lunarsymbolisches Merkmal und Kennzeichen, so in Sumer, in Indien, der Apisstier der Ägypter und die Stierstatuetten der Hethiter. Einer tönernen Stierstatuette aus Kreta (11) sind, um jeden Irrtum und jede Nichtbeachtung auszuschließen, die beiden Mondsicheln auf die Flanken gezeichnet.
Die Bildsymbolik des eiszeitlichen Menschen setzt also die sorgsame Beobachtung der Gestirne voraus. Dabei konnte man Abend- und Morgenröte nicht übersehen. Rot färbten sich die Gestirne beim ›Untergang‹, rot ›kehrten sie wieder‹, gingen sie auf. Durchschritten sie rotgefärbt das Jenseits, unsichtbar unter der Erde hindurch? War Rot die Farbe der Jenseitigen, wurde sie zur Farbe der Toten, bestimmte sie den sakralen Ort?
Viele Gedanken müssen mit dieser Farbe verbunden worden sein. Nach Jahrtausenden noch sehen wir, daß Kultplätze oder Kultfiguren rot gefärbt sind und daß man die Toten schon in ältester Vorzeit mit rotem Ocker bestreute.
Sogar schon in La Ferrassie (Alter rund 100 000 Jahre) zeigen ältere und jüngere Schichten die Färbung durch roten Ocker. Ferner fand Perony dort einen ausgehöhlten Stein, den er als ›Lampe‹ identifizierte. Auch die kann von dem Gedanken an das Jenseits, an den Weg dorthin durch die dunkle Höhle bestimmt gewesen sein. Unzählige Lampen sind Toten mit ins Grab gegeben worden, ganz unabhängig von Zeit und Ort. Sie sollten ihnen die Wiederkehr erleichtern. Könnte ein solcher Glaube nicht auch schon im Aurignacien bestanden haben? Denn zum Bestattungsplatz von La Ferrassie gehörte eine kleine Höhle. War sie der Eingang zur Unterwelt? Mußten die Toten, wie die Gestirne, nach denen sie ausgerichtet waren, diesen Weg einschlagen?

Im Schoß der Erde

Vielleicht genügte dem Menschen zunächst der bloße Glaube an eine Unterwelt, so wie wir uns die Hölle vorstellten, ohne sie je gesehen zu haben.
Aber im Aurignacien erwachten Wagemut und Forschungsdrang. Die Menschen stiegen in die Finsternis hinab – hier fand der Jäger keine Beute, was also mag er gesucht haben? Wollte er gar den Weg der Gestirne, der Sonne und des Mondes finden, den Weg, den sie nahmen, wenn man sie nicht mehr sah? Suchte er den Ort, an dem der Mond drei Nächte verblieb, den Tod fand und zu neuem Leben erwachte? Wollte er dem Geheimnis um die Wiedererweckung auf die Spur kommen?
Er benutzte alte Wasserläufe, um in das Innere der Berge oder Erde einzudringen. Er scheute keine Gefahren, um in letzte Tiefen, die uns heute schrecken, vorzudringen. Fußspuren bezeugen seine Anwesenheit, aber keiner dieser Menschen ist bei solchen Erkundungsgängen umgekommen. Er entdeckte dort eine grandiose Welt der ewigen Stille und Dunkelheit, die nur selten vom Klang eines fallenden Tropfens widerhallt. In wieder anderen Höhlen bilden Tropfsteine und Versinterungen eine zauberhafte Märchenwelt, ein weites Feld für menschliche Phantasie damals wie heute.
Hier, in der ›Unterwelt‹, oft angeregt durch Reliefformen der Wände, malte der Mensch der Eiszeit seine Tierbilder. Immer fügte er seinen Bildern Zeichen hinzu, darunter auch Pfeile. Stehen die Pfeile, die hier die Tiere zu treffen scheinen, für das Sterben des Gestirns? Wie in der Höhle von Niaux, Ariège, oder in der von Gabillou, Dordogne? Sie können eigentlich nur symbolisch gemeint sein, denn an einem Pfeilschuß verendete kein Bison.
Es war auch nicht der Tod selbst, den man hier suchte. Er war nur die Voraussetzung für neues Leben. Das zeigt ein Bild aus Lascaux, Dordogne (12). Dort steht im ›Saal der großen Stiere‹ an der Deckenwölbung ein Stierbild von 5,50 m Länge, dessen Kopf 1 m hoch ist. Ein Pfeil trifft die Nüstern. Das bedeutet das Sterben des ›Himmelsstieres‹. Aber ein Wunder scheint dargestellt: Wie ein Hauch entströmt Atem, das Zeichen des Lebens, seinem Maul.
Glaubte man, hier den Ort gefunden zu haben, an dem sich das Stirb-und-Werde vollzog?
Den gleichen Gedanken hatte auf andere Art die Vulva, das Zeichen des mütterlichen Schoßes, ausgedrückt. Der Zusammenhang zeigt

sich auf der Steinplatte, die bei den Toten von La Ferrassie lag, die beides, die Vulva und das Stierbild, trägt.

Das Bild dieser Platte schließt den Kreis.

Es überrascht deshalb nicht, daß in den jungpaläolithischen Kulthöhlen neben Tierbildern oft auch Vulven gezeichnet wurden. In den gebuckelten Höhlenwänden gibt es Vertiefungen, die Ähnlichkeit mit einer Vulva haben. Ein solches Loch finden wir in der Höhle Le Combel, Pech-Merle, Lot. Die Vertiefung ist dreieckig und von großen roten Punkten gesäumt, umgeben von Stalaktiten, die wie Brüste herabhängen und ihrerseits wieder rot gefärbt wurden.

Man konnte sogar, wie in der Höhle von Montespan, Haute Garonne, eine aus Lehm geformte Vulva an die Höhlenwand kleben – wo sie Jahrtausende überdauerte.

In der Kulthöhle El Castillo bei Santander gibt es zahlreiche Tierbilder, in einer Nische jedoch, im ›second vestibule‹, fünf glockenförmige Vulven von beachtlicher Größe und ganz in rot. Unter ihnen sieht man einen tischförmigen Vorsprung des Felsens, wie geschaffen für Kulthandlungen.

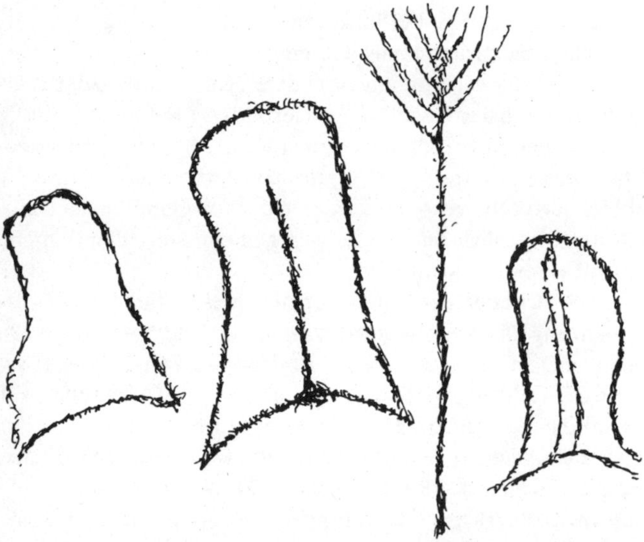

3 Stück der ungefähr 45 cm großen, in roter Farbe gezeichneten Vulven aus der Höhle El Castillo bei Santander. (Es sind zusammen fünf Vulven) Jungpaläolithikum.

Detail aus der Kulthöhle Cougnac Dep. Lot. Kopflose und fußlose Figur von drei Linien durchkreuzt. 28 cm groß. Jungpaläolithikum.

Ist ein Kind erst einmal geboren, dann ist sein Quell weiteren Lebens die Mutterbrust. Versinterungen hängen in vielen Höhlen wie ›Brüste‹ von der Decke, so auch in der bekannten von Pech-Merle, Lot. In ihrem Le Combel genannten Teil sieht man stalaktitische Bildungen, die wie Brüste mit der zugehörigen Brustwarze geformt sind. Sie wurden rot bemalt und mit roten Punkten umgeben.

Im unteren Teil der gleichen Höhle findet sich ein ganzer Kranz solcher ›Brüste‹. Alle sind rot gefärbt.

In der Höhle Cougnac, Lot, hängt ein ganzes Dickicht von Tropfsteinen von der Decke. Bei vielen wurde, wie eine Brustwarze, ein roter Punkt auf die Spitze gezeichnet. Noch immer tropft Wasser von diesen Spitzen. Darunter sind die entsprechenden Stalagmiten den oberen Gebilden entgegengewachsen. Sie zeigen ein von Natur aus phallisches Aussehen und wurden gleichfalls mit einem roten Punkt an der Spitze geschmückt. Es ist wie ein Wald von Symbolik. Und wie um das alles zu unterstreichen, tropft Wasser, auf seine Art ein lebenspendendes Element, damals wie heute.

Voraussetzung für neues Leben aber war immer das Sterben. Der Tod ist auch in dieser Höhle von Cougnac gegenwärtig. In einer

Nische, die ringsumher von Tropfsteinen umgeben ist, sind drei menschliche Figuren zu sehen, durchzogen von langen Querstrichen. Sie stehen zusammen mit großen Tierbildern und Hörnerpaaren.

Tropfsteine wurden verschiedentlich auch phallisch umgedeutet. In der Höhle Le Combel, Pech-Merle, Lot, steht ein phallischer Stalagmit von 80 cm Höhe. Er wurde geglättet und mit Punktierungen überzogen.

In wieder anderen Höhlen, so in Le Portel, Ariège, und Altamira wurden aus phallischen Naturformen männliche Figuren herausskulptiert. Im Puits genannten Teil der Höhle von Lascaux findet sich schließlich auch eine ithyphallische Gestalt.

Androgyne Symbole

Wir haben bis hierher viele Einzelfunde von der Hand eiszeitlicher Menschen angeführt. Sie begannen mit schlichten Strichen und schritten fort zu den großartigen Höhlenbildern. Es mag der Anschein entstehen, daß es zwischen diesen beiden weder Ähnlichkeiten noch Beziehungen gäbe. Und doch sind Zusammenhänge, sei es bei Bestattungen oder in Kulthöhlen, vorhanden. Da bestehen Gemeinsamkeiten, die sich nicht aus der Addition der Teile ergründen lassen.

Die moderne Psychologie hat ihrerseits gefunden, daß Teile eines Ganzen nur von dieser Ganzheit her in ihrem eigentlichen Charakter bestimmt werden.

Dieser Zusammenhang ergibt sich aus der Entwicklung, die hier verfolgt wurde. Sie begann mit dem undifferenzierten Urbegriff, mit dem der Mensch denkend seine Welt erkannte und der die Voraussetzung bildete für alle späteren Einzelerkenntnisse, durch die das Weltbild immer genauer gedacht und dann eben auch dargestellt werden konnte.

Solange Kult in Höhlen geübt wurde, war der weltanschauliche Charakter der Bebilderungen offensichtlich. Aber der Weg in die Tiefe war meist schwierig und gefährlich. Auch werden nicht einmal alle ihn haben gehen dürfen. Es haben sich versinterte Fußspuren erhalten, die eher auf einzelne hindeuten – es gibt keine unterirdischen Trampelpfade. Religiöse Verehrung erforderte auch in späterer Zeit die Absonderung des Heiligen vom Alltäglichen. Auch die Griechen stellten noch ihre Götterbilder in die dunkle – Höhlen- und KALL-parallele – ›Cella‹, während der Ritus im Freien davor stattfand. Was aber immer vor Jahrzehntausenden an Kult im Freien ausgeübt worden sein mag, die Zeit hat das meiste verwischt oder getilgt. Was nicht in Höhlen gnädig behütet die Zeiten überdauerte, das kann sich außerhalb nur in seltenen Bruchstücken erhalten haben. Solche Ausnahmen bilden die Statuetten, die an einigen wenigen Wohn- und Lagerplätzen gefunden wurden, während bisher nur eine weitere Figur in einem Grab entdeckt wurde.

Der Mann der Altsteinzeit war Jäger. Während er dem Wild folgte, blieben seine Höhlen-Heiligtümer zurück. Doch wohin er auch ging, es folgten ihm die wohlbekannten Gestirne. Die Sonne wies ihm den Weg, der Mond zeigte ihm den Zeitablauf. Ebensowenig verließen ihn sein Glaube und die Hoffnung auf Wiederkehr aus einem Jenseits jenseits des Horizontes und jenseits der Erdoberfläche, die ihn trug, solange er lebte.

Wie aber, wenn er nun den Wunsch hatte, dieses sein Weltbild mit auf den Weg zu nehmen, als Trost, als Amulett, als Anker seiner Sicherheit? Dazu mußte er all das, was wir heute aus seinen Höhlenbildern und -hinterlassenschaften kennen, verdichten, und zwar möglichst zu einer einzigen Figur, zu einem Idol, wie man viel später sagte, zu einem Gegenstand nicht größer, als daß die Hand ihn umfassen, ihn fühlen konnte.

Trotzdem mag er einen Mangel gefühlt haben, das Fehlen eines Zusammenhanges mit dem zugehörigen Kultraum, der ja das Wesen des Symbols bestimmte – so wie wir noch heutzutage das Bild der Taube *in* der Kirche als Symbol des Heiligen Geistes verstehen, außerhalb derselben darin nur ein Tierbild wie ein beliebig anderes, sehen.

Wie also konnte man zu jener fernen Zeit dem religiösen Symbol außerhalb der Kultstätte die Aura seiner weltanschaulichen Natur erhalten? Die Lösung dieses Problems wurde, wie wir sehen werden, auf unterschiedlichen Wegen erstrebt.

Hier sei eine Zwischenbemerkung gestattet:

Es mag dem einen oder anderen unter uns immer wieder einmal befremdlich erscheinen, wenn wir, wir Heutigen, solche Fragen aufwerfen und solchen Problemen gewissermaßen nachstellen. Unser Recht dazu leiten wir aus den Antworten ab, die uns der Mensch jener fernen Vergangenheit hinterlassen hat und aus denen wir nur zu selbstverständlich den Schluß ziehen, daß man sich damals ›unsere‹ Fragen, so oder so ähnlich, eben auch schon gestellt hat. Daran ändert sich

auch nichts, wenn wir zugeben, daß viele Fachleute den Mut zu solchen Fragen *nicht* haben. Doch zurück zu den Statuetten.
Es gibt eiszeitliche Figurinen, die von den Erinnerungen an Kulthöhlen geprägt scheinen. Wir erwähnten, daß sich in ihnen Vulven und phallische Gebilde gegenüberstehen. Daraus könnte sich das Vorkommen bisexueller Statuetten erklären.
Aus dem Aurignacien stammt eine 4 cm kleine Figur aus Seifenstein, die viel Kopfzerbrechen verursacht hat. Ihr fehlt der Kopf, ein Zapfen ersetzt den Oberkörper, den man auch als einen Phallus deuten kann. Zu einem ähnlichen Stumpf verschmelzen die Füße. In der Mitte der Figur das überbetont große und zu einer Kugel gerundete Gesäß. Es wurde nicht in einer Höhle, sondern am Trasimenischen See in Italien gefunden. Zweifellos hat die Gestalt symbolische Bedeutung, das geht aus dem Stil der Darstellung selbst hervor. Warum aber diese auffallende Rundung in der Mitte?
Teile sind immer, wir sagten es, von einem Ganzen abgeleitet. Also auch weltanschauliche Teilbegriffe von dem umfassenden Grundbegriff der Welt. Dieser wurde schon in frühesten Zeiten als Sphäroid, als kugelartig dargestellt und kontinuierlich überliefert. Da hier nicht mehr der das Einzelstück umgebende Kultraum den Charakter und die Deutung bestimmte, war man gezwungen, ihn irgendwie anders zum Ausdruck zu bringen. Sollte man hier durch die überbetonte Rundung auf den weltanschaulichen Charakter der Darstellung, auf seinen Hintersinn haben hinweisen wollen? Dann bestimmte auch hier Weltanschauung den gewählten Stil der Ausführung.

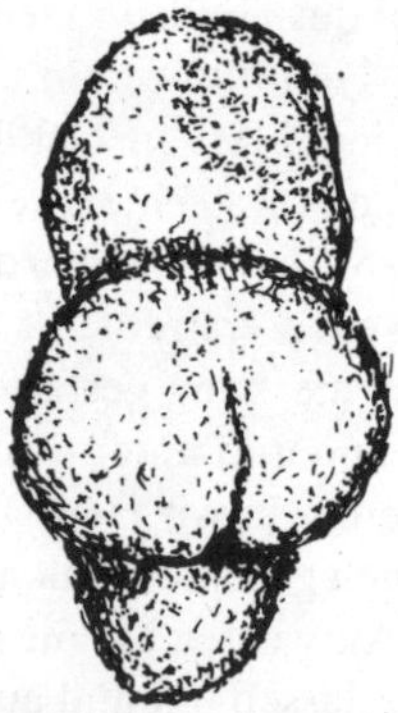

Androgyne Figurine, 4 cm große Steatitfigur. Gefunden am Trasimenischen See in Italien. Jungpaläolithikum.

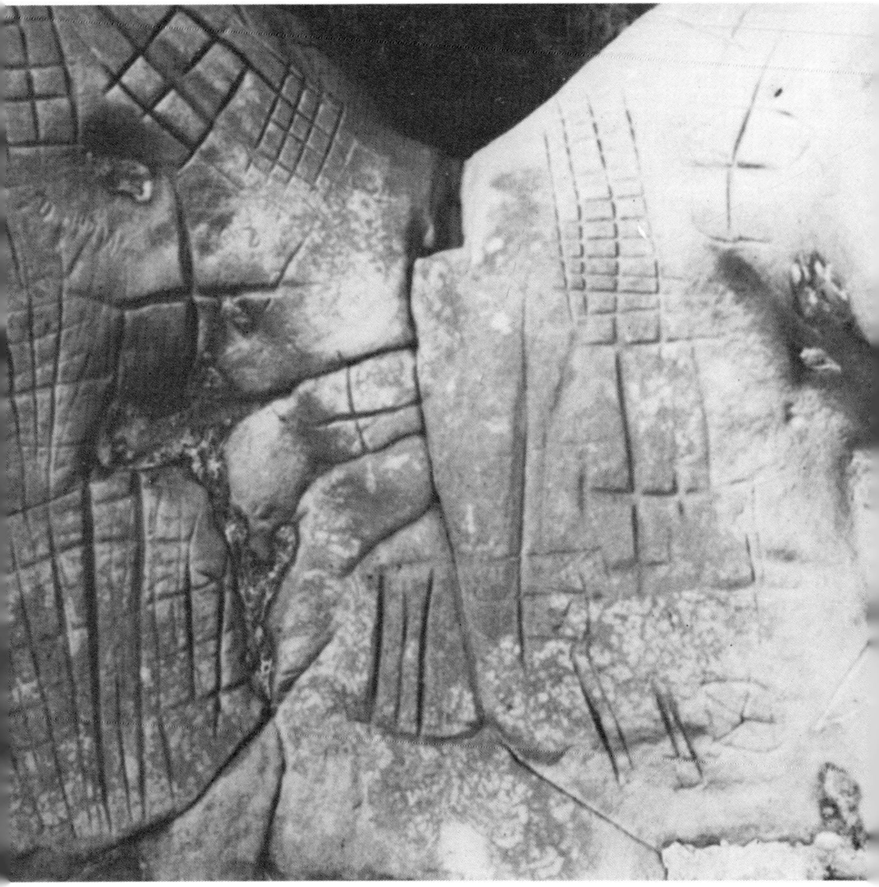

Detail aus dem Inneren der Höhle Thorant bei Noisy sur Ecole. Alle Zeichen sind aus geraden Linien zusammengesetzt. Wir sehen Kreuze, Vierecke, Netze und in der Mitte des Bildes drei parallele Linien.

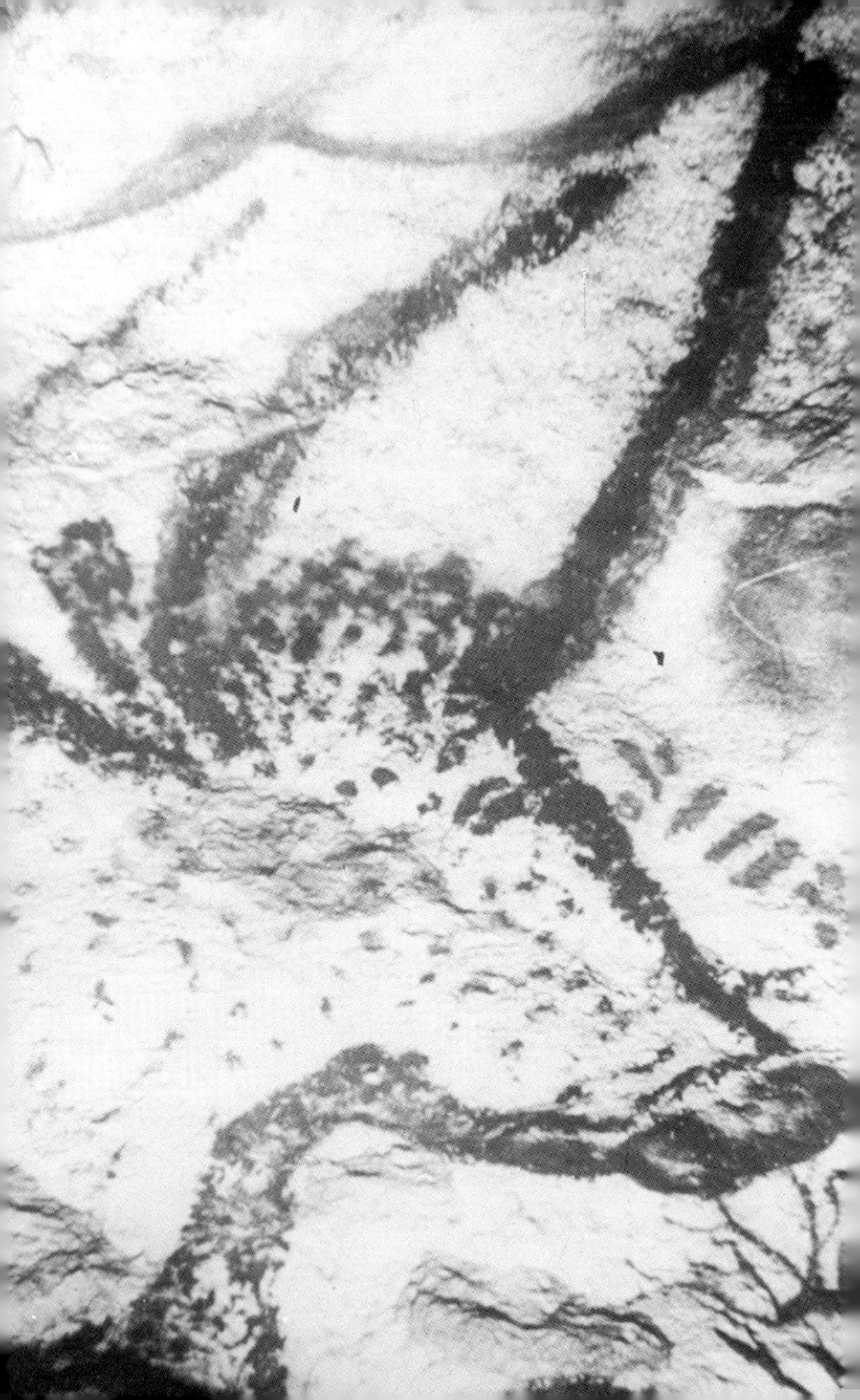

3 Bemalte Kiesel aus der Kulthöhle Mas d'Azil, Dep. Ariège. Die Bezeichnung besteht aus drei parallelen Strichen oder drei Punkten. Mittelsteinzeit.

2 Drei parallele rote Linien vor der Stirn des größten schwarzen Stierkopfes im »Saal der großen Stiere«. Höhle Lascaux bei Montignac, Dep. Dordogne (linke Seite).

4 Drei tief eingeritzte parallele Linien in der Kulthöhle »Malesherbes«, Dep. Loiret.

5 *Detail aus der Höhle »Rochers des Potets«, Dep. Seine-et-Marne. Links drei parallele Striche, daneben der Pfeil, darunter ein Linienkreuz.*

6 *Detail von einem Block aus der Kulthöhle »Marie König«, Dep. Seine-et-Marne. Vulva und Pfeil.*

7 *Vulven, Dreieck und parallele Linien zu dritt. Grotte de Moigny, Ile de France.*

8 *Ausgeschabtes Relief einer dreieckigen Vulva an der Deckenwölbung der Kulthöhle Ronceveaux bei Buthiers an der Essonne, Dep. Seine-et-Marne. Es ist umgeben von Kultschlägen.*

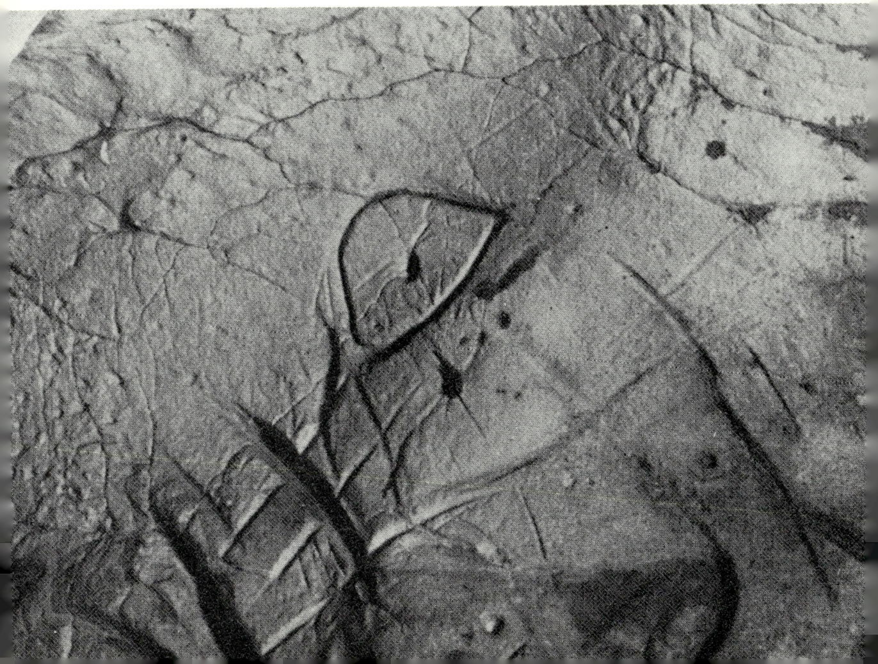

9 *Außenansicht der dreieckigen Höhle mit dem Einschlupfloch. Ronceveaux bei Buthiers, Dep. Seine-et-Oise. (linke Seite)*

10 Darstellung eines Bisonkopfes mit »verdrehten Hörnern« aus der Höhle Candamo (Asturien).

1 Stierfigur aus Ton, auf den Flanken Mondsicheln, auf dem Kopf Dreiecke. Museum in Herakleion. 37 cm. Spätminoisch III. Palast von Phaistos.

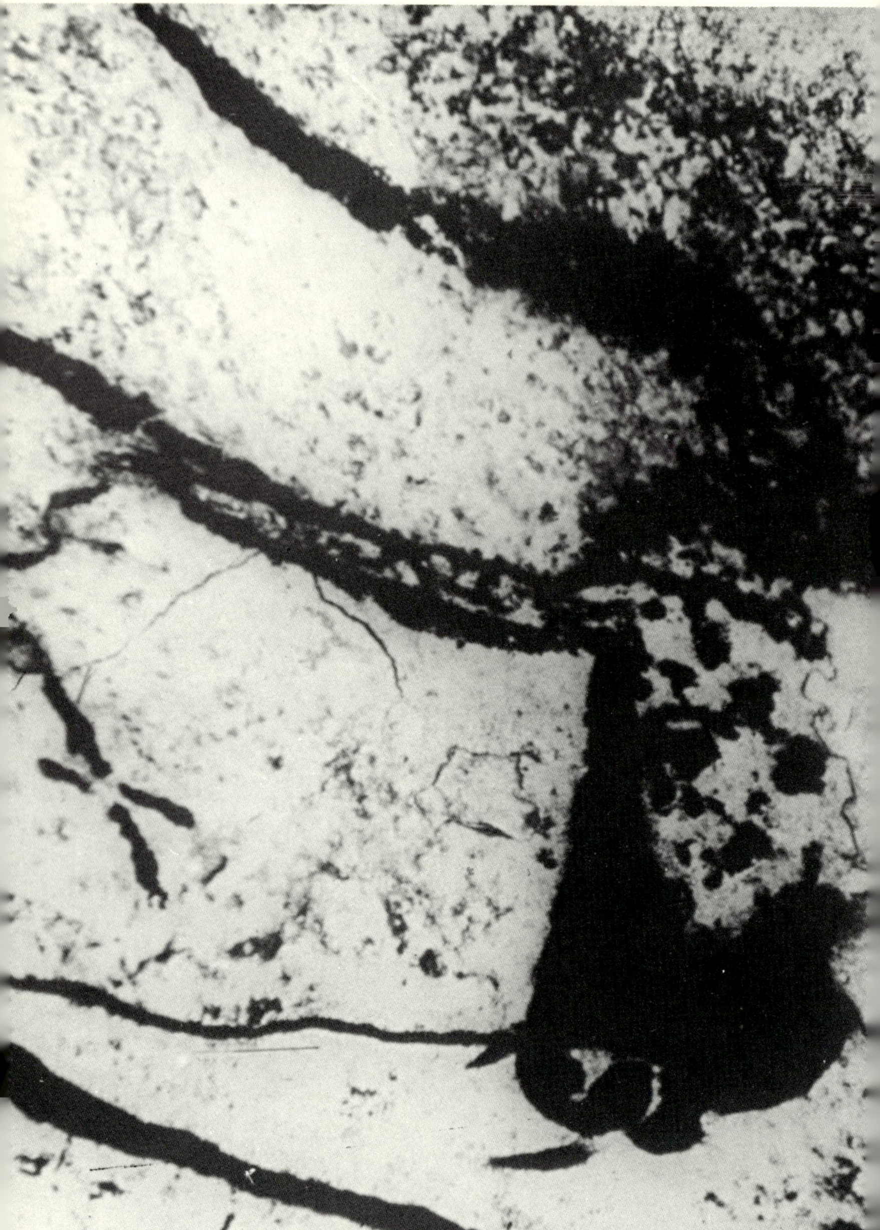

12 Kopf des Stieres aus der Höhle Lascaux, Dep. Dordogne.

13 *Weibliche Statuette aus Willendorf, Niederösterreich, aus Kalkstein. Aurignacien-Périgordien-Epoche. Jungpaläolithikum. Naturhistorisches Museum Wien.*

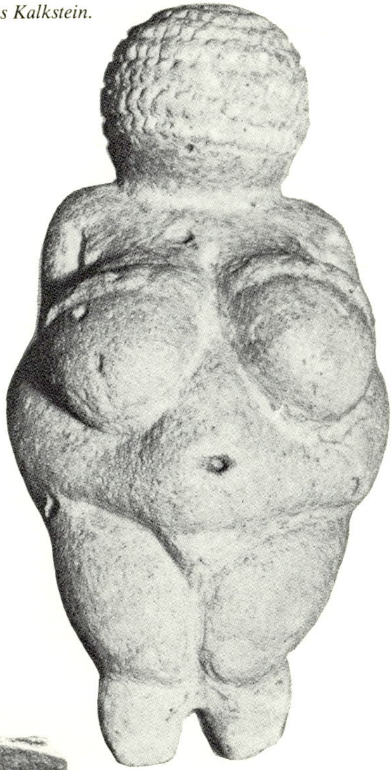

14 *Gravierungen auf Schieferplatten, zerbrochen, aus Gönnersdorf, nordwestlich von Koblenz. Sie stammen aus dem Magdalénien, also spätes Jungpaläolithikum. G. Bosinski.*

15 *Figur aus dem Tempel Hagar Qim, Malta (2400–2000 v. Chr.). Höhe 19,2 cm. Mit eingeritztem Kreuz im Schoß und Kugel im Arm Valetta Museum in Malta.*

16 *Die »Schlummernde« aus dem Hypogäum von Hal Saflieni, Malta. Terracotta-Figur einer mit dem Fransenrock bekleideten, auf einer Liege hingestreckten Frau. Länge 12 cm (2900–3200 v. Chr.).*

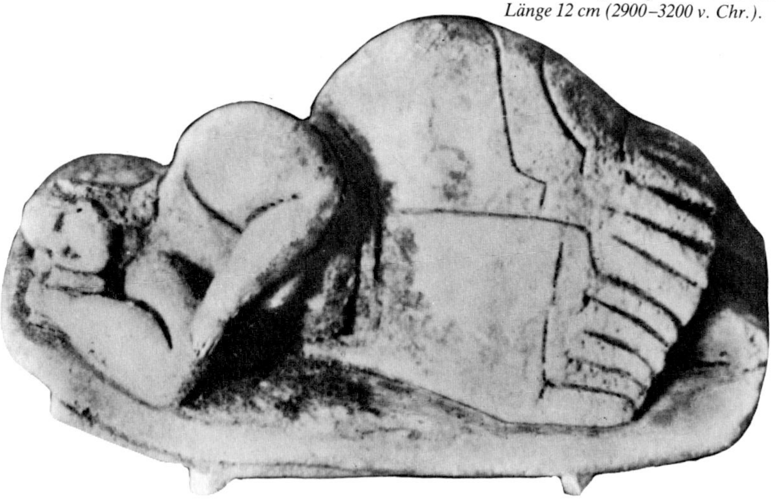

17 Frühkykladisches Idol mit Schoßdreieck und Schamspalte. Die Füße sind abgebrochen.

18 Stilisiertes Idol aus dem Tarxien-Tempel. Keramik, 18 cm hoch (2000–1450 v. Chr.). Malta.

19 Tonvase aus dem 3. Jahrtausend v. Chr. 27 cm. Sie stammt aus Senkereh, dem alten Larsa. Gefunden im Tempel der Innana, der Mondgöttin. Die Bilder sind in zwei Abschnitte angeordnet. Im oberen Teil erscheinen Vögel, im unteren die Göttin zusammen mit Wassertieren und dem Stier.

20 Relief der »Venus von Laussel«. Es stammt aus der Altsteinzeit (Solutréen-Aurignacien), Größe 46 cm. Gefunden von Dr. J. G. Lalanne 1911 im Tal der Beune auf der halben Höhe des Steilufers unter einem großen Felsdach. 8 km entfernt von Les Eyzies.

21 Silber-Stater der Ostkelten.
FORRER S. 347, Fig. 546.

22 Silber-Stater der Ostkelten.
LATOUR L./9870.

23 *Epona-Relief aus Mainz-Castel. Rheinisches Landesmuseum Bonn.*

24 *Epona-Relief aus Haus Furpach bei Neunkirchen-Saar. Museum für Vor- und Frühgeschichte Saarbrücken.*

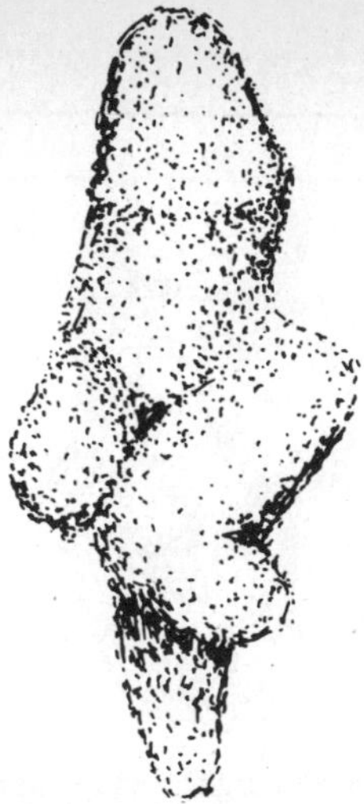

Androgyne Figur aus Calzit. Gefunden 1959 von Mr. Delporte im Abri Tursac, Dordogne. Alter ungefähr 25000 Jahre (Altsteinzeit, Périgordien sup.) 8 cm groß. Jungpaläolithikum.

Dieser Frage müssen wir nachgehen. Wäre dieses Fundstück nur aus der Formenspielerei eines einzelnen entstanden, ohne jeden bestimmten Gedanken, ohne bestimmenden Hintergrund, dann wäre es dabei geblieben. Das ist aber nicht der Fall: Wir besitzen ähnliche Idole aus weit voneinander entfernten Gebieten.

Noch aus dem Aurignacien stammt eine androgyne Figur mit weiblichen und männlichen Merkmalen aus Calzit, die H. Delporte 1959 in Tursac, Dordogne, ausgrub. Sie ist 8 cm lang und wurde vor etwa 25000 Jahren hergestellt. Sie fand sich inmitten einer Lagerung von Kalksteinplatten, die noch rote Farbspuren aufwiesen.

Auch bei dieser Darstellung ist die Körpermitte durch den halbkugeligen Leib betont, dem die Rundung des Gesäßes entspricht. Nach oben und unten endet die Figur in Zapfen, die wiederum als Phalli verstanden werden können. Insgesamt ist hier eine Art Dreiteilung erreicht, doch liegt das Hauptgewicht in der mittleren Rundung. In ihrem Stil stimmt diese Figur mit derjenigen vom Trasimenischen See überein.

Die Überlieferung solcher Formen riß in Jahrtausenden nicht ab. Das beweist eine Figur, die L. Zotz in einer bayerischen Weinberghöhle bei Mauern gefunden hat. Sie stammt aus dem Magdalénien, also

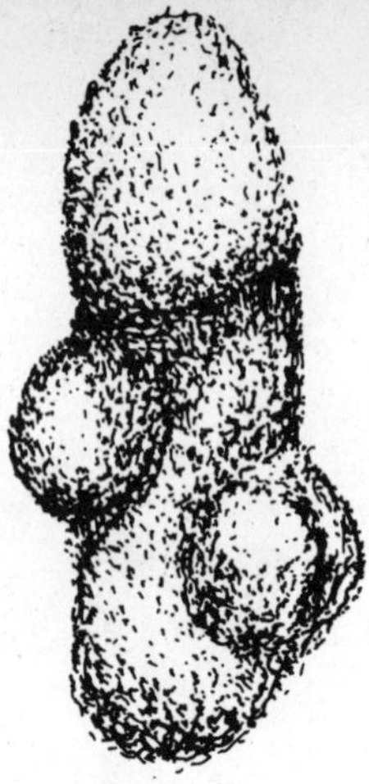

Androgyne Figur aus den Weinberghöhlen bei Mauern in Bayern (L. Zotz) 7 cm. Jungpaläolithikum.

vom Ende der Eiszeit. Eingehüllt in roten Ocker, trug sie die Farbe der für die Wiedergeburt vorbereiteten Toten. Sie war mit Sicherheit ohne direkten Kontakt mit vergangenen Stilepochen in Italien und Frankreich entstanden, also bezeugt sie die gleichen geistigen Vorstellungen wie dort zu ihrer Zeit und in ihrem Fundgebiet. Die Figur von Mauern ist gleichfalls androgyn, zeigt wieder die ›übertriebene‹ Rundung des Leibes und des Gesäßes wie auch die phallischen Zapfen am oberen und unteren Ende der eindeutig weiblichen Mitte. Zotz selbst bezeichnete die Figur als »altsteinzeitliches Idol des Zweigeschlechterwesens«. Doch hier wurde kein Zwitter geformt. Diese Figur veranschaulicht einen bestimmten Gedanken.

Es ist natürlich viel einfacher, nur die ›Fakten‹ zu studieren, ohne nach den Hintergedanken zu forschen, was den intern so genannten Positivisten, die heute die Urgeschichtsforschung noch bestimmen, ein größtmöglicher Greuel ist. Trotzdem stehen wir hier vor einem Problem, das die Menschen der Urgeschichte 30000 Jahre lang offenbar nicht losgelassen hat, denn durch so lange Zeit hindurch reißen Funde dieser Art nicht ab. Wir belegen das hier mit einer Folge von Abbildungen.

Weitere sehr ähnliche Figuren wurden an sehr verschiedenen Orten gefunden, z.B. im Jordantal Palästinas (6,5 cm), in Pembrokeshire von Wales (4,2 cm). Nicht nur die Orte, auch die Zeiten, aus denen

sie stammen, schwanken; aber immer und überall wird der gleiche Ausdruck für das gleiche alte Wissen gefunden. Noch der jungsteinzeitliche Ackerbauer verstand die Aussage dieser Idole.
Androgyne Figuren wie die hier beschriebenen sind, alles in allem, relativ selten. Dagegen wurden Hunderte von weiblichen Reliefs, Zeichnungen oder Statuetten gefunden, die aus gleichen Zeiten stammen. Trotzdem dürfen wir die ersteren nicht aus dem Gesamtzusammenhang heraustrennen. Solange es kein festes Schema, keine Buchstabenschrift oder Gleichwertiges gab, Gedanken zu formulieren, solange diente der besondere Stil dieser Bildnisse als Ausdrucksmittel.

Die Frauenstatuetten

Frauenstatuetten sind nicht, wie man lange annahm, plötzlich und wie aus dem Nichts heraus entstanden. Sie setzen, wie hier erläutert, die Orientierung im räumlichen und zeitlichen Dasein voraus. Sie veranschaulichen die Rundung der Welt mit dem Nabel als Mittelpunkt und der Vulva als Symbol für die Wiedergeburt. Diese Züge ließen sich nur in der weiblichen Figur vereinen, und sie konnten nur am unbekleideten Körper veranschaulicht werden.
Damit stand die Frau im Mittelpunkt des Kultes. *Ihr* Bild wurde verehrt – davon zeugen Hunderte von weiblichen und das weitgehende Fehlen männlicher Bildnisse.
Einige Beispiele:
Am nördlichen Donauufer der Wachau, bei Willendorf, wurde unter mächtigen Lößablagerungen eine weibliche Kalksteinfigur gefunden (13). Sie war 11 cm groß, besaß einen roten Überzug und stammt aus dem Aurignacien. Sie ist inzwischen wohl die bekannteste aller eiszeitlichen Figuren.
Sie entspricht dem Typ ›rund‹, angefangen beim Kopf, der wie ein Stumpf ohne Gesichtszüge, nach vorn gebeugt, ohne Hals unmittelbar auf der Brust aufsitzt. Übergroße Brüste verbinden die Schultern mit dem vorgewölbten Bauch, dessen Mitte der Nabel bildet, und füllen die Zäsur der Taille. Ein starkes Gesäß und dicke Hüften runden die Figur ab. Die im Vergleich zu dem voluminösen Körper nur sehr dünn wiedergegebenen Arme sind im rechten Winkel gebeugt und treffen sich auf der Brust.
Nach unten vereinigen sich dicke Ober- und Unterschenkel zu einem

zylindrischen Zapfen. Angegeben ist das Schoßdreieck. Die Proportionen der Figur mit der schweren Mitte und den zapfenförmigen oberen und unteren Enden entsprechen dem dreiteiligen Schema der androgynen Plastiken. Wohl treten naturalistische Züge stärker hervor: Kopf, Brüste, Arme und Beine sind recht genau angegeben, doch ordnen sie sich in der Gesamtsicht dem weltanschaulichen Symbolcharakter der Figur unter. Außerdem war auch sie rot gefärbt.
Wir überblicken heute zahlreiche Funde eiszeitlicher Statuetten, die im Stil dieser Venus aus Willendorf entsprechen. Sie waren schon in der Altsteinzeit weit verbreitet.
In Chiozza, Regio Emilia, Italien, entdeckte man als Einzelfund eine Sandsteinfigur. Keine Arme, der Kopf gebeugt, hängende Brüste, breite Hüften und stumpf zusammenlaufende Beine. Über dem Schoßdreieck erscheint hier eine mondähnliche Ausformung. Sollte damit die lunarsymbolische Bedeutung des Dreiecks, hier die des Schoßdreiecks, genauer bezeichnet werden?

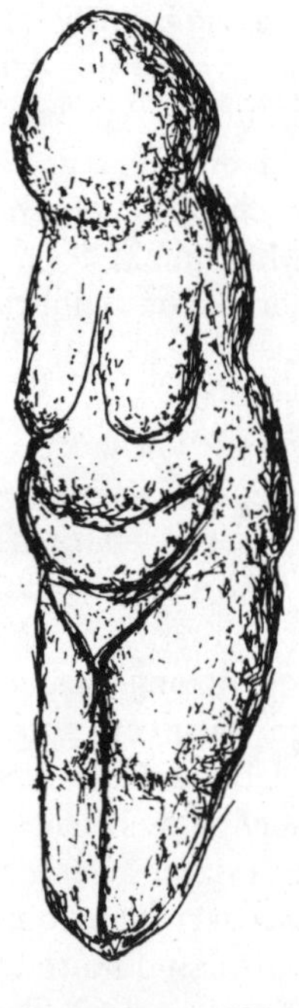

Einzelfund einer weiblichen Statuette aus Chiozza (Reg. Emilia Romagna) Kalkstein. 20,5 cm groß. Jungpaläolithikum.

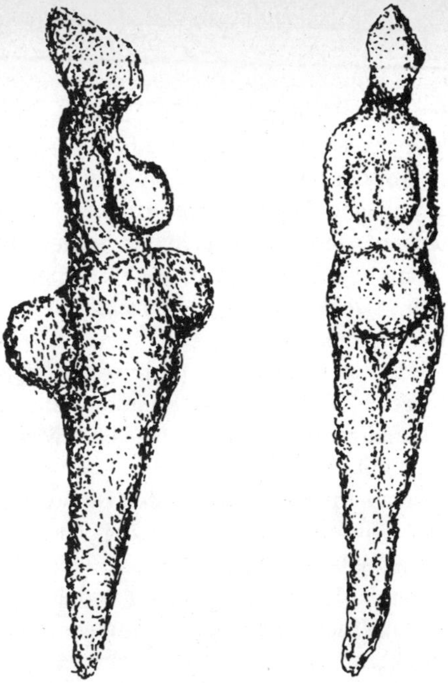

Vorder- und Seitenansicht. Statuette aus der Grimaldi-Höhle bei Mentone, genannt ›La Polichinelle‹. 4,7 cm. Aus dem Jungpaläolithikum (Aurignacien-Périgordien) gefunden um 1890.

In einer Aurignacien-Schicht der Höhle Grotte du Pape bei dem französischen Ort Brassempouy, Landes, fanden sich Bruchstücke von neun Elfenbeinfiguren, darunter ein weiblicher Torso 8 cm groß und stilistisch der Willendorferin verwandt.

Gleiches Gedankengut ist auch weit nach Osten verbreitet. Auf dem großen Siedlungsplatz bei Kostenki am Don wurden in seichten Vertiefungen nahe den Feuerstellen zahlreiche Tier- und Frauenfiguren gefunden. Die Frauenstatuetten sind aus Elfenbein, Kalkstein und Mergel hergestellt und mitunter absichtlich zerschlagen, mußten sie ›sterben‹? Auch sie haben den Kopf nach vorn geneigt, sie haben die hängenden Brüste, den gewölbten Leib und das starke Gesäß, und ihre Beine laufen zu einer Spitze ohne Füße zusammen.

Unter einer 1,2 m tiefen Schwarzerde-Schicht fand man bei Gagarino am oberen Don einen 4,50 m messenden, intensiv rot gefärbten

Platz. An seinen Rändern lagen sechs weibliche Elfenbeinstatuetten. Auch ihre Köpfe sind nach vorn geneigt, der Körper mit Leib und Hüften fast kugelförmig, den Beinen fehlen die Füße.

Die Zahl solcher Figuren ist groß, doch reicht keine in der handwerklichen Ausführung an die von Willendorf heran. So langlebig dieser Typ auch war, so gibt es darunter doch auch solche, die eine besondere Stellung einnehmen. Dazu gehören Bildnisse aus den Grimaldihöhlen bei Mentone. Sie liegen dicht am Riviera-Ufer und sind schon seit 1884 ausgegraben worden. Sie enthielten zahlreiche Bestattungen, die mit reichen Beigaben bedacht und mit rotem Ocker bestreut waren.

In der Grotte Barma wurden neben Grablegungen sechs weibliche Speckstein-Statuetten, 5–7 cm groß, gefunden. Eine davon ist deutlich anders als die allgemein bekannten Typen. Manches an ihr ist noch immer altertümlich: der gesichtslose, gesenkte Kopf, die über der Brust gekreuzten Arme, die hängenden Brüste und die spitz zulaufenden Beine. Während sich der Leib weiter wie eine Halbkugel nach vorne wölbt und das Gesäß im Gegensinn nach hinten, sind die Hüften selbst schlank, die Beine verlängert und der Kopf nach oben gezogen. So wirkt die Figur nicht mehr gedrungen, sondern von vorn betrachtet eher schlank. Auch die Dreiteilung der Figur kommt klarer zur Geltung: vom runden Mittelpunkt, dem Nabel ausgehend, laufen die beiden Enden spitz zu. Hervorgehoben ist das Schoßdreieck.

Einen wieder anderen Versuch der Begriffsklärung, unter Hintansetzung der Naturähnlichkeit, zeigt eine 14,7 cm große Elfenbeinstatuette aus der Höhle Rideaux bei Lespugue. Da sie in einer ungestörten Gravettien-Schicht gefunden wurde, könnte sie 20–25 000 Jahre alt sein. Die Absonderlichkeit dieser Figur erregte viel Aufsehen, ohne daß man bisher eine endgültige Erklärung dafür gefunden hätte.

Wir aber können sie gut in eine Reihe mit den hier beschriebenen und im Bild gezeigten Frauenstatuetten stellen. Auch bei ihr kann die Dreiteilung des Körpers kaum übersehen werden. Der Kopf, der noch immer ohne Hals, gesichtslos und nach vorn geneigt, der Brust aufgesetzt ist, wurde verkleinert, die Brust ist abgeflacht, die zierlichen Ärmchen treffen sich wieder vor der Brust.

Dagegen sind im mittleren Teil wieder alle Rundungen zusammengepackt. Um den runden Leib mit dem deutlich betonten Nabel und dem Schoßdreieck wölben sich die bis hier durchhängenden Brüste. Zwei mächtige Gesäßkugeln füllen den Rücken. Die Schenkel leiten

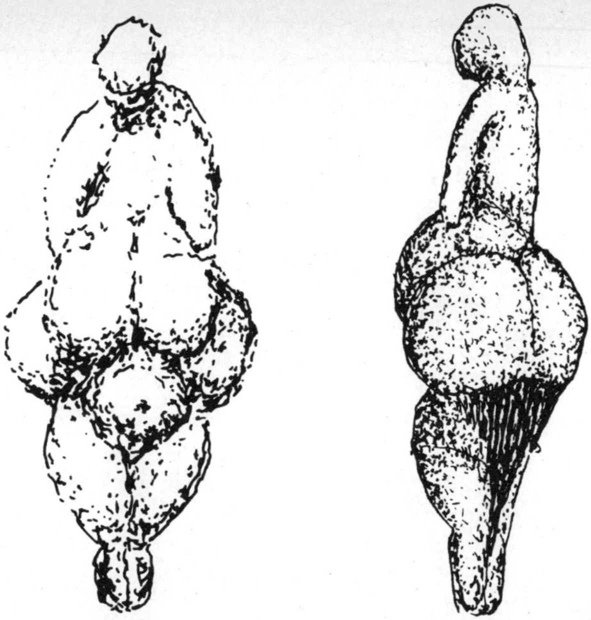

Statuette aus der Höhle von Rideaux bei Lespugue (Haute Garonne). Gefunden von R. de Saint-Périer 1922. Größe 14,7 cm. Aus der Altsteinzeit, Aurignacien-Périgordien. Jungpaläolithikum.

im unteren Teil wieder zu dünnen Beinen über, die ohne Füße zu einer Spitze zusammengezogen sind. Von Naturähnlichkeit und Schönheit keine Spur. Es ist vielmehr der Versuch, dem immer gleichen und seit alters her bekannten ›religiösen‹ Gedanken genaueren Ausdruck zu verleihen. Doch ist auch dieser Versuch keine endgültige Lösung.

Das gleiche alte Kompositionsschema der Dreiteilung erscheint klarer ausgedrückt bei einer Statuette aus Savignano, Italien. Sie besteht aus Serpentin und ist 22 cm groß. Sie wurde bei Erdarbeiten gefunden.

Der mittlere Teil wie gehabt: Im Profil gesehen sind Leib und Gesäß halbkugelförmig gewölbt und im Gegensinn angeordnet, die schweren, runden Brüste hängen tief bis auf den Leib, die Arme sind fortgelassen, der tiefe Nabel bildet den Mittelpunkt der Figur.

Es gibt auch keinen Kopf mehr, oberer und unterer Teil sind zu einem spitz zulaufenden Zapfen verschmolzen. Mit dem Verlust an Lebens-

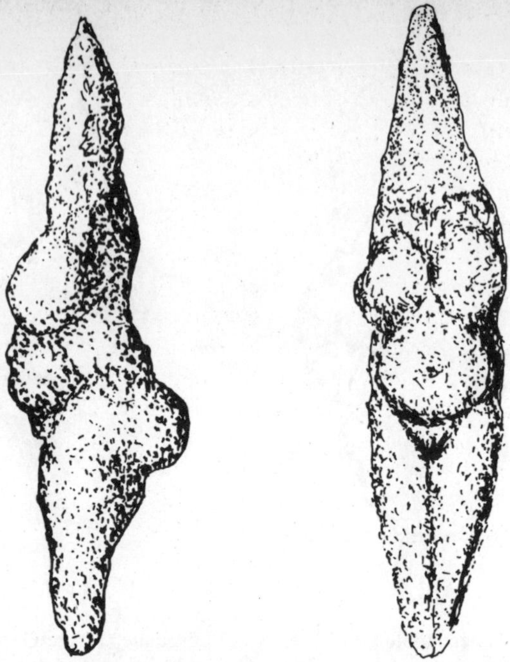

›Venus‹ von Savignano (Modena) aus Serpentin, 22 cm, wurde 1925 beim Bau einer Mauer in Erdschichten gefunden. Jungpaläolithikum.

nähe tritt jedoch jetzt die Chiffre stärker in Erscheinung. Das Schoßdreieck wurde betont herausgearbeitet.
Die DREI, sei es als Dreieck oder als Dreiteilung, bezog sich, wir erinnern uns, auf den Mondzyklus.
Diese der Form zugrundeliegende Idee begann sich zu verselbständigen, das naturalistische Bild sich umzuformen und immer klarer zu dominieren, bis gegen Ende der Eiszeit die Chiffre das naturalistische Bild fast ganz verdrängte.
Davon zeugen Statuetten, die im Petersfels in Baden gefunden wurden. Aus Lignit, einer tertiären Schieferkohle, hergestellt, schwankt ihre Größe zwischen 1,5 und 4,5 cm. Sie bestehen aus zwei spitz zulaufenden Enden und einer mittleren Verdickung. Da sie an einem Ende gelocht sind, ist anzunehmen, daß sie auch als Amulett getragen wurden. Sie sind offenbar aus dem Zusammenhang mit Kulthöhlen heraus gedacht, denn ähnliche, ›Claviform‹ genannte Zeichnungen

fand man in Altamira und Pindal, Spanien, sowie in vielen anderen Höhlen.

Beim Ausheben einer Baugrube in Gönnersdorf nahe Neuwied am Rhein wurde im März 1968 ein späteiszeitlicher Fundplatz entdeckt. Der Auswurf der damals noch tätigen Eifelvulkane hatte den Platz mit Bimsschichten überdeckt und so die Fundstücke konserviert. Leider war ein Teil der Fundstelle zerstört und die Nachbarschaft schon überbaut. G. Bosinski leitete die Ausgrabungen und fand, daß hier in der Zeit des Magdalénien IV eine Jägergruppe ein Winterlager aufgeschlagen und zweimal besucht hatte. Er entdeckte einen etwa kreisrunden Platz von intensiver Rotfärbung, vielleicht den Boden einer Hütte, und darin viele Ritzzeichnungen und Statuetten.

Auf Schieferplatten konnte er Tiere und menschliche Gestalten entziffern, auch Abstraktes, Linienkreuze und anderes. Die Körper haben weder Köpfe noch Füße (14). Sie sind im Profil gezeigt, es dominiert jetzt das große, dreieckige Gesäß. Da einige Figuren Brüste, keine aber männliche Genitalien zeigen, ist anzunehmen, daß immer weibliche Gestalten gemeint sind.

Außer den 235 geritzten Gestalten wurden in Gönnersdorf auch elf Statuetten gefunden. Sie sind 5,5 bis 11 cm groß. Neun von ihnen sind aus Elfenbein geschnitzt, zwei aus Knochen oder einer Geweih-

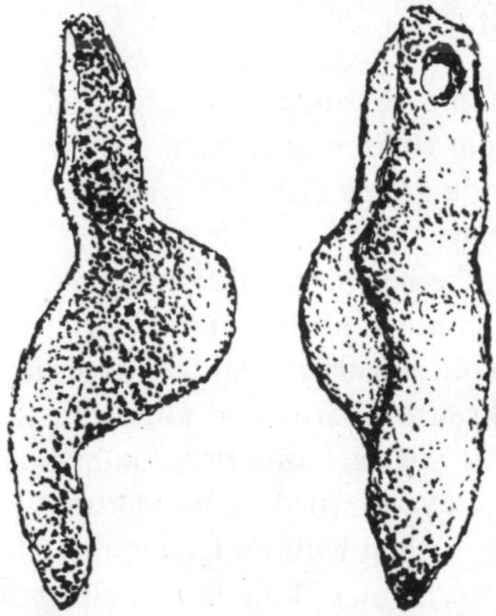

Anhänger aus Lignit (Kohle). Gefunden 1930 in Engen bei Baden, Magdalénien-Epoche. Stilisierte weibliche Körper. Größe schwankt zwischen 4,5–1,5 cm. Jungpaläolithikum.

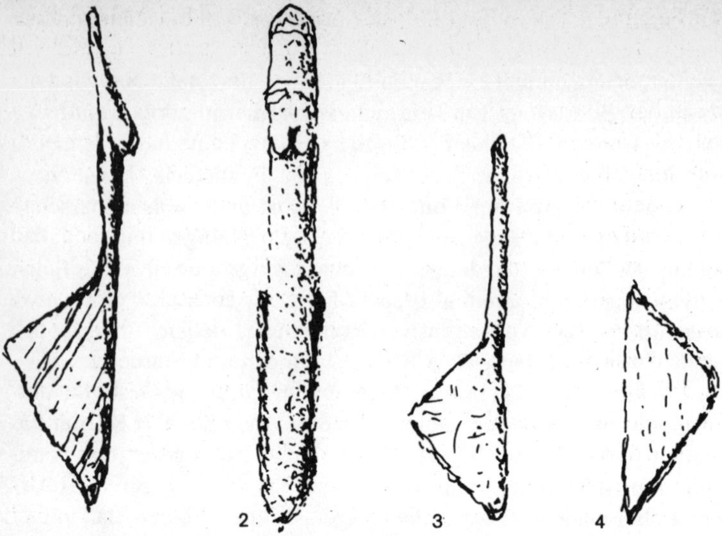

Elfenbeinstatuetten aus Gönnersdorf bei Neuwied, gefunden 1968, Jungpaläolithikum, Ende des mittleren Magdalénien.
1 Seitenansicht einer Elfenbeinstatuette mit Brust mit Strichgruppen. 7,2 cm
2 Vorderansicht der gleichen Statuette
3 Elfenbeinstatuette ohne Brust. 5,3 cm
4 Dreieckiges Gesäßbruchstück (?)

sprosse. Statuetten und Ritzungen stimmen stilistisch überein. Der Körper gleicht einem runden Stäbchen. An zweien der Statuetten sind am oberen Ende kleine Brüste herausmodelliert, bei allen ist das Gesäß flach zum Dreieck umgeformt.
Auf acht Platten erscheinen menschliche Figuren zusammen mit Abbildungen des Mammuts, einmal ist ein Ur, zweimal ein Pferd und noch einmal ein Wolf eingeritzt. An nichtfigürlichen Zeichnungen finden sich Linienkreuze, Stern- und Gittermuster, häufig wiederholte ›Grübchen‹, die mit den Bildern zusammenhängen müssen, da sie nicht isoliert ausgeführt wurden. Wiederum bieten sich Verbindungen zu den eiszeitlichen Kulthöhlen an, da sich ja ganz ähnliche Darstellungen gleicher Symbolik in den Höhlen von Les Combarelles, Dordogne, und Niaux, Ariège, fanden.
Drei völlig erhaltene Gönnersdorfer Statuetten entdeckte man in drei Gruben.

Solche Fundstellen sind kein Zufall. In Nebra, Ostdeutschland, fand man weitere drei Statuetten vom gleichen Stilcharakter, gleichfalls in je einer Grube deponiert. Das gleiche nochmals in Ölknitz bei Jena, wo in der gleichen Grube über den Statuetten Depots von Klingen und Silexfragmenten gefunden wurden. Die Grube mußte in diesem Zusammenhang schon eine besondere Bedeutung gehabt haben.
Da eiszeitliche Kulthöhlen in vielen Fällen ähnliche und gleiche Funde aufweisen, die dort klar in dem Zusammenhang des »Stirb und werde« stehen, könnte dann nicht mit der Niederlegung in Gruben symbolisch das Aufstellen in Höhlen gemeint sein wie im Versenken in der Erde das ›Vergehen‹, die immer gleiche Voraussetzung für das neue Werden?
In den Höhlen wurde das Sterben durch Lanzen und Pfeile, aber auch, wie in Cougnac, Lot, durch Striche ausgedrückt, welche die Körper durchquerten. Solche Linien fanden sich auch in Gönnersdorf. Bosinski hebt hervor, daß auf vier Schieferplatten die Figuren wie ›durchgestrichen‹ erscheinen. Frauenfiguren in Combarelles und auf dem Felsblock der Höhle La Roche bei Lalinde, Dordogne, widerfuhr jedoch das gleiche. Alle diese Figuren sind durch eine tiefe Kerbe sehr sorgfältig gezeichnet. Konnten sie nur dann neues Leben bewirken, wenn sie zuvor ›gestorben‹ waren?
Die Weiterentwicklung, die, wie hier inzwischen ausführlich erläutert, mit der Beobachtung der Welt und der Gestirne begann und die in der Folge mit der Darstellung weiblicher Figuren einen gewissen Höhepunkt erreichte, verlief in Richtung auf eine fortschreitende Abstrahierung der menschlichen Formen und schließlich zurück zur Chiffre, zum Ideogramm, zur Zahl.

Doch die geistige Entwicklung des Menschen ist nie eingleisig verlaufen. Begriffe können auch unterschwellig überliefert werden. Dazu gehören die ›runde‹ Welt im Spiegel der ›gerundeten‹ Frauen, wie der Skulpturen der Insel Malta.
Durch das Meer vom Festland getrennt, ergab sich auf dieser Insel eine sehr eigene Kultur besonders im Neolithikum. Aus riesigen, tonnenschweren, harten, korallinischen Kalksteinblöcken sind ausgedehnte Heiligtümer errichtet worden, an die dreißig Tempel entdeckte man nach und nach auf dem doch beschränkten Raum dieser Mittelmeerinsel. Man fragt sich, wer diese erstaunlichen Anlagen geschaffen hat, und man fragt weiter, ob Malta ein religiöses Wallfahrtszentrum gewesen ist?

Felsen aus *La Roche* (Dordogne) mit kopf- und fußlosen Figuren und ›Schälchenbohrungen‹. Striche tief eingeschliffen, die immer innerhalb der Konturen bleiben. Jungpaläolithikum, Magdalénien.

Die Innenwände der Tempel sind mit Reliefs geschmückt. Sie zeigen Spiralen, aber auch Tiere. Und wieder stieß man auf Statuen. Die ältesten Figurinen sind ›fettsteißige‹ Frauengestalten, die noch auf eiszeitliche Tradition weisen und mit neolithischen Funden aus Knossos auf Kreta übereinstimmen. Man kann nur annehmen, daß die späteren typisch Malteser Statuen, die ihresgleichen sonst nicht haben, von diesen frühen Statuetten ihren Ausgang nahmen.

Alle sind übermäßig korpulent gearbeitet, einige mit weiblichen Merkmalen versehen, keine als männlich ausgewiesen. Die größte stand im Tarxien-Tempel, blieb allerdings nur im unteren Teil erhalten. Mit nackten Füßen und kugelförmigen Beinen, die ein Fransenrock umspielt, saß sie wahrscheinlich auf einer Art Thron. Man hat die Größe der Statue auf 2,50 m errechnet. Eine Statue dieser Art und Größe aus einem Neolithikum, das noch kein Metall und daher

auch keine Metallwerkzeuge kannte, gibt es sonst nirgends in Europa.
Im Raum daneben sind zwei Stierbilder reliefartig aus einer gewaltigen Platte herausgemeißelt. Sie sind von der Seite gesehen dargestellt, nur die Hörner sind auch hier wieder gedreht und ›fälschlicherweise‹ von vorne gesehen. Die Platte mit den Stieren ist ungefähr 3 m lang.
In den Malteser Tempeln fanden sich auch kleine Statuen. Alle zeichnen sich durch Fettleibigkeit und runde Formen aus. Ihr Typ ist bis zur Kugel gerundet (15).
Kugeln spielen auch sonst eine große Rolle. Nicht nur, daß der Grundriß ihrer Tempel sich aus runden Einzelräumen zusammensetzt, man konnte zahllose Kugeln aufsammeln. Sogar eine der Statuetten hält eine Kugel in der rechten Hand – war damit die Kugel Attribut der Gottheit und wie bei späteren Götterbildern Ausdruck umfassender Machtfülle? Und das schon etwa 2400–2000 v.Chr.? Diese Statuette ist 19,2 cm groß und stammt aus dem Tempel Hagar Qin. Ihr Kopf war, wie bei anderen Figuren auch, beweglich aufgesetzt. Da gibt es eine Vertiefung zwischen den Schultern und kleine Löcher, die offenbar der Befestigung durch Stöpsel oder Riemchen dienten. Meist sind die Köpfe verlorengegangen, nur ganze vier sind erhalten.
Die linke Hand zeigt auf ein Linienkreuz, das die Mitte des Schoßes bedeckt. Das Linienkreuz ist ein uraltes Ordnungsschema, das schon der Neandertaler ersann, um die Welt in die vier Himmelsrichtungen zu ordnen. Könnte die Geste der Statuette die Macht über die geordnete Welt meinen?

Umfassende Machtfülle im Zeichen der Kugel – das konnte sich über das Diesseits hinaus bis ins Jenseits erstrecken, in jene untere, unsichtbare, dunkle andere Welt.
Welche Vorstellungen mögen sich die Schöpfer dieser Heiligtümer und Statuen gemacht haben? Nirgendwo sonst gibt es darüber so genaue Angaben wie auf Malta.
Während der Mensch die Unterwelt zunächst in der natürlichen Höhle suchte, wurde hier in Malta eine unterirdische Welt aus dem Felsen herausgehauen. Ein Tempel, wie es ihn oben über der Erde gab, den man hier aber über Treppen in der Tiefe erreichte. Der Zugang wurde bei einem Hausbau um die Jahrhundertwende wiederentdeckt. Durch den offenbar vieltausendjährigen Abschluß blieb hier in der Erde erhalten, was auf ihr der Zerstörung anheimgefallen

war. Die großen Steinblöcke, die man droben übereinandergetürmt hatte, hier waren sie aus dem Fels herausmodelliert. Das ›Allerheiligste‹ betritt der Mensch heute so, wie es andere Menschen vor vielleicht 5000 Jahren zum letztenmal verließen.
In diesem unterirdischen Heiligtum wurde die Statuette der gleichen wohlbeleibten Frau mit Fransenrock gefunden, die wir schon aus dem oberirdischen Tempel kennen (16). Im Unterschied zu der 2,5 m großen Statue von einst ist die Statuette, aus Ton gebrannt, nur 12 cm lang.
Hier aber ist sie schlafend dargestellt. Sie ruht entspannt und behaglich ausgestreckt auf einem Bett mit Kopfstütze. Auch das wieder ein kleines Meisterwerk von zeitloser Gültigkeit. Bei ihr im unterirdischen Heiligtum steht einmal mehr der Stier. Sein Relief ist 1 m hoch und 1,20 m lang.
Ist mit dem Schlaf der Göttin der Todesschlaf gemeint, die Zeit der dunklen Nächte? Gewiß wird sie wieder erwachen und aufsteigen in ihr oberirdisches Reich. Damit könnte sie ihren Gläubigen das andere Leben, das nach dem Sterben, versprochen haben. Tausende von Toten suchten ihre Nähe, waren ihr ins Schattenreich gefolgt. Als man den Zugang entdeckte, war er bis oben hin gefüllt mit Gebeinen. Man nennt den Tempel heute daher das ›Hypogeum‹.

Die bemerkenswert hohe Kultur, die sich auf Malta durch viele Jahrhunderte verfolgen läßt, riß plötzlich ab. Die Tempelbauer verschwanden wie durch Zauber. Staub begrub ihre Kultstätten. 500 Jahre vergingen, dann erst zog wieder neues Leben ein. Ein anderes Volk besetzte die Insel. Es kannte Metall und verbrannte seine Toten. Dafür benutzten sie vor allem den Tempel Hal Tarxien, der ihnen auch als Nekropole diente. Die Feuer wurden vor dem alten Stierrelief entfacht, der Raum dadurch beschädigt. Von ihrem religiösen Denken zeugen Ton-Idole, die zwischen 2000 und 1450 v. Chr. angefertigt wurden. Sie sind klein, das hier wiedergegebene ist 18,8 cm groß und stammt aus dem Tarxien-Tempel (17).
Wieder bestimmt die Rundung das Bild der Figur, nur daß diesmal weder Kugelform noch Fettsteiß dazu benutzt wurden, sondern die flache, runde Scheibe. Am oberen Rand der Scheibe ist ein dreieckiger Zipfel ausgezogen, wohl dem Kopf entsprechend, während wir am unteren zwei kleine, gut modellierte Beine erkennen. Die sind gebeugt, weil die Figur auf einem Tonklötzchen sitzt – oder vielleicht ›thront‹?

Linienornamente überqueren die runde Scheibe. Damit ist im Prinzip das Ordnungsschema des Linienkreuzes ausgedrückt, das den Mittelpunkt bestimmt, der hier genau in der Mitte der runden Scheibe den ›Nabel‹ der Figur bezeichnet. Am ›Hals‹ ist ein Dreieck eingezeichnet, das sorgfältig schraffiert wurde.
Die bildhafte Ausdrucksweise der Vorgänger mit ihren großartigen Statuen und Reliefs, sie ist hier nicht wiederholt und nicht fortgesetzt worden. Von den neuen Bewohnern der alten Plätze wurde die Weltordnung unkörperlich aufgezeichnet, ja, aufgeschrieben. Solche ›Schrift‹ war aber wiederum nicht ihre eigene Erfindung, sondern Erbteil aller vorangegangenen Generationen.
Die Weiterentwicklung führte dann doch wieder zu weiblichen Statuetten. Auf der runden Scheibe mit dem Nabel als Mittelpunkt zeichnen sich plötzlich Brüste ab und die Figur bekommt ein rundes Gesicht mit einem halbmondförmigen ›Kopfschmuck‹.
Später verlieren die Inseln ihre besonderen Eigenarten. Sie werden von mykenischen und kykladischen Idoltypen abgelöst.

Die DREIheit

In der Frühzeit liefen viele geistige Strömungen nebeneinander her, die dann, im Entstehungspunkt belegbarer Tradition verwoben, zusammenliefen.
Zu den Aufgaben des Forschers gehört es, sich mit diesen Anfängen auseinanderzusetzen, die Ursprünge zu erforschen und daraus das Verständnis für vorherrschende Formen und die Deutung all dessen zu gewinnen, was im Frühlicht der Geschichte schon als fest umrissene Tradition erkennbar wird.
Ein Beispiel dafür ist die unbekleidet dargestellte Frauengestalt, die in allen alten Kulturen, oft im Beieinander mit Stierbildern, gefunden wurde.
Auf der Suche nach Ursachen klammerte man früher die Urgeschichte einfach aus. Inzwischen erbrachten immer neue Funde die Gewißheit, daß die steatopyge, rotgefärbte Frauengestalt mit dem betonten Nabel und dem als vergrößertes Dreieck wiedergegebenen Schoß schon in urgeschichtlicher Zeit eine absichtsvolle Stilisierung war. Eine Erklärung für diese Stilelemente muß also in urgeschichtlicher Zeit gesucht werden.
Ebenso standen die urgeschichtlichen Frauenstatuetten in Denkzu-

Kopflose Statuette aus Elfenbein aus Laugerie Basse, sogenannte ›Venus von Vibraye‹ 8,2 cm. Jungpaläolithikum.

sammenhängen sowohl mit den Kulthöhlen als auch mit den Tierbildern. Das gemeinsame Band aller Bilddokumente bestand erkennbar im alten Weltbild.

Gewiß war man sich irgendwann einmal auch der männlichen Potenz bewußt, spätere phallische und ityphallische Figuren deuten darauf hin. Warum aber wurde das Bild der Frau zu allen Zeiten überdeutlich bevorzugt? Wie konnte es den Wechsel der Wirtschaftsformen, den Wandel von Flora und Fauna unbeschadet und unverändert überleben und noch dem Ackerbauern der ausgehenden Steinzeit heilig sein, d.h. irgendwie doch noch verstanden werden?

Die Frau trägt, von Natur, ein Zeichen, das dem Mann fehlt. Das Schoßdreieck.

Dieses ›heilige Zeichen‹ war keine Erfindung des Orients, wie man zunächst angenommen hatte. Unter dem großen Felsüberhang von

Laugerie Basse, Dordogne, fand man 1864 eine Elfenbeinstatuette. Sie ist 8,2 cm groß. Alle Gliedmaßen sind fortgelassen; als eindeutiges Kennzeichen eingeritzt findet sich das große Schoßdreieck. Und Spuren roter Farbe. Diese unbeschädigt gefundene Figur hat weder Kopf noch Brüste, Arme oder Füße. Man fand sie damals sehr ›häßlich‹.
Heute beurteilen wir sie anders. Hier wurde bewußt das Allzumenschliche abgestreift. Die Gesichtszüge hätten eine persönliche Ähnlichkeit verraten, die Füße ihr Stehen auf dieser Erde, zu der sie ja nicht gehörte, angedeutet.
Das Schoßdreieck erregte schon damals sofort Aufsehen, da die Figur in einer Schicht des Magdalénien gefunden wurde, also vom Ende der Eiszeit stammte.
Als die Kulturen im alten Orient entstanden, übernahmen sie nicht nur die Technik ihrer Vorfahren, sondern auch deren Glauben.
Funde aus Anatolien, die bis ins 7. Jahrtausend zurückreichen, zeigen zahllose Frauenstatuetten. Es sind unbekleidete steatopyge Gestalten aus Ton oder Alabaster, deren vorgewölbter Leib in der Mitte den als kleine Mulde ausgearbeiteten Nabel trägt. In Katal Höyük fand sich der Zusammenhang mit einem gleichzeitigen Kult, von dem zahlreiche Stierprotome erhalten blieben.
Aus der Fundstelle von Jarmo weiß man, daß solche Statuetten zu Hunderten angefertigt worden sind. Aber natürlich verraten sie da, wo sie keine Massenware darstellten, mehr Individualität.
In der oberen Schicht der Halaf-Periode (5000–4500 v. Chr.) lag in einem von Feuer zerstörten Haus eine Kalkstein-Statuette, die ganz auf Frontalsicht hin gearbeitet worden war. Auch hier weist das tief eingeritzte Schoßdreieck auf eine bewußte und gewollte Stilisierung hin.
Die weibliche Gestalt mit dem Schoßdreieck und ohne Kind beherrscht im 3. Jahrtausend v. Chr. die kykladische Inselwelt (18).
Sie fand ihre Entsprechung auch in der Naqada-Kultur Ägyptens um 4200 v. Chr. in Elfenbeinfiguren, deren Schoßdreieck durch eingepunzte Löcher und Schraffierungen besonders betont wurde. Der Nabel einer als ›Zwergin‹ mißdeuteten Figur mit verkürzten Beinen ist als Öffnung einer inneren Höhlung dargestellt. Noch stärker ist der gleiche Grundgedanke auf einer Elfenbeinfigur aus Be'er Sheva, Israel, aus der Zeit um 3500 v. Chr. ausgedrückt. Hier wölbt sich der Leib über dem Schoßdreieck wie eine Halbkugel, die im Nabel eine große Öffnung aufweist.

Auch im Zweistromland Mesopotamien läßt sich die Tradition der unbekleideten weiblichen Figur mit dem Dreieck am Schoß aufspüren. Schon im 6. Jahrtausend v. Chr. sind am Ostufer des Tigris, in Tell-as-Sawan Alabasterfigürchen hergestellt worden. Man fand sie in Gräbern unter dem Boden der Häuser, insgesamt 130 Stück. Sie alle tragen keine Kleider und haben keine Füße. Dagegen wollten sie auf Schmuck doch nicht verzichten, einige Kettchen aus blauen Perlen zeigen das. Eine Standfigur von 13,2 cm Höhe hat außerdem eingelegte Augen, dem Schoß ist ein Dreieck eingraviert.
Damit nähern wir uns dem wichtigen sumerischen Kulturkreis. In Ur im Südirak fand sich eine weibliche Figur aus dem 4. Jahrtausend. Sie besteht aus gebranntem Ton und ist 14 cm hoch, allerdings in zwei Teile zerbrochen. So lag sie in einem Grab, genauer: in der Hand eines Toten. Der Kopf der Figur zeigt Reste roter Bemalung. Die trotz ihrer Maße sehr hoch und statuarisch wirkende Gestalt trägt an Hals und Oberkörper kleine Tonkügelchen wie eine Perlenkette. Das Gesicht mit den schräg gestellten Augen und der vorspringenden Nase könnte eher auf einen Vogel deuten als auf einen Menschen. Zweifel beseitigt das große Dreieck im Schoß. Diese statuarische Haltung bringt die reine Vordersicht. Die Füße sind zu einer Säule verschmolzen.
In Sumer begann gegen 3000 v. Chr. die Verwendung der Keilschrift. Die berichtet uns von einer Astralreligion – Sonne und Mond wurden verehrt. Sie hatten Namen, Schamasch war der Sonnengott, Nanna-Sin der Mondgott, jedoch Sohn seiner großen Mutter, der Mondgöttin Inanna, erste und älteste unter den sumerischen Göttern. Ur war ein Zentrum der Mondverehrung, der Stier mit dem Bart aus Lapislazuli das Stadtwappen. Es war auch die Heimat Abrahams. Er wanderte aus, um seinem eigenen, dem unsichtbaren Gott treu zu bleiben.

Aus dieser Zeit um 3000 stammt ein keramisches Gefäß, das 27 cm hoch ist und sich heute im Pariser Louvre befindet (19). Es wurde in der alten sumerischen Stadt Larsa, im Tempel der Mondgöttin Inanna, gefunden. Es ist anzunehmen, daß es der Göttin geweiht war. Das Gefäß von Larsa zeigt auf der Außenseite eine weibliche, unbekleidete Figur, streng von vorn gesehen. Sie ist schlank, beide Beine sind wie bei der Statuette aus Ur zusammengeschlossen, am Hals trägt sie ein Geschmeide, und der Nabel ist angegeben. Im Schoß ist das klare Dreieck bis zu den Hüften ausgezogen. Damit gleicht sie gar nicht den

irdischen Damen ihrer Zeit, die wir durch die sogenannten ›Beterstatuetten‹ sehr gut kennen. In demütiger Haltung, die Arme vor der Brust vereint und in prächtige Gewänder gekleidet, wurden sie in Eshnunna am Dijala gefunden, im Ischtar-Tempel Nippurs.
Die Figur auf der Vase von Larsa ist keine irdische Person. Das alte ikonographische Prinzip wird beibehalten, aber etwas Neues ist hier dazugekommen: hier trägt die Frauengestalt das Attribut der Gottheit, die Hörner-Tiara. Damit ist sie als Mondgöttin ausgewiesen.
Bis zu diesem Zeitpunkt hatten wir die Statuetten dieser Göttin mehr oder weniger vereinzelt vorgefunden, mal in Gräbern, mal an Kultstätten. Deutlich war immer, daß sie Teil einer Weltsicht waren, von der wir sonst wenig erfahren. Auf der Vase von Larsa wird ihr Bild zum erstenmal – für uns – auf den ihr gebührenden Platz gerückt.
Dieser Zusammenhang wird auf der Bildfläche deutlich erklärt.
Ritzungen unterteilen die Oberfläche der Vase in zwei Zonen. Die obere wird durch Vögel als Luftraum, folglich als ›Himmel‹, als über und außerhalb der Erde gekennzeichnet. Die untere ist von Wassergetier und Fischen belebt. Aus diesem Gegeneinander kann man hier auf die Absicht schließen, die Unterwelt oder das ›Jenseits‹ zu versinnbildlichen. Um so mehr, als man sich das schon immer als im Wasser liegend vorstellte, wie andere Funde, Hinweise und spätere Schriftstellen nahelegen.
In einer ›Gebetsbeschwörung an Ischtar‹ (ein anderer Name für die Mondgöttin Inanna) heißt es:
»Der Himmel freue sich deiner, die Wassertiefe jauchze über dich!«
In diesem Sinne kann man die kleinen Reliefs der Göttin, deren Kopf und Brust in die Himmelszone ragen und deren untere Körperhälfte im Wasser steht, am ehesten deuten. Denn dadurch, daß sie beide Teile dieser Welt beherrscht, ist ihre Macht als umfassend zu verstehen.
Die größte und gut herausgearbeitete Figur der Göttin steht in der unteren Zone unmittelbar im Wasser. Wellen umspülen ihre Füße. Die Darstellung verrät sie als chthonisch, als Gottheit der Unterwelt und der Toten. Sumer kannte keine Höhlen, dennoch hatte man klare Vorstellungen von einer anderen, einer jenseitig-unteren Welt. Erinnerungen aus uralten Zeiten und ihre nie unterbrochene Überlieferung wie bei der der Mondgöttin mögen dazu geführt haben, daß der ›Himmelsstier‹ mit dem langen Bart das Jenseits mit der Göttin teilt. Durch Drehung der Hörner ist auch er als lunar-symbolisch ausgewiesen. Sein Bild steht neben der Göttin in der unteren Zone.

Genau dieses Beieinander der weiblichen Figur mit Tierbildern aber stammt schon aus dem Paläolithikum, aus der Altsteinzeit.
So tief also reichen die Anfänge einer Religion hinab, die jetzt, im Frühdämmer der ›Geschichte‹, als schon oder noch immer festumrissene Tradition erkennbar wird.

Die drei Lichtgestalten

Der Mond bietet nicht immer den gleichen Anblick. Zuerst sehen wir den zunehmenden als Bogen, der sich weiter zur vollen Scheibe rundet, um dann als abnehmender mit dem spiegelgleichen Bogen zu erlöschen. Er zeigt sich also in drei unterschiedlichen Lichtgestalten, die sich – scheinbar – drehen.
Von diesen Beobachtungen her wurde am Anfang menschlichen Nachdenkens über Zeit und Raum das Grundprinzip der DREI gefunden und gedacht. Um es auszudrücken, d.h. für andere gleichermaßen verstehbar zu machen, entwickelte man zuerst das einfache graphische Zeichen, dann das lunarsymbolische Bild, später aber auch die Form der dreifachen Wiederholung, die ja im Ritus seither ihren festen Platz hat. Dreifache Wiederholung zeigt sich aber aus demselben Grund auch in der dreifachen Abbildung der weiblichen Gestalt.
Im großen ›salle des hieroglyphes‹ der eiszeitlichen Kulthöhle Pech-Merle, Lot, ist die Decke mit Lehm überzogen. Um sie zu erreichen, mußte man damals auf einen Felsblock steigen. Zwischen vielen Tiergestalten sind dort drei Frauenfiguren gezeichnet. Eine davon hat einen Vogelkopf, die anderen haben keine Köpfe. Sah man in der Deckenwölbung der Höhle das Gleiche wie draußen in der Himmelswölbung, auf der der Mond leuchtend seine Bahn zog? Sollte die Dreifrauengestalt durch ihren Platz an der Decke verständlich machen, daß diese Dreiheit himmlischer Natur war, wie auch die Tierbilder, zwischen denen sie stehen?
Wie anfangs bei Erwähnung dieser Höhle gesagt, hingen hier Stalagtiten wie Brüste von den Decken. Sie scheinen das Bild der drei Frauen mitzuprägen, deren Brüste gleichfalls lang herunterhängend gezeichnet sind. Im Gegensatz zu den doppelten und daher von vorn gesehenen Brüsten sind die Figuren ansonsten im Profil gezeigt, mit nach hinten ausgewölbten Hüften und spitz zusammenlaufenden Beinen.

Eine der drei ähnlichen Figuren, die an der Höhlendecke der Höhle Pech-Merle im ›Salle des Hieroglyphes‹ zwischen Tierbildern in den feuchten Lehm gezeichnet wurden. Ohne Kopf und Füße dargestellt, stammt sie aus einer frühen Stufe des Aurignacien (Lemozi). Jungpaläolithikum.

Man datiert diese Zeichnungen in die Aurignacien-Zeit, doch nehmen sie Züge vorweg, die wir erst auf den viel späteren Statuetten des Magdalénien wiederfinden.
Die Idee, den ternären Charakter der Lunarsymbolik auch durch die dreifache Wiederholung weiblicher Gestalten auszudrücken, war, wie die Bilder in Pech-Merle beweisen, schon im Aurignacien aufgetaucht.
Aus der gleichen Zeit stammen die Bildwerke von Laussel, Dordogne; hier war am Steilhang außerhalb der Höhle ein Kultplatz eingerichtet worden. Er lag unter einem Felsüberhang. Im Mittelpunkt des Heiligtums befand sich ein säulenförmiger, ungefähr rechteckiger Felsen, der ein Relief von 49 cm Größe trägt. Steinabbrüche verschütteten einst diesen Platz, bewirkten aber die Erhaltung des Bildes.
Wieder ist eine weibliche Figur, von vorn gesehen, dargestellt. Im Mittelpunkt steht der runde Leib mit dem eingetieften Nabel. Geschickt nutzt man die Wölbung des Gesteins, um das Hervortreten der Figur zu erreichen. Das breite Gesäß, die gerundeten Schenkel, die schweren herabhängenden Brüste verleihen dem Bild jene Dominanz der Rundung, die dem steatopygen Stil jener Zeit entspricht. Sehr genau ist das Schoßdreieck herausgearbeitet. Es fehlen die Füße, der Körper scheint über der Erde zu schweben, auch der Kopf

ist nicht bearbeitet, sondern roh belassen. Der Körper selbst ist glatt geschliffen und war rot bemalt.
Bedeutungsvoll sind hier die Gesten. Der rechte Arm ist verlängert, die Hand hebt ein Horn in die Höhe. Soll das ›Mondhorn‹ die Bedeutung der Figur ebenso verdeutlichen und hervorheben, wie die Hörnertiara viel später die sumerische Inanna als Mondgöttin erkennbar macht?
Der linke Arm ist verkürzt und nur flach ausgearbeitet. Er deutet auf den Nabel, den ›Omphalos‹ der Griechen als Nabel der Welt, den wichtigsten Punkt im All.
Dieses Relief in Laussel bildete die Mitte eines umgrenzten Platzes. Man fand noch ein Anzahl bearbeiteter Steinblöcke, von denen angenommen wird, daß sie zusammen eine Art Cella gebildet haben. Leider haben sie durch herabfallende Steine sehr gelitten. Trotzdem erkennen wir auf zweien von ihnen weibliche Gestalten. Die zweite hebt wieder ein Horn, von der dritten ist nur der Leib mit dem tiefen Nabel übriggeblieben.
Wenn die zwei letzten Figuren auch kleiner sind als das Relief, so beweisen Horn und Nabel doch einen deutlichen Zusammenhang – man wird auch hier von einer absichtlichen Dreiheit ausgehen können.
Auf den anderen Blöcken dieser ›Cella‹ waren Tierbilder, Vulven und ein Phallus eingemeißelt, auch steht auf einem dieser Steine eine schlanke und daher wohl männliche Figur. Endlich mal ein Mann unter so viel Weiblichkeit! Wer weiß, welche Rolle er spielte. Seine Geschlechtsmerkmale sind nicht dargestellt.
Hier in Laussel wurde das größere Relief durch zwei kleinere Figuren zur Dreiheit ergänzt. Natürlich kann man sich fragen, ob das Absicht war oder nur ein einmaliger Zufall.

Solchen Zweifel zerstreut ein sehr weitgestrecktes Felsrelief, das 1950/51 zwei Kilometer entfernt von dem stillen Städtchen Angles-sur-l'Anglin am Fuß eines Steilhanges in der Nähe des kleinen Flusses entdeckt wurde.
Ungefähr in der Mitte eines ganze 40 m langen Tierreliefs steht, wie eine Säule, ein vorspringender Fels. Er trägt das Relief von drei weiblichen Figuren. Ein besonders hartes Felsdach hat sie durch die Jahrtausende geschützt, während andere Teile des langen Reliefs durch Felsabbrüche verschüttet oder zertrümmert wurden.
Wenn man sich bei günstigem Lichteinfall der Fundstelle nähert,

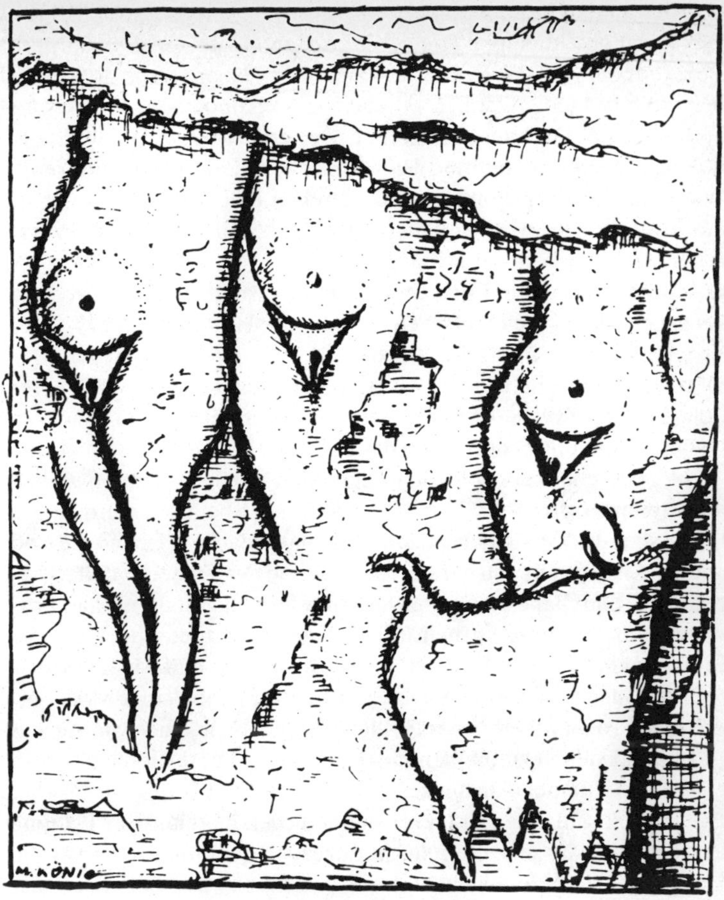

Drei Frauenkörper über einem Stierbild. Abri Bourdois bei Angles-sur-l'Anglin. Relief 1,60 cm hoch. Paläolithikum.

bemerkt man zuerst die gewölbte Rundung der drei Leiber mit den tief eingeschnittenen Nabeln und darunter die großen Schoßdreiecke.

Erst bei näherem Betrachten gewahrt man die weich modellierten Körperformen. Es sind drei Gestalten von ungefähr gleicher Größe, jedoch nur von den Waden bis unter die Brust wiedergegeben – die Arme fehlen –, sie erreichen so eine Höhe von 1,20 m. Die Gestalten der drei Frauen scheinen wiederum zu schweben, sie enden unter

dem erwähnten Felsüberhang. Dort ist der Fels nicht beschädigt, das Relief war geschützt und blieb dort erhalten. Über den drei Körpern steht hier ein einziger Kopf. Die Darstellung einer Dreiheit ist deutlich und über jeden Zweifel erhaben. Eine ikonographische Besonderheit ist die Drehung der Körper. Der erste ist von vorn gesehen, der zweite beginnt und der dritte vollendet die Drehung zur Seite. Wie schon hervorgehoben, ist das Drehen eine Wesenseigenschaft des Mondes, hier wird trotz der Schwierigkeit des plastischen Ausarbeitens besonders darauf hingewiesen.
Die Körper selbst sind perspektivisch dargestellt. Bei der Drehung verschieben sich die Oberschenkel, eine der Hüften ist dann bei der Seitenansicht ganz verschwunden.
Durch die dem Bildhauer so wichtige Drehung hätten aber die Symbole ihre Form verlieren müssen, der Leib wäre nicht mehr rund, der Nabel nicht mehr in der Mitte, das Schoßdreieck vom Schenkel verdeckt gewesen. Diese so bedeutungsvollen Zeichen konnten also so der dreidimensionalen Körperhaftigkeit nicht belassen werden. Sie liegen statt dessen auf der zweidimensional gedachten Ebene, sie sind aperspektivisch auf den gerundeten Flächen der Frauengestalten angebracht. Durch diese Lösung eines schwierigen gestalterischen Problems leidet in unseren heutigen Augen der ästhetische Wert der Frauenbildnisse; man fand sie, respektlos genug, einfach ›häßlich‹.
Das übrigens ganz im Gegensatz zu den zwei unbekleidet wiedergegebenen Frauenreliefs in der Höhle La Magdeleine, Tarn. Sie messen je 1 m und stehen zusammen mit Tierfiguren. Diese Höhle war also eine Kulthöhle der Altsteinzeit.
Die langen, schlanken Frauengestalten liegen in anmutiger Haltung ausgestreckt, das eine Bein leicht angezogen und den Kopf auf die Hand gestützt. Nur das Schoßdreieck ist hart und spitz herausgearbeitet, sonst dominiert die Schönheit der weiblichen Körper, die trotz starker Verwitterung noch immer besticht. Als Teil der Kulthöhle war der tiefere Sinn des Bildnisses ausreichend definiert, das Schoßdreieck verdeutlichte mit der Dreiheit die lunarsymbolische Funktion – mehr war hier nicht erforderlich. Dagegen standen die Reliefs von Angles-sur-l'Anglin im Freien, ihre Bedeutung mußte durch die volle Skala der überlieferten Symbolik klarer herausgestellt werden.
Befreien wir jedoch in Gedanken diese Gestalten von ihrer Last symbolischer Bedeutungen und sehen sie rein menschlich, als schöne Bildnisse von Frauen, so halten sie einen Vergleich mit ihren Schwestern in La Magdeleine aus. Verschwunden sind das breite Gesäß, die

Fettwülste, die großen, hängenden Brüste, kurz alles, was das Prinzip der Rundung vorschrieb. Nun steigen aus langen, schlanken Beinen die Leiber. Mit großer Sensibilität ist die schöne Linie, die anmutige Kurve der Taille empfunden und nachgezogen. Im Spiel der Muskeln dehnt sich eine weiche Haut, unter der sich ein wohlproportioniertes Knochengerüst erahnen läßt. Diese Körper sind nicht mehr einer jenseitigen Welt verhaftet, sie erscheinen vertraut und nah, weil sie das rein Menschliche zeigen, das heute ist, wie es einst war.
Diese drei Figuren haben nun auch menschliche Proportionen erreicht. Sie messen von der Wade bis zur Brust 1,20 m. Sie stammen aus einer späten Epoche der Eiszeit, aus dem Magdalénien. Doch steht auch bei ihnen noch unverändert das Bild des Stieres. Hier befindet sich das Stierrelief unter den drei weiblichen Figuren, wobei eine von ihnen teilweise überdeckt wird. Dadurch wird auf die Äquivalenz der Bilder hingewiesen, die, ausgehend von den drei Formen des Mondlichts, entweder als ›Die Drei Lichtgestalten‹ oder als ›Himmelsstier‹ gesehen wurden.
Ternitäten, Dreiheiten, Dreifaltigkeiten gab es später in jeder Religion, wenn auch immer wieder in anderer Gestalt und mit wechselnden Namen. Sie bilden im jeweiligen Olymp die jeweils höchste Autorität. Als Geschichtsablauf schriftlich aufgezeichnet werden konnte, war ihre Entwicklung schon abgeschlossen. Wenn wir also wissen wollen, wie es zu den uns schriftlich aus der Antike überlieferten Formen kam, dann müssen wir die geistigen Vorstellungen und Denkweisen des frühen Menschen heranziehen, deren Wirkungen die Entwicklungen bestimmten. Ganz am Anfang seiner Urgeschichte schon prägte der Mensch jene Grundgesetze, die den folgenden Aufbau seiner Kulturen nicht nur ermöglichten, sondern – mehr noch – bestimmten.

Die Göttin Epona

Wenn wir den langen Weg verfolgen, den das Bild der Frau in Jahrzehntausenden genommen hat, so bleibt uns festzustellen, daß es bei weitem über das Bild vom Mann dominiert. Es ist eine endlose Kette von Bildern, die auch mit der Erfindung der Schrift nicht abreißt. Alle frühen Göttinnen waren Mondgottheiten, Inanna, Ischtar-Astarte, Hathor, Doris, Helena, Selene, Luna, die Mamaquilla der Quechua, die Epona der Kelten und viele andere mehr.

Nicht immer und nicht überall behielt man die bildhafte Darstellung bei, so lückenlos wir sie auch bis hierher verfolgen konnten. Etwa 8000 v. Chr., im Azilien, griff man in Mitteleuropa auf Zahlen zurück, auf die gleichen, mit denen sich der Neandertaler schon die Grundordnung der Welt veranschaulicht hatte. Wie schon oben ausgeführt, haben im Wasser der Kulthöhle Mas d'Azil runde Kiesel die Zeiten überdauert, auf die man diese bedeutungsvollen Zahlensymbole in roter Farbe aufgemalt hatte (3). Mit Strichen oder Punkten angegeben, wurde die Dreiheit so verstanden, wie wir noch heute das Dreieck als Zeichen der Trinität verstehen.
Diese runden Kiesel mit ihren in Zahlen ›geschriebenen‹ Symbolen zeigen uns, daß auf den großartigen Bilderkult der Eiszeit eine Art ›Bildersturm‹ folgte. Man gab die Bilder auf und griff auf die alten, demnach noch bekannten Grundordnungen zurück, dargestellt in roter Farbe und mittels Punkten und Strichen in Zusammenstellungen zu dritt, zu viert oder in siebenfacher Wiederholung. In den Höhlen von Fontainebleau, wo es sie schon immer gab, wurden sie bis in die Zeiten der Christianisierung fortgesetzt. Die gleichen Ideogramme wurden zu Ornamenten vereinigt auf den Grabgefäßen der Urnenfelder- und der Hallstattzeit angebracht. Vielleicht schrieb man ihnen damals apotropäische Kräfte zu, um durch ihre Macht die Toten zu schützen und zu bewahren.
Auch die Kelten standen im Bann dieser uralten Tradition. Als mit der Antike neue Impulse Gallien erreichten, bemühte man sich, sie mit der uralten Überlieferung zu verschmelzen. Nach dem in alter Zeit üblichen Tauschhandel zwang der Handelsverkehr über die Grenzen hinaus zur Annahme und Handhabung antiken Geldes. Das war bis dahin unbekannt gewesen, reizte aber zur Nachahmung. Besonders die von Philipp dem Zweiten in Makedonien geprägten Münzen regten zur Nachahmung und zu eigener Prägung an. Die Ostkelten im Donauraum bevorzugten den Silberstater mit dem Zeuskopf auf dem Avers und dem reitenden Epheben auf dem Revers. Die Westkelten Galliens ließen sich dagegen von dem Goldstater inspirieren, der den Kopf des Apollon und auf dem Revers die Biga, den von zwei Pferden gezogenen Wagen, zeigte. Schon antiken Autoren fiel auf, daß die Kelten das Geld am meisten schätzten, das Darstellungen von Pferden aufwies.
Die griechische Mythologie solcher Münzdarstellungen sagte den Kelten nichts. Wie schon R. Forrer 1908 bemerkte, zerlegten die Kelten das Vorbild in einzelne Teile und behielten das bei, was ihrer

eigenen Tradition entsprach, einer Überlieferung, die in den nordgallischen Höhlen von Fontainebleau noch immer lebendig war.
Mit dieser für sie typischen Eigenprägung begannen die Kelten etwa um 150 v. Chr. Mit dem Sieg der Römer über Gallien endete sie schon hundert Jahre später.
Wird man ihnen gerecht, dann sind die keltischen Münzen ein einmaliges Material, das die geistige Bewegung einer noch schriftlosen Zeit bezeugt: das alte Wissen lebte noch, aber antike Denkformen gewannen allmählich die Oberhand.
Als Beispiel zeigen wir hier eine ostkeltische Münze, gegen 100 v. Chr. von den Ostkelten in Silber geprägt (21). Als Vorbild diente der Philipper-Stater mit dem reitenden Jüngling. Doch zeigt die Darstellung typische Änderungen. Das antike Bild wird verfremdet, geometrische Formen und Zahlenwerte herrschen vor. Wohl erkennt man noch das zugrundeliegende Pferdebild, aber das Tier ist in einzelne Teile zerlegt. Der Kopf ist nur als ungefähr viereckige Umrißlinie erhalten, die punktförmigen Gelenke ergeben Zahlenwerte. Der Schwanz ist von der Hinterbacke getrennt und hat, wie auf vielen anderen keltischen Münzen auch, nur drei Haare. Die Hinterbacke des Tieres ist betont gerundet und oft bis zur Kugelform hervorgehoben. Der Reiter ist verschwunden, drei Punkte nehmen seinen Platz ein – die DREI.
Dieser besondere, auf den Münzen erhaltene Stil ist ein keltisches Erbe aus grauer Vorzeit. Die Römer hatten dieses Wissen längst verloren und konnten daher die Ideographie der Kelten nicht mehr lesen. Noch weniger gelang das den an antiker Kunst geschulten Augen vieler unserer Zeitgenossen. Abgesehen von einigen einsichtigen Forschern neigen die meisten noch immer dazu, die Kelten für zu ›dumm‹ zu halten, die ›schönen‹ antiken Vorbilder zu kopieren. Man erkannte ihren aus der Urgeschichte hergeleiteten Wert nicht und hat sich folglich noch recht wenig mit ihnen beschäftigt.

Der Kontakt der Kelten mit den antiken Kulturen nahm zu, und davon zeugen auch ihre Münzen (22). Als Beispiel hier ein Silberstater, der gleichfalls aus dem Donauraum stammt. Der Stil des Pferdes ist noch deutlich von der älteren Münze beeinflußt. Auch hier ist der Kopf durch eine Linie umrissen, das Vorderbein gehoben und verlängert, der Schwanz mit den nur drei Haaren von der Hinterbacke getrennt und der Schenkel selbst zur absichtsvollen Kugel gerundet. Aber statt der DREI sitzt jetzt eine weibliche Figur auf dem Pferd.

Dafür gibt es kein antikes Vorbild. Griechische Göttinnen pflegen nicht zu reiten. Wie die DREI auf den Mond, so weist auch die Frauengestalt auf den gleichen zugrundeliegenden Gedanken. Das Gesicht ist mondförmig gebogen, wie bei allen Keltenmünzen, und das wichtige Dreieck sitzt jetzt, da sie bekleidet ist, im Augenwinkel. In der Hand trägt die Figur einen Zweig mit sieben Enden – die Sieben als Symbol der Weltordnung sicherlich nicht zufällig.
Ähnliche Frauengestalten erscheinen auch auf den Münzen der westkeltischen Redones, obwohl sie ein anderes Vorbild, nämlich den Apollon-Stater, hatten.
Dann begann die Eroberung Galliens durch die Römer. Die einheimischen Kulte verstanden sie nicht, die geometrischen Zeichen der Kulthöhlen sagten ihnen nichts. Wie überall versuchten sie die erkennbaren Gottheiten mit eigenen zu identifizieren, gaben ihnen eigene Namen und verkleideten sie entsprechend. Für eine reitende Göttin aber hatten sie weder Vorbild noch Namen – also wurde sie einfach ›Epona‹ = Pferdegöttin genannt.
Zahlreiche Epona-Reliefs blieben erhalten, sie bezeugen uns heute die relativ weite Verbreitung dieses an sich kurzlebigen Kultes von römischen Gnaden (23). Wo die Kelten Epona huldigten, bleibt sie im alten Vorstellungskreis. Eine Grabstele aus Agassac, Haute Garonne, reiht ihr Bild im Zusammenhang mit der Grablegung in den alten Gedanken von Leben und Tod ein. Die Göttin ist dargestellt, wie sie galoppierend das Jenseits durchmißt, ein Jenseits, das auch hier wieder durch Wassertiere als im Wasser liegend bezeichnet ist. In der Wassertiefe muß logischerweise auch der lunarsymbolische Stier erscheinen – als Zeichen seiner chthonischen Natur gab man ihm hier sogar einen Fischschwanz. Das Bild ist von ringförmigen Symbolen umgeben. Vielleicht waren damit ›Kränze‹ gemeint, wie wir sie heute noch auf Gräber legen, ohne noch viel daran zu denken, daß solche Kränze den ewigen Zyklus des »Stirb und werde« symbolisieren, und das nicht erst seit gestern oder vorgestern. Die immer gleiche alte Mondgöttin verrät und bestätigt sich auch in diesem Bild als Überwinderin des Todes und vermittelt auch dem Menschen Hoffnung auf Wiederkehr.
Die meisten römischen Epona-Reliefs verraten dagegen nur noch wenig vom alten Glauben. Die Darstellung von Mainz-Castel kennt keine keltischen Stilelemente mehr. Jetzt sitzt Epona als vornehme Dame auf ihrem feurigen Roß. Doch wird sie immer als sehr alt dargestellt. Wußte man noch von ihrer Herkunft aus grauer Vorzeit?

Jetzt ›thront‹ sie nicht mehr auf dem zu bedeutungsvoller Aussage veränderten Tierkörper, sie sitzt auf einem alltäglichen Tier, das jeden symbolischen Bezug verloren hat. Ihre Macht wird nicht mehr durch symbolhafte Deformierungen ausgedrückt, sondern hier durch das Sphäroid in der einen Hand – wie schon gut 4000 Jahre vor ihr jene Göttin auf Malta, die wir erwähnten.

Der Epona-Kult dauerte nicht lange. Es wird immer wieder gefragt, warum er wohl so bald schon wieder in Vergessenheit geriet. Ich glaube, daß das an eben dieser Entwicklung lag, daran, daß das Pferd seine Symbole und damit für die Kelten die kultische Berechtigung verlor. Antike Göttinnen sitzen oder haben auf steinernen Thronsesseln zu sitzen. Ein Relief aus dem Hause Furpach, Neunkirchen, Saar, zeigt eine solche Epona auf hohem Thronsessel, mit zwei kleinen Pferdchen als beiläufiger Dekoration des Sitzes (24). Vielleicht verschmolz sie im Erlöschen aufgrund der ja auch ihr so wesentlichen Dreiheit mit dem aufkommenden keltisch-römisch-germanischen Kult der Drei Matronen, den Germanen schon lange als die Drei Nornen geläufig. Auch sie schenkten und nahmen Leben im ewigen Zyklus.

Die dreiheitlichen Göttinnen lebten in christlicher Zeit sowohl in den Drei Bethen wie in den ihnen verschwisterten Drei Marien fort, die großen Anteil am Heilsgeschehen hatten. Wenn die Marienverehrung im Mittelalter wieder zu der Vorstellung von der auf der Mondsichel thronenden ›Himmelskönigin‹ fand, dann schloß sie den Kreis, dessen Segmente schon auf Kreta und in den Hochkulturen des Vorderen Orients sichtbar geworden waren.

Göttinnen und Große Mütter sind ja nur erhöhte Vorstellungen von der so geglaubten Allmacht der Frauen über Leben und Tod. Sie mußten verehrt und zu überirdischen Gestalten erhoben werden zu allen Zeiten, in denen man an eine Wiedergeburt glaubte und um die Rückkehr ins Leben bangte.

Einige Male ist es der Glaubenskraft unserer Vorfahren eindeutig gelungen, die Angst vor dem Sterben zu überwinden. In einem unerschütterlich gewordenen Glauben an den Durchgang zu neuem Leben schritten sie dem Sterben, wie in Sumer, im Zeichen der Mondgöttin und ihres Stieres furchtlos entgegen, wie in jenem Königinnengrab damals in Chaldäa, das Woolley 5000 Jahre danach ausgrub.

War schon verblüffend genug, was in den vorangehenden Kapiteln dieses Buches aus der Sicht des Paläolinguisten über die breitgefächerte Macht der Sprache – hier am Beispiel des einen Archetyps

KALL demonstriert – gesagt werden konnte, Schlußfolgerungen, die von dem Zusammenhang zu urgeschichtlichen Funden und deren Stimmigkeit untereinander bestätigt werden, so wird im nächsten Kapitel von seiten der Anthropologie zu hören sein, daß es und warum es gar nicht anders sein konnte als so, wie wir es bis hierher nachgezeichnet haben.

Aufstieg und Niedergang weiblicher Macht
Biologische Faktoren

Doris F. Jonas

Auf dem gesamten evolutionären Weg der Primaten spielte das Weibliche eine so große Rolle, daß es eine zentrale Bedeutung für die soziale Organisation – und jedes ihrer Elemente – und, aufgrund der erworbenen Befähigung zu Sprache, schließlich für das Entstehen von ›Kultur‹ in der Species Homo gewann.

Dies ist gewiß eine äußerst weitgehende Behauptung, aber sie basiert auf zwei oder drei fundamentalen biologischen Fakten.

Das erste Faktum ist ganz offensichtlich die Tatsache, daß Primaten zur Gruppe der Säugetiere gehören und als solche ganz und gar von ihren Müttern abhängig sind, was Ernährung, Pflege und Schutz während ihrer so gefährdeten Kindheit angeht. Aus diesem Grunde haben die Säugetierarten Verhaltensweisen entwickelt, die starke Bindungen durch Zuneigung oder Liebe zwischen Kindern und ihren Müttern herstellen. Ohne seine Mutter ist ein Säugetierjunges so gut wie tot. Es ist darum klar, daß Mütter und Junge jeder Art der Säugetiere, die überlebt hat, Verhaltensweisen ausgebildet haben müssen, welche diese Bindung vom Augenblick der Geburt an befestigen und die Mutter auch weiterhin nicht aus dem Triebzwang entlassen, dem Jungen Pflege und Schutz angedeihen zu lassen bis zu dem Zeitpunkt, da es für sich selbst sorgen kann. John Bowlby und Irenäus Eibl-Eibesfeld waren unter den ersten, die darauf hingewiesen haben, daß sich der Mensch in dieser Hinsicht nicht von anderen Säugetieren unterscheidet. Während einerseits die Mutter auf ihre Pflegefunktion durch hormonale Sekretionen wohl vorbereitet wird, ist andererseits auch das Junge keineswegs ein bloßes Passivum. Mit solchen angeborenen Signalen wie lächeln, lallen, weinen und mit den charakteristischen Zügen der kleinkindlichen Anatomie wie der gerundeten Stirn, den großen Augen und den im Verhältnis zu seinem Gesicht und dem eigentlichen Körper viel zu großen Kopf erzwingt es durchaus aktiv die Zuneigung seiner Mutter auf eine Weise, auf die positiv zu reagieren das mütterliche Empfinden programmiert ist.

Das zweite biologische Faktum, auf dem die besondere Bedeutung der weiblichen Rolle beruht, ist die Verlängerung der Kindheitsphase bei der gesamten Primatengruppe der Säugetiere. Obwohl die Dauer der Schwangerschaft bei höheren Affenarten annähernd die gleiche ist wie bei uns, erstreckt sich die menschliche Kindheit – jene Periode, in der das Kind vollkommen von seiner Mutter abhängig ist – über einen viel längeren Zeitraum. Diese Kindheitsphase nimmt an Dauer zu, je weiter man auf dem Entwicklungsstrang der Primaten fortschreitet, bis schließlich die menschliche Kindheit doppelt so lange währt wie die der Affen. Das gleiche gilt übrigens für die Zeit partieller Abhängigkeit des Kindes von der Mutter.
Wir kommen zwar noch ausführlicher darauf zurück, möchten aber an diesem Punkt schon kurz erwähnen, daß solche Arten, die in ihrem Streben nach Überleben letztlich von ihrer Intelligenz abhängig sind, einen deutlichen Vorteil aus einem verlängerten Entwicklungsprozeß ziehen. Wegen der verlangsamten und folglich verlängerten Entwicklung während ihrer Kindheitsphase gewinnen Primaten – und da besonders die höheren Arten – Zeit zum Lernen, zum Experimentieren in ihrer eigenen Umwelt, zum Einüben von Fertigkeiten und zum Ausprobieren neuer Möglichkeiten, ehe sie mit dem Erwachsenwerden dazu neigen, sich etwas gesetzter zu benehmen.
Das bringt uns zum dritten Faktor, der die vitale und existentielle Bedeutung der weiblichen Rolle begründet. Es ist eben diese verlängerte Säuglings- und Kindheitsphase, welche notwendigerweise eine fortgesetzte Zusammengehörigkeit zwischen Individuen herbeiführt, eine Situation, die geradezu unvermeidlich zur Grundlage einer sozialen Organisation werden muß.
Der bekannte Paläontologe Richard Leahey kommt in seinem zuletzt erschienenen Buch zu der uneingeschränkten Schlußfolgerung:
»Die Zeit des Aufziehens von Kindern schließt zugleich deren Abhängigkeit von einem Erwachsenen ein, und daraus ergibt sich ohne jede Ausnahme, daß die Grundlage aller sozialen Gruppen unter Primaten die Bindung zwischen Mutter und Kind ist. Diese Bindung begründet die soziale Einheit, auf der alle höheren Gesellschaftsordnungen aufbauen.«
Man muß eigentlich nicht betonen, daß der Fortbestand des Lebens eine Funktion sowohl der weiblichen wie der männlichen Sexualität darstellt, zumindest bei den höheren Formen des Lebens. Sobald jedoch eine Befruchtung stattgefunden hat, ist das Männchen nicht weiter wesentlich für das Leben seiner Nachkommen. Seine Teil-

nahme an der Sorge für das oder die Jungen ist nicht länger erforderlich und entfällt daher auch oft ganz. Die kurze sexuelle Aktion des Männchens konnte nie eine Grundlage für das Entstehen von Gemeinschaften bilden. Es ist die Wirkung und das Ergebnis der weiblichen Rolle im Leben der Geschlechter, nämlich die Mutterschaft, die das primum agens allen gesellschaftlichen Lebens darstellt. Damit steht fest, daß ohne die Mutter-Funktion keine menschliche Gesellschaft bestehen würde, noch je hätte entstehen können.
Diese Situation als solche hätte aber die halbe Population einer Art ohne wesentliche Funktion gelassen, und das – von kurzen Augenblicken abgesehen – für die ganze Dauer ihrer Existenz, wenn nicht der horror vacui »Die Natur verabscheut jede Leere« auch hier seine Gültigkeit hätte. Kein Lebewesen, noch tatsächlich auch nur ein Teil eines Lebewesens, existiert auf längere Sicht ohne eine sinnvolle Funktion irgendwie und -wo in der Natur. Eine Funktion, die sinnlos, oder ein Organ, das in einer neuen Umwelt nutzlos wird, verkümmert mit der Zeit, wird rudimentär, ist auf dem besten Wege, ›aus‹gelesen zu werden. Wie das Sehvermögen bei den Fledermäusen, die Beine bei den Walen oder der Schwanz beim Menschen. Ein Individuum, das für den Fortbestand seiner Art nutzlos ist oder nur zu einer einzigen, kurzfristigen Funktion gebraucht wird, wird rudimentär oder sogar eliminiert, wie die sehr kleinen Männchen der Spinnen oder die Drohnen der Ameisen zeigen, die einzig und allein für den Geschlechtsakt leben und für einen frühen Tod nach Ableistung ihres Anteils an der Reproduktion der Art programmiert sind. Unter Säugetieren entwickelte sich dagegen eine für Männchen passende Rolle, die gewissermaßen ein mittelbares Ergebnis ihrer Überflüssigkeit war. Der Umstand, daß die männliche Dienstleistung zugunsten der Fortdauer der Art nur kurz ist und darum eine numerische Relation von Eins-zu-Eins zwischen Weibchen und Männchen keine absolute Notwendigkeit ist, ebnete den Weg für die Konkurrenz der Männchen um das ›Recht‹ oder das ›Privileg‹, die Weibchen der Population zu besamen. Auf diese Weise kam es zu dem bekannten Schauspiel männlicher Rangkämpfe, die unter Säugetieren und Vögeln die Norm sind, aber auch weiter unten auf der Leiter der Evolution angetroffen werden.
Dieser Hinweis sollte uns jedoch nicht dazu verleiten, die Existenz auch weiblicher Rangordnungen zu übersehen, die es bei höheren Arten gleichfalls gibt, die aber gewöhnlich durch diskretere Konkurrenzen bestimmt werden als bei Männchen.

In der Welt der Tiere bestimmen unterschiedliche Kriterien männliche Dominanz. Bei Vögeln etwa umfassen solche Kriterien die prächtige Färbung oder besondere Ausprägung des Federkleides – bei Rangkämpfen unter Säugetieren aber geht es fast ausnahmslos um Überlegenheit hinsichtlich Größe und Kraft. Auf diese Weise geben die Größten und Stärksten der verfügbaren Männchen ihr genetisches Erbgut weiter, während die Kleineren und Schwächeren, bestenfalls, in Randzonen als eine Art ›Reserve‹ für den Fall, daß das dominierende Männchen durch Unfall ausfällt, antichambrieren dürfen, oder, schlimmstenfalls, als Ausschuß an die Peripherie der Gruppe verbannt werden, wo sie als potentielle Opfer von Raubtieren immer noch eine für die Gruppe sinnvolle Aufgabe übernehmen. So hat sich unter Säugetieren ein nach Geschlechtern ausgerichteter Dimorphismus entwickelt, bei dem das Männchen gewöhnlich, wenn auch nicht invariabel, größer und stärker ist als das Weibchen.

Es ist genau diese Entwicklung, die den Männchen vieler höherer Säugetierarten eine soziale Funktion ermöglicht hat. Auf niederen Stufen muß jedes Individuum, gleich ob Männchen oder Weibchen, sich selbst schützen, aber bei einer ganzen Reihe von Säugetieren und einigen Vogelarten, bei denen zwar immer noch das Weibchen mit den Jungen das Zentrum der sozialen Gruppe bildet, erwächst dem Männchen neben der Besamung die Aufgabe des Beschützens.

Wir sollten hier einen Augenblick verweilen und uns die Situation etwas genauer anschauen. Bei allen nicht-menschlichen Arten – mit Ausnahme der jagenden Carnivoren und der in Gesellschaften lebenden Insekten – ist jedes erwachsene Individuum in erster Linie selbst für seine Ernährung und – bei allen Arten unterhalb der Ebene Säugetiere/Vögel – für seinen Schutz verantwortlich. Unter den höheren Primaten (Affen) läßt lediglich das gelegentliche Erbeuten kleiner Tiere – etwa eines kleinen Affenjungen fremder Art, eines Hasen oder einer sehr jungen Gazelle – die Neigung entstehen, selbsterbeutete Nahrung mit anderen zu teilen. Wenn Schimpansen solches Fleisch fressen, teilen sie es, wenn ein anderer eindringlich genug darum bittet. Paviane sind da weniger zugänglich, sind aber letztlich auch zum Teilen zu bewegen.

Das Teilen von Nahrung ist ein Nebenprodukt jagdlichen Lebens. Interessant ist in diesem Zusammenhang jedoch, daß bei anderen Carnivoren auch Weibchen das Jagen übernehmen, wie bei den Hyänen, oder daran teilnehmen, wie bei Wölfen und Wildhunden.

Das Jagen ist also nicht notwendig die Aufgabe des Männchens.

Wie dem auch sei, es scheint, daß die Linie des Menschen sich von einer hauptsächlich pflanzenfressenden Affenart herleitet. Diese Vorläufer mögen ihre Diät durch Insekten und andere Kleintiere vervollständigt haben, wie es ›moderne‹ Affen auch tun, aber ihr Verhalten entsprach insgesamt dem der Herbivoren, das heißt hier: Jedes Individuum fraß für sich selbst. Trotzdem mußte sich das Weibchen dieser Linie wegen der längeren Dauer der Abhängigkeit ihres Jungen notwendigerweise um das Füttern des Jungen über die Laktationsperiode hinaus kümmern. Sie hatte ihm beizubringen, welche Dinge eßbar waren und wie es ihrer habhaft werden konnte. Von daher rührt ein Hang, andere mit Futter zu versorgen, der sich mit ihren anderen mütterlichen Impulsen verbindet.

Wir können Nachwirkungen dieser Neigung noch heute bei einigen Jäger/Sammler-Gesellschaften beobachten, bei denen nicht nur der männliche Jäger sein Fleisch, sondern auch die Sammlerin die pflanzliche oder aus Kleintieren bestehende Nahrung mit der ganzen Gruppe teilt. Faktisch macht übrigens der Anteil an der Ernährung der Gruppe, der von den Frauen beigebracht wird, 70–80% des gesamten Eiweißbedarfs aus. Die Vorstellung vom Mann als Jäger und alleinigem Versorger der Familie mit Nahrung und andererseits dem beschützten Weib, das daheim das Kind hütet, ist noch relativ jung. Früher waren die Verhältnisse nicht so.

Wenn wir fünf Millionen Jahre oder noch mehr – nach den neueren und heute gültigen Schätzungen – zurückgehen, dann kommen wir zu der Zeit, da die Vorläufer des Homo habilis begannen, sich ausreichend zu differenzieren, um nicht mehr für ihre affenartigen Vorfahren (Ramapithecus) gehalten zu werden. Dabei entdecken wir Lebewesen, deren Anatomie schon auf dem besten Wege ist, menschlich zu sein, deren soziales Leben sich aber gewiß kaum von dem anderer nicht-humaner Primaten unterschied.

Es scheint, daß jene ferne Zeit zugleich eine Periode enormer Klimaveränderungen war – nicht plötzlicher natürlich, sondern sehr langsamer und über größere Zeiträume sich erstreckender. Es wurde jedes Jahr nur ein wenig kälter, und in jedem Jahr wuchsen die Wälder etwas weniger dicht nach, bis sich an ihren Randzonen das Land nach und nach in offene Savanne verwandelte. In solchen sogenannten ›offenen Waldgebieten‹ zwischen den überlebenden dichten Wäldern und dem Grasland veränderte sich das Leben der Homo-habilis-Populationen mit der Zeit als Folge ihrer Anpassung an die sich wandelnde Umwelt. Bei der normalen, auch für Affen zutreffenden, vorwiegend pflanzlichen Ernährungsweise, wobei jeder für sich selbst sorgte, ergab sich eine Notwendigkeit, die knapper werdenden pflanzlichen Nahrungsmittel zu ergänzen. Die Gelegenheit dazu bot sich an: In der Savanne gab es Aas, das von den Raubtieren des Reviers übriggelassen worden war und das vielen Arten von Aasfressern, von den Geiern bis zu den Hyänen, den Lebensunterhalt sicherte. Zweifellos haben auch unsere frühesten Vorläufer gelernt, an solchem Schmaus zu partizipieren, während sie sich zugleich daran gewöhnten, Samen und Gräser zu sich zu nehmen. Diese neuen Nahrungsquellen veränderten notwendigerweise auch das Verhalten und die Körper jener frühen Homo-Populationen, bis sie, an die vier Millionen Jahre später, noch gestreckter auf flacheren, für den aufrechten Gang modifizierten Füßen gehen konnten. Weitere körperliche Veränderungen hatten sich mittlerweile ergeben, insbesondere hinsichtlich der Stellung des Beckens und des Kopfes im Verhältnis zur Wirbelsäule. Erst damit betrat der völlig aufrecht gehende Homo erectus, wie wir ihn heute nennen, als unser unmittelbarer und schon menschlicher Vorläufer die Szene. Im vollen Wortsinne menschliche Wesen einschließlich des Homo neandertalensis und des Homo sapiens sind erst relativ späte Varianten des Homo erectus, denn der erste Homo sapiens erschien erst vor knapp 100000 Jahren und der moderne Mensch, der Homo sapiens sapiens, noch viel später auf der Bühne der Menschheitsgeschichte.

Während jenes Zeitraums von rund einer Million Jahren, als sich der Homo erectus zum Homo sapiens wandelte, und vielleicht schon früher, kam es zu zwei anatomischen Veränderungen, welche enorme Konsequenzen für das menschliche Weibchen und seine letztgültige Gestalt hatten.

Erstens: Als sich der Homo-Fuß langsam dem aufrechten Gang anzupassen begann und dabei flacher wurde und immer kürzere Zehen aufwies, mußte diese Entwicklung auch auf das Homo-Junge zutreffen. Das aber tangierte dessen Fähigkeit, sich an der Mutter festzuhalten. Bei allen heute lebenden Affen beobachten wir die Fähigkeit des Jungen, sich schon sehr bald nach der Geburt so fest an sie zu klammern, daß es entweder auf ihrem Rücken reiten oder unter ihrem Bauch hängen kann, wenn sie sich fortbewegt. Folglich hat die Affenmutter beide Hände frei zur eigenen Fortbewegung oder zum Sammeln von Nahrung. Aber die Jungen des Homo erectus, wie wahrscheinlich, wenn auch in geringerem Maße, die des Homo habilis vor ihm, hatten der zurückgebildeten Zehen wegen nur ihre beiden

Hände zum Festhalten, statt der vier Greifmöglichkeiten ihrer mehr affenartigen Vorläufer. Das mußte die Mütter zwingen, sie ihrerseits zu tragen oder sie zumindest mit einer ihrer Hände zu stützen. Überdies ergab sich im gleichen Zeitraum eine weitere, sehr einschneidende Veränderung. Die Behaarung der Homo-Linie wurde immer spärlicher. Obgleich die Zahl der Haar-Follikel unverändert blieb, verlangsamte sich das Wachstum der Haare parallel zu der allgemeinen Verlangsamung des Heranreifens, bis das meiste davon nur noch rudimentär vorhanden und nur noch ein paar Büschel der einstigen Fülle übriggeblieben waren.

Da die Fähigkeit, die Haare des Fells zu sträuben, neben der besseren Wärmeisolierung einen funktionellen Wert für Primatenmännchen besaß – es war Teil ihres Droh- und Dominanzrepertoirs –, so behielt der menschliche Mann ein klein wenig mehr von seinem Pelz als das Weib. Vielleicht spielte dabei auch eine gewisse sexuelle Auslese durch Bevorzugung der Nackteren eine Rolle, wer weiß, jedenfalls verlor *sie* im Laufe der Zeit ihr Fell ganz. Damit hatte ihr Baby nicht mehr nur zwei – statt ursprünglich vier – Greifmöglichkeiten, *mit* denen es sich halten konnte, es hatte auch nichts mehr, *woran* es sich hätte halten und klammern können.

Diese Entwicklung mußte das Weibchen unweigerlich noch enger an ihr Kind binden. Sie mußte es die ganze Zeit mit sich herum*tragen*. Weder konnte sich das Kleine an ihr festhalten, aus physischen Gründen, noch konnte sie es beliebig absetzen, aus Angst vor Raubtieren. Natürlich konnten spätere, voll entwickelte Homo-sapiens-sapiens-Frauen Mittel und Wege finden, um ihre Babys ohne Inanspruchnahme der Hände zu tragen – Faserschlingen, Tragkörbe aus Zweigen, passend genähte Tierfelle –, aber über lange Zeiträume ist dies sicherlich nicht der Fall gewesen. Als Folge davon wurde das Leben einer erwachsenen Frau immer enger mit dem ihrer Kinder verbunden.

Wenn ein Junges geboren wird, ist oft ein anderes schon vorhanden und inzwischen drei, vier Jahre alt. Dieses vorhergeborene Kleinkind, das die Briten treffend ›toddler‹ (Watschler) nennen, bleibt dann natürlich auch noch bei der Mutter. Bei Affen hängt es sich in das mütterliche Fell, wenn die Mutter sich fortbewegt, und spielt in ihrer unmittelbaren Nähe, wenn sie sich irgendwo niederläßt. Es dürfte innerhalb früher menschlicher Populationen nicht viel anders gewesen sein. Wenn nun aber eine Situation gegeben ist, bei der das Weibchen mehrere Kinder hat, von denen vielleicht nur das älteste halbwegs selbständig ist, dann sind ganz von selbst die äußeren und inneren Voraussetzungen dafür geschaffen, daß das erwachsene Weibchen zum Mittelpunkt einer Gesellschaft von Kindern und Jugendlichen, männlichen wie weiblichen, wird, die durch starke Gefühlsbande und ein natürliches Schutzbedürfnis an diese zentrale Mutterfigur gebunden sind.

Bei unseren Vettern, den Schimpansen, neigt der männliche Juvenile beim Erreichen der Geschlechtsreife dazu, den Dunstkreis der Mutter zu verlassen – ein adaptives Verhalten, das die Chancen für Inzest mindert. Trotzdem unterhält er zu ihr und sie zu ihm ein Leben lang eine gewisse Bindung, und beide werden in Gefahrensituationen einander zu Hilfe eilen.

Anders als die männlichen bleiben ihre weiblichen Nachkommen auch nach Erreichen der Reife in der Nähe der Mutter. Sie nehmen Anteil an ihren späteren Jungen, pflegen und verwöhnen sie – eine Gewohnheit, die manche Primatologen als ›aunting‹, zu deutsch sozusagen ›tanten‹, bezeichnen.

Auch dieses Verhalten ist positiv angepaßt, da dadurch die jungen Weibchen am Beispiel der Mutter lernen, wie mit Jungen umzugehen ist. Später, wenn sie eigene haben, neigen sie dazu, weiterhin im Umkreis der Mutter zu bleiben, sowohl wegen der aus langer Zusammengehörigkeit entstandenen gegenseitigen Zuneigung, als auch wegen der Unterstützung und Anteilnahme ihrer Schwestern. Hier haben wir den Kern einer gesellschaftlichen Organisation, die faktisch ein Matriarchat ist.

In einer Gesellschaftsordnung dieser Art ist wenig Raum für Männer. In den frühesten Homo-Gruppen, die noch in offenen Waldlandschaften lebten, haben sie sich sicherlich auf ähnliche Weise beschäftigt, wie es die Männchen von Schimpansenhorden noch heute tun: Nahrung für sich selbst beschaffen, die Umgebung auskundschaften, die eigene Überlegenheit, wenn nötig oder opportun, unter Beweis stellen. Als aber die frühen menschlichen Gruppen notgedrungen weiter in die Savanne und in ihnen feindlicheres Terrain zogen, begann sich auch den Männchen eine soziale Funktion zu eröffnen.

Die Natur (um einen Anthropomorphismus für ›Gott‹, ›Lebensenergie‹, ›Chemie‹ oder was immer man persönlich als angemessen für eine Definition der Lebensvorgänge halten mag, zu nennen), die Natur ist sparsam, sie wirtschaftet mit geringem Aufwand und vergeudet ungern. Wenn Material, ein Organ oder ein ganzer Organismus, verfügbar ist, das möglicherweise einem naheliegenden Zweck dienen könnte, dann wird es früher oder später entsprechend angepaßt und diesem Zweck verpflichtet. Der proto-humane Mann war größer und stärker geworden als das Weib, weil er sich im Laufe der Erkämpfung seiner Überlegenheit über andere Männer durch Rangkämpfe – in erster Linie um Begattungsrechte – in dieser Richtung entwickelt hatte. Wenn sich solche frühen Homo-Populationen ihres natürlichen Schutzes in einer von Wald bestimmten Umwelt beraubt sehen und zugleich die großen und starken Männer ohne eigentliche Funktion in der Familie und damit im Kern der Horde sind, dann bilden sie sozusagen eine ›freie Kraft‹ zur Verteidigung derselben. So werfen Affen Knüppel, Steine oder was immer zur Hand ist, *in Richtung* auf etwaige Eindringlinge, um sie durch Einschüchterung zu vertreiben. Der Mensch, der dank seiner aufrechten Haltung Arme und Hände zu seiner freien Verfügung hat und der inzwischen auch geübter ist – sein Hirn ist größer und besser entwickelt –, wird solche Geschosse *auf* Eindringlinge schleudern, nicht nur um sie einzuschüchtern, sondern um sie zu treffen und letztlich, um sie zu töten.

In dem Maße, in dem die Beschützerrolle einen wachsenden Anteil an der männlichen Existenz hat, durch körperliche wie auch verhaltensbedingte Anpassung, muß sie ihn in ihrer Wirkung sowohl enger an die Gruppe binden als auch – und das ist wichtig – in Richtung auf eine Zusammenarbeit mit anderen Männern führen. Auf genau diese Weise sehen wir Savannen-Paviane von heute, die in Gruppen von haremsähnlichen Einzelfamilien zusammenleben, in Trupps dahinwandern, mit jungen ›Kriegern‹ an der Peripherie und zwei oder drei älteren Männchen – man hat sie ›Senatoren‹ genannt – in der Rolle der Späher gemeinsam Schutz und Verteidigung der ganzen Horde dirigierend. Unsere eigenen Vorläufer haben vielleicht nicht genau diese Strategie übernommen, aber im Prinzip wird es wohl in etwa dasselbe gewesen sein.

Die Beschützerrolle der Männchen führt erstens zu einer stärkeren Identifizierung mit der Gruppe, zweitens zur Zusammenarbeit untereinander und, da ihre caninen Zähne klein und im Vergleich mit denen anderer Primaten für die Verteidigung ungeeignet sind, drittens zu dem Gebrauch von Waffen als einer Weiterentwicklung des vorgegebenen Drohverhaltens.

Von nun an finden wir den Menschen in integrierten Gruppen zusammenlebend, deren Mitglieder alle mehr oder weniger nah miteinander verwandt sind und die daher eine stärkere oder schwächere Bindung zueinander zurückbehalten. Aufgrund ihrer veränderten

Lebensweise in einer Umwelt lichter Wälder oder noch freierer Savannen dürfte hier der Punkt erreicht sein, wo wir die Männchen mit einer neuen Prä-Adaption ausgerüstet sehen.
Wir haben bei unserer Darstellung bereits mehrere Entwicklungen erwähnt, die stattgefunden und sich dann in den Verhaltensmustern niedergeschlagen hatten, um auf genau diese Art und Weise zum Vorstadium einer weiteren Anpassung zu werden. Zuerst ging es um die Änderung der Ernährung, um die Entwicklung hin zu häufigerem Fleischgenuß. Dieser begünstigte das Teilen der Nahrung untereinander. Dieses wiederum führte zu einer engeren Bindung der Männer an ihre Gruppe, nachdem sie die Beschützerrolle übernommen hatten. Und die hatte eine Zusammenarbeit der Männer untereinander zur Folge – und schließlich den Gebrauch von Waffen.
Vom Sammeln von Nahrung und dem gelegentlichen, eher als Glücksfall anzusehenden Fleischerwerb aus Aasresten oder der vereinzelten Jagd auf leichte Beute – wie ein Affenbaby, eine kleine Gazelle oder einen Buschbock – waren sie durch verschiedene Anpassungsprozesse nun so weit fortgeschritten, daß sie als echte, systematische und kooperative Jäger leben konnten.
Der ursprüngliche Konkurrenzkampf unter Männern, der schon zu einem Dimorphismus der Geschlechter hinsichtlich der Größe und Stärke bei männlichen und weiblichen Individuen geführt hatte, wird jetzt zu einem Faktor bei der Arbeitsteilung auf dem Feld der Nahrungssuche. Während ein Affenweibchen Nahrung für sich und seine Jungen beschafft und dabei – wie das Männchen – auch ein gelegentliches Jagdunternehmen nicht verschmäht, ist die Frau der Homo-Gruppe in zunehmendem Maße durch ihre enge und längerwährende Bindung an die Nachkommen und umgekehrt deren ständige Abhängigkeit von ihr – das jeweils Jüngste muß sie noch dazu dauernd auf einem ihrer Arme tragen – in ihrer Suche nach Nahrung auf vergleichsweise sichere Räume beschränkt, in denen das Leben der Kinder nicht in Gefahr ist und deren Gegenwart für sie kein Handikap darstellt.
Mit anderen Worten: Sie ist gezwungen, sich auf das Sammeln solcher Nahrungsmittel zu konzentrieren, die alle in einer relativ sicheren Nähe gefunden werden können – wie Wurzeln, Samen, Beeren, Nüsse, Raupen, Käfer, kleine Echsen, Vogeleier oder mit einem Zugriff zu erbeutende Vögel –, während die Jagd auf größere und auch gefährlichere Beute Sache der Männer wurde, die, unbelastet durch Nachwuchs, im Fortgang der Entwicklungsgeschichte ihrer Spezies

eine optimale Anpassung entsprechend eben dieser Aufgabe zu vollziehen hatten.

Von der Tatsache ausgehend, daß alle Primaten, Männchen wie Weibchen, von Natur aus neugierig, entdeckerfreudig, intelligent und ausgesprochen findig sind und daß ferner bei frühen Homo-Populationen Energie und Neigung der erwachsenen Weibchen völlig von der Mutterrolle und deren Begleitumständen in Anspruch genommen waren, blieb sozusagen die ›Nische‹ der Jagd frei, um von den Männern genutzt und ausgefüllt zu werden.

Es ist ungefähr so, als ob – in modernen Zusammenhängen gedacht – die vielbeschäftigte Hausfrau, mehr als ausgelastet mit der Pflege der Kinder, mit dem Gemüsegarten, der Reinhaltung der Wohnung, dem Waschen und Kochen, ihrem Mann, der am Wochenende zu Hause ist und viel freie Zeit hat, sagen würde: »Du bist mir im Weg! Warum gehst du nicht ein bißchen auf die Jagd (oder spielst Golf oder gehst angeln, oder was immer ihr an solchen Vorschlägen gerade in den Kopf kommen mag).« Wenn dies auch als eine sehr saloppe Analogie erscheint, so trifft es doch wohl den Kern der damaligen Situation.

Trotzdem, Jagen allein füllt einen aufgeweckten, unternehmungslustigen und intelligenten Primaten nicht aus. Bei den Jäger/Sammler-Gruppen der Kalahari von heute werden nicht mehr als zwei Tage der Woche mit Jagen verbracht.

Die Zusammenarbeit der Männer bei der Jagd weitet sich aus und führt zur Gemeinsamkeit bei den Jagdvorbereitungen, und dies wiederum zur Bildung von Männerbünden, die sich dann im Laufe der Zeit institutionalisieren. Sitte führt zu Ritus, zu Riten, die ursprünglich allein in Verbindung mit der Jagd gedacht und ausgeführt wurden, die sich aber schließlich verselbständigen und dann um ihrer selbst willen kultiviert werden und zu denen am Ende nur Männer Zutritt haben. Auf diese Weise erreicht das männliche Element zwar keinen echten Anteil an der sozialen Rolle, die grundsätzlich eine weibliche bleibt, aber es gelingt ihm zumindest, sich eine quasi-soziale Rolle herauszuschneiden, die von der der Frau verschieden ist.

Während die männliche Rolle des Jägers bei weitem nicht so grundlegend – trotz ihrer kulturellen und technischen Weiterungen – für die *Bildung* menschlicher Gemeinschaften ist wie die weibliche Mutterrolle, die ja de facto immer einem bereits vorhandenen weiblichen Nucleus aufgesetzt wird, fügt sie doch ein weiteres Element zum Zusammenhalt der Gruppe und zu deren Verteidigung hinzu und trägt somit ebenfalls wesentlich zum Überleben der Gemeinschaft bei.

Auf diese Weise eröffnet sich parallel zu der Entwicklung der Gesellschaft von der einfachen Mutter-Kind-Beziehung über natürliche Zwischenstufen zu komplexeren Formen des Zusammenlebens auch den Männern ein Weg, für die soziale Organisation ihrer Gruppe verantwortlich zu werden, obwohl diese Organisation weiterhin auf den Schutz der weiblichen Mitglieder ausgerichtet bleibt, die ihrerseits den Nachwuchs sichern. Mit anderen Worten: Männer waren zwar zu einem Bestandteil menschlicher Gemeinschaft geworden, aber sie bildeten noch nicht deren Mittelpunkt.

Diese Einschätzung wird von den allerneuesten Ergebnissen anthropologischer Forschung bestätigt und setzt sich zunehmend durch. Frühere Anthropologen waren von zwei Denkmustern her beeinflußt. Sie glaubten, durch die Beobachtung noch existierender Jäger/Sammler-Gesellschaften Einblick in die Lebensweise früher Homo-Gruppen gewinnen zu können. Sie untersuchten die Gewohnheiten und Zusammenhänge, die sie bei noch lebenden Völkern vorfanden, und setzten diese dann in Beziehung mit den fragmentarischen Zeugnissen, fossilen Resten und Skeletteilen, wie sie durch Ausgrabungen zu Tage gefördert wurden. Aus diesen beiden Quellen gespeist, rekonstruierten sie ein Bild der primitivsten Anfänge gesellschaftlichen Lebens der Frühzeit, ein Bild, das weitgehend akzeptiert wurde. Es war das Bild einer Lebensweise, die wesentlich von den Erfordernissen der Jagd bestimmt wurde und in der die Männer die dominierende, die bestimmende Rolle spielten, während Frauen mehr oder weniger ihre Anhängsel, ja, ihr ›Eigentum‹ gewesen sein sollten – das crude Bild der geistigen Verfassung frühen menschlichen Lebens wurde gern illustriert mittels eines brutal dreinschauenden ›Höhlenmenschen‹, der sein Weib an den Haaren hinter sich herschleift. Es ist denkbar, daß eine derartige Vorstellung so generell akzeptiert wurde, weil sie sich im Prinzip mit dem Rollenverständnis von Mann und Frau beim viktorianischen (und sinngemäß ins Deutsche übertragen: beim wilhelminischen) Mann deckte und bestätigte, was er für die natürliche Ordnung der Dinge hielt.

Es ist eine allgemeine und inzwischen nur zu gültige Beobachtung, daß wissenschaftliches Denken, egal als wie ›unparteiisch‹ und angeblich objektiv es sich selbst versteht, fast invariabel viel von der Haltung, den Wertmaßstäben und den generellen Anschauungen der Zeit und des gesellschaftlichen Standorts des jeweiligen Wissenschaftlers reflektiert.

Gerade die jüngsten und daher noch kaum ins allgemeine Bewußtsein gedrungenen Untersuchungen erbringen mehr und mehr Beweise dafür, daß beide Methoden, nach denen frühe Anthropologen bei ihren Forschungen vorgingen, in die Irre führten und daß das von ihnen gezeichnete Bild demzufolge falsch ist.

Zunächst einmal ist auch die einfachst organisierte heutige Stammesgruppe nicht ›primitiv‹. Auch sie ist von unseren gemeinsamen Homo-erectus-Vorfahren zeitlich genauso weit entfernt wie die höchstentwickelte und technisch fortgeschrittenste städtische Gesellschaft. Was wir sehen, sind Anpassungen an einen Lebensraum, sei es Regenwald, Eisscholle oder Wüste, die sich über einen gleich langen Zeitraum herausgebildet haben wie die unserer westlichen Industriegesellschaften. Diese Anpassungen stellen das Ergebnis einer Wechselbeziehung zwischen einer bestimmten Umwelt und den Menschen, die in ihr leben, dar, und sind auf ihre Art so perfekt wie die irgendeiner non-humanen Spezies und in vieler Hinsicht westlichen Zivilisationen durchaus überlegen.

Wir können daher kein Bild *wirklichen* primitiven Lebens nur aufgrund unserer Kenntnis von heutigen einfacheren Gesellschaften entwerfen.

Dem gleichen (Trug)Schluß wie diese Anthropologen erlagen die Linguisten. Es gab eine Zeit, in der sie glaubten, den Ursprung aller Sprachen am ehesten finden zu können, wenn sie die Sprachen von Stämmen niedrigster Entwicklungsstufe erforschten. Sie fanden jedoch, daß *alle* heute gesprochenen Idiome, einschließlich jener ›primitiver‹ Bewohner tropischer Regenwälder, bereits hochentwickelte Medien sind, geeignet, all die komplexen Inhalte von Gedanken und Gefühlen auszudrücken, deren ihre Benutzer fähig sind. Tatsächlich zeigt die Dichtkunst solcher Völker, daß deren Sprache eine Denk- und Vorstellungskraft besitzt, die der unserer eigenen Dichter in keiner Weise unterlegen ist.

Es gibt unter den heute gesprochenen Sprachen keine wirklich ›primitive‹, genausowenig wie es eine wirklich primitive Kultur gibt.

Der zweite Weg, die Anfänge zu erforschen, führte gleichfalls in die Irre, wie man heute weiß.

Paläontologen, die fossile Homo-Reste ausgraben, haben große Sorgfalt darauf verwendet, den beigelagerten Schutt, in dem solche Überbleibsel gefunden wurden, zu untersuchen. In sehr vielen Fällen fanden sich dabei Tierknochen, manche zu Werkzeuggebrauch bearbeitet, die meisten aber einfach die nicht mehr genießbaren Reste von Mahlzeiten jener längst vergangenen Esser. Diese versteinerten

Knochen schienen den Eindruck zu bestätigen, daß man es mit einer Fleisch verzehrenden Population, die also primär von ihren Jagderfolgen abhing, zu tun habe, was im Rückschluß wieder die äußerst wichtige Rolle des jagenden Mannes zu bekräftigen schien.
Das gründlichere Studium solcher einfachen heutigen Gesellschaften, in Bezug gesetzt zu unseren Kenntnissen von frühen Kulturen, Höhlenbildern und Ritzzeichnungen auf Stein oder Knochen, und die Neubewertung der erwähnten Funde im Lichte dieser Zusammenhänge zeigen uns, daß die oben angeführten Schlußfolgerungen ein falsches Bild gegeben haben.
Natürlich bezeugen die fossilen Knochen, daß die damaligen Homo-Populationen erjagtes oder von Aas herrührendes Fleisch aßen. Aber diese Reste vieler Mahlzeiten sagen nichts darüber aus, was sie sonst noch als Nahrung zu sich nahmen. Knochen haben nun einmal die Tendenz, sich zu erhalten. Pflanzliche Nahrung dagegen wurde entweder restlos verzehrt oder löste sich, falls etwas davon übrig blieb, in kurzer Zeit auf und hinterließ keinerlei Spuren für Anthropologen.
Den einzigen objektiven Zugang zur Lebensweise eines ausgestorbenen Lebewesens bieten die Formen seiner Zähne – ob sie also entwickelt wurden, um Fleisch zu zerreißen oder abzubeißen oder um pflanzliche Kost zu zermahlen. Und tatsächlich zeigt die chronologische Abfolge menschlicher Zahnformen einen Wechsel der Nahrungsbeschaffenheit, weg von dem ursprünglich vorwiegend herbivoren Typ, an. Ob aber die Nahrung sich änderte, weil die Zähne kleiner geworden waren, oder ob umgekehrt die Zähne kleiner ausfielen, weil die Ernährungsweise sich geändert hatte, das ist noch eine offene Frage.
Eine genauere und gründlichere Erforschung der Lebensweise noch bestehender Jäger/Sammler-Gesellschaften hat die früheren Meinungen gleichfalls modifiziert. Dabei hat sich ein Tatbestand enthüllt, der zuerst überraschte und der auch erst als gültig akzeptiert wurde, nachdem weitere Erforschung unterschiedlicher Populationen ihn bekräftigt hat. Tatsache ist, daß sogar bei den Stämmen, die noch heute von der Jagd leben, der größte Teil der aufgenommenen Nahrung (wie wir erwähnten: 70 bis 80% des Proteinbedarfs, insgesamt gesehen also noch mehr) sich kaum von der der non-humanen höheren Primaten unterscheidet. Der einzige Unterschied besteht darin, daß die Heutigen nicht alles, wie sie es finden oder auflesen, sofort auch essen, sondern es in irgendwelche Behältnisse geben und erst

später teilen. Die Kung-Frauen der Kalahari benutzen eine ›kaross‹, teils Hülle, teils Behälter, aus Fell genäht, worin sie alles, von Beeren bis Babys, transportieren. Die ›kaross‹ wird aus Antilopenleder gefertigt und hat sich als außerordentlich praktisch erwiesen.
Und was mehr ist, es sind die Frauen, manchmal von ihren älteren Kindern unterstützt, die all diese Nahrung heranschaffen, Gesammeltes wie auch kleine Nagetiere, Stachelschweine, Aasstücke vom Wildschwein, von der Giraffe, der Antilope und verschiedenen Gazellenarten, Dinge, die sie dann auch zu Mahlzeiten zubereiten. So ist also nicht einmal eine Jäger-Gesellschaft in ihrer Ernährung abhängig von dem, was die Jäger selbst beibringen. Deren Beute liefert das Besondere, den gelegentlichen Festschmaus in einer Atmosphäre von Feierlichkeit, stellt aber nicht die eigentliche Grundlage der Ernährung. Wie die erste und oberflächliche Beurteilung von Jäger-Gesellschaften verleiteten auch solche fossilen Knochen für sich und zusammengenommen zu einer Überbewertung der Jagd, und damit der männlichen Rolle jener Zeit.
Wenn wir über diese unvorstellbar langen Zeiträume zurückschauen – fünf bis sechs Millionen Jahre, während derer sich die Homo-Linie herauskristallisierte und sich von der der Pongiden (Affen) trennte – und den wahrscheinlichen Ablauf der Entwicklung zu überblicken suchen, dann haben wir in der individuellen Entwicklung unserer Kinder eine Quelle der Information und der Vergleichsmöglichkeiten.
In verschiedener Hinsicht reflektiert die Phase früher Kindheit die Entwicklung unserer Art, auf ihre wesentlichen Stationen konzentriert. Wenn wir uns den stammesgeschichtlichen Weg von Lebewesen mit ihren unendlich kleinen einzelnen Fortschritten und die schier unvorstellbare Zeitdauer der Evolution vergegenwärtigen, während der sie sich von affenartigen Lebewesen zum heutigen Menschen gewandelt haben, und wenn wir uns ferner diesen Vorgang zeitrafferartig – wie beim Filmen einer sich entfaltenden Blüte – in einige zwanzig Jahre zusammengedrängt vorstellen, dann können wir zahlreiche Entsprechungen zur Evolution bei jedem einzelnen menschlichen Leben wiederfinden, vom Augenblick der Empfängnis angefangen bis hin zum Erwachsenenalter. Schrittweise über Äonen von Zeit hinweg, deren Maßstäbe der Begriff der ›Evolution‹ setzt, vergrößert und verfeinert sich das Hirn des Menschen, während seine körperliche Gestalt parallel dazu eine zunehmend aufrechte Haltung und eine als menschlich erkennbare Form annimmt.

Es ist erst kürzlich überzeugend nachgewiesen worden, daß Affen unserer Zeit – insbesondere Schimpansen und Gorillas – ein Bewußtsein ihrer selbst haben, das das individuelle ›Ego‹ und die Individualität eines ›anderen‹ erkennt und unterscheidet. Bei dem Prozeß zunehmender Intelligenz führt dieser Sinn für das eigene Selbst zu Vermutungen über das Sein anderer. Das geschieht in Formen, die vom eigenen Selbst her gedacht werden. Wie wir bei unseren kleinen Kindern sehen können, zeigen sich bei ihnen die gleichen Tendenzen, ›anderen‹, sogar unbelebten Objekten, die Art von Regungen zuzuschreiben oder zuzubilligen, die sie in sich selbst fühlen. So etwa, wenn ein kleines Kind, das sich an einem Tisch gestoßen hat, nach ihm tritt oder schlägt: »Du böser Tisch – du hast mir wehgetan.«
Ebenso empfanden sicherlich auch frühe Menschen Lebewesen und Gegenstände ihrer Umgebung als von Gefühlen und Absichten erfüllt, wie sie selbst sie fühlten.
Wir haben eine Bestätigung dafür, daß dies wirklich einmal als Durchgangsphase geistiger Entwicklung beim Menschen Gültigkeit hatte, nämlich in den heute noch vorhandenen animistischen Glaubensformen.
In den ersten drei Lebensjahren eines Kindes, wenn sein Gehirn etwa Dreiviertel seines endgültigen Umfangs erreicht, wenn es vom Krabbeln auf allen vieren zum aufrechten Gehen findet (eine Zeit, welche die Jahrmillionen menschlicher Evolution vom Ramapithecus zum Homo erectus zusammendrängt), dann ist seine Vorstellung von sich selbst unlösbar verknüpft mit seiner Vorstellung von der Mutter – eine Konzeption, die sich nach und nach in das Verstehen und Unterscheiden von zwei Ganzheiten ›lockert‹. Selbst wenn sich das Kind schließlich seines Getrenntseins von der Mutter voll bewußt wird, verbleibt eine starke Bindung zu ihr. Für das Kind bleibt die Mutter die Quelle von Nahrung, von Trost, von Wissen, und sie ist untrennbar von seinem Gefühl der eigenen Sicherheit.
Darin also wiederholt das heutige Kind in zusammengedrängter Form eine Phase der Evolution des Menschen.
Die ersten Menschen müssen die Welt notwendigerweise als eine umfassend weiblich bestimmte Ordnung empfunden haben. Die Spuren ihrer Kunst, die uns überlieferten Mythen, Glaubensvorstellungen, wie sie durch ihre Bestattungsbräuche und durch die alles überlagernden Schichten späterer Religionen schimmern, sie alle bestätigen das. Ihre ersten Gottheiten waren keine männlichen Götter der Jagd oder gar des Krieges, sondern lebenspendende Muttergottheiten, mit

denen sich die Vorstellungen von Wiedergeburt und später auch von Fruchtbarkeit wie bei dem Konzept der ›Mutter Erde‹ und schließlich das sichere Gefühl der Fürsorge und des Schutzes verbanden. Die gleichen Überlieferungen zeigen – und das hat Marie E. P. König im vorhergehenden Kapitel dieses Buches anhand einer Fülle von Beispielen erhärtet – eine wachsende und wache Bewußtheit von der ›Mutter‹ als dem mächtigsten Grundelement des Lebens, einer Allgegenwart, die manchmal auch straft, der zu gehorchen ist und die man möglichst zu verwöhnen hat. So sind also auch die gebogenen Hörner des Bisons auf Höhlenbildern nicht etwa männliche Symbole der Geister des erlegten Wildes, die es zu versöhnen gilt, wie man eine Zeitlang ernstlich geglaubt hatte, sondern Symbol des weiblichen Mondes in seinen gegenläufigen Phasen.

Aber selbst wenn wir keine überkommenen kulturellen Artefakte und keinerlei mündliche Traditionen hätten, so würden doch die biologischen Fakten allein schon ausreichen, um zu zeigen, daß die Menschen als Art in eine weibliche Welt hineingeboren wurden, und heute noch werden, und daß dies so sein muß.

Ausgehend von der biologischen Situation, wie sie mit der Tatsache des Säugetier-Seins vorgegeben ist, ist es und war es zu allen Zeiten offensichtlich, daß der Mann, vom weiblichen Kern menschlicher Gruppenbildung her gesehen, nur eine periphere Bedeutung haben kann, etwa der jener Väter vergleichbar, welche die Korridore moderner gynäkologischer Abteilungen auf und ab wandern und trotz allem für den Geburtsvorgang ihres Nachwuchses recht unwichtig sind. Welche Konsequenzen aber hat dieses Gefühl des Mannes, ›draußen vor der Tür‹ bleiben zu müssen, bei einer Sache, die, alles in allem, das wichtigste Einzel-›Erlebnis‹ im Leben darstellt – die Geburt?

(Ist übrigens das deutsche Wort ›Er'leb'nis‹ nicht ein wunderbares Synonym für ›Geburt‹ – genauso wie ›Be'ginn‹ und ›An'fang‹ nichts anderes meinen und sprachlich von diesem ›wichtigsten Einzelerlebnis‹ im Leben des Menschen her gebildet wurden?)

In jüngster Zeit erleben wir in Amerika und in Europa, daß junge Ehemänner versuchen, sich mit diesem Ereignis zu identifizieren, indem sie im Kreißsaal der Frauen dabei sind, wenn ihre Frauen gebären. Wir sehen auch, wie sie ihre schwangeren Frauen zu Mütterkursen begleiten, die ursprünglich nur der Vorbereitung auf das Erlebnis des Gebärens und der Behandlung des Säuglings dienen sollten, inzwischen aber auf den teilnahmsvollen Ehemann erweitert wurden, um ihn zu lehren, wie er während der Zeit der Schwangerschaft und beim Geburtsvorgang von Nutzen sein und wie er sich an der Pflege des Babys beteiligen könnte. Ein solcher Antrieb unserer jungen Väter von heute, teilzuhaben am Geburtsvorgang, ist an sich nichts Neues. Über alle Zeitalter hinweg und in allen Teilen der Welt finden wir unterschiedliche Manifestationen dessen, was man ›Couvade‹ zu nennen sich angewöhnt hat. ›Couvade‹ ist das französische Wort für ›brüten‹ und steht hier äußerst zutreffend, denn bei zahlreichen Vogelarten nimmt der Vater tatsächlich aktiv am Brutgeschäft und daher an der Geburt der Jungen teil, indem er seinen Anteil an den Brutpflichten übernimmt, bis die Kücken schlüpfen. Danach beteiligt er sich an der Futtersuche und an der Fütterung.

Bei der reinsten Form der Couvade legt sich der angehende Vater ins Bett, simuliert die Wehen und führt sich in jeder Hinsicht so auf, als ob er derjenige sei, der das Kind zu gebären habe. Diese Sitte ist bei Westafrikanern, in Mikronesien, bei vielen melanesischen Stämmen, über den ganzen westindischen Archipel, auf den Philippinen und bei den Ureinwohnern Japans, den Ainu, beobachtet worden. Ihre vollste Ausformung erfuhr sie bei karibischen und bei einigen Indiostämmen Südamerikas, wo sie noch heute anzutreffen ist.

Wie weit die Couvade getrieben werden kann, demonstrieren am besten die Jivaros von Ecuador. Dort hat die Frau alle Beschwernisse und Schmerzen des Gebärens, sozusagen den Elementen ungeschützt ausgesetzt, außerhalb des Hauses hinter sich zu bringen, während es sich der Gatte drinnen bequem macht, sich einige Tage lang selber füttert und verhätschelt, bis er sich von dem Schock in seinem Nervensystem und von der neuen Vaterschaft erholt hat.

Schwächere Varianten der Couvade sind weit verbreitet. Sie können besondere Verbote und Gebräuche umfassen, die dem Vater während des Gebärvorgangs auferlegt sind, oder Forderungen nach dem Unterlassen bestimmter Tätigkeiten beinhalten, die das ungeborene Kind verletzen könnten. Bei den Dayaks in Malaya darf der Mann einer schwangeren Frau bis zum Einsetzen der Wehen keine Arbeit mit einem scharfen Gerät verrichten, wenn dies nicht absolut lebensnotwendig für ihn ist. Er darf beim Zusammenbinden irgendwelcher Dinge keine Bambusruten verwenden, darf Tiere nicht schlagen, kein Gewehr abfeuern oder sonst etwas Gewalttätiges tun. Er glaubt, daß solche Handlungen das zarte Kind verwunden oder seine Geburt behindern könnten. Auch Nahrungstabus sind bei vielen Kulturen üblich. Bei einem nordamerikanischen Indianerstamm verzieht sich der

zukünftige Vater hinters Haus, wo er – sicherlich vorgeblich – von Steinen entbunden wird.
Im nachgriechischen, christlichen Europa, in dem eine vollständige Umkehrung des biologischen Schemas stattgefunden hatte (wir werden gleich darauf zu sprechen kommen) und in dem männerorientierte, männerbeherrschte Gesellschaften eingeführt worden waren, kannte man diese alten Ausdrucksformen eines männlichen Dranges der Teilnahme und des Teilhabens an solchen elementaren Funktionen der weiblichen Natur nicht. Und doch finden wir Hinweise darauf in der wundersamen Erzählung von ›Aucassin und Nicolette‹. Diese Troubadour-Ballade wurde gegen Ende des 12. Jahrhunderts wahrscheinlich im nördlichen Frankreich geschrieben, geht aber wohl auf maurische Quellen in Spanien zurück. Die Erzählung ist in Prosa geschrieben, die von Versen durchwebt ist – eine in der arabischen Literatur übliche Form. Der Held hat bei der Verfolgung seiner entführten Geliebten an der Küste Nordafrikas Schiffbruch erlitten:
»Man sagte ihm, dies sei das Land derer von Torelore. Darauf wollte er wissen, wer das sei und ob Krieg herrsche? Und sie sagten ihm: Ja, ein großer Krieg.
Er wanderte weiter, bis er an das Schloß kam.
Er fragte, wo der König sei, und sie sagten ihm, der läge im Kindbett.
Und wo ist seine Gemahlin?
Und sie erzählten ihm, die sei beim Heer und sie habe alles Volk des Landes dorthin mitgenommen.
Als Aucassin das hörte, fand er das alles sehr merkwürdig. Und so kam er zum Palast und ging weiter und weiter, bis er das Zimmer des Königs betrat, der dort zu Bette lag.«
Hier heißt es dann:
»Aucassin betrat das Zimmer, und ging geradewegs bis ans Bett, auf das der König gelegt war. Gerade vor ihm stellte er sich auf. Und so sprach er – hört, was er sagte: ›Na, steh schon auf, du Narr – was tust du hier?‹
Antwortete der König: ›Einen Sohn trage ich. Sobald mein Mond endet und ich wieder ganz und geheilt, dann werde ich gehen, meinen großen Krieg fortzuführen aufs neue gegen meine Feinde.‹«
Nun, es geschah ja nicht nur in Nordafrika, daß der Vater sich ins Bett verkroch, wenn die Zeit der Geburt seines Kindes nahte, wo er all die Aufmerksamkeit genoß, die eigentlich der Mutter bei solcher Gelegenheit gebührt. Bei dieser Erzählung zeigt sich jedoch das Bestre-

ben, sich von der Mutter zu trennen und an ihrer Statt mit dem Vater zu verbünden, in ganz extremer Weise. Die Mutter, die unmittelbar vor ihrer Niederkunft steht und diesbezüglich keinerlei Fürsorge erfährt, zieht die Rolle des Vaters an sich. Wenn er ein Bauer wäre, so ginge sie während seiner ›Entbindung‹ zur Feldarbeit, war er aber ein König oder Prinz, so bestieg sie ein Roß und ritt mit seinem Heer oder den Rittern, bis ›sein‹ Wochenbett endete.
Ein rückhaltloseres Streben von seiten des Mannes, die Frau und Mutter ihrer Rolle zu entheben und sie dorthin zu verbannen, wo er selbst seinen eigentlichen und von Natur inferioren Standort sah, ist wohl kaum denkbar.
Wir brauchen nicht lange zu suchen, um die Ursache ausfindig zu machen, die diesen männlichen Drang, die so lebenswichtige Rolle der Frau beim Gebären zu übernehmen, auslöst. Sie liegt in dem biologisch motivierten Streben nach Dominanz.
Wie schon erwähnt, findet sich das gleiche Streben nach Überlegenheit bei allen höheren Lebewesen, weiblichen wie männlichen. Es wurde zuerst bei den Hennen auf dem Hof beobachtet und führte zu der Bezeichnung ›Hackordnung‹. Seither hat man festgestellt, daß dies ein weitverbreitetes Verhaltensmuster ist, obwohl es bei einigen Arten ausgeprägter erscheint als bei anderen. Die Auslese unter dem Aspekt der Dominanz beginnt schon mit der Rivalität an den Zitzen der Muttertiere und setzt sich fort, bis der relative Rang jedes einzelnen der neuen Generation fest etabliert ist. Wenn dann der Wurf einer Saison seinerseits die Geschlechtsreife erreicht, ist der soziale Rang gewöhnlich schon recht gut ausgelesen. Mit dem Vorbehalt allerdings, daß die Individuen der höheren Ränge von hoffnungsvollen und vielversprechenden Außenseitern wieder und wieder gefordert werden. Dieser Trieb und solches Treiben sind wichtig für die gesellschaftliche Ordnung. Denn hätte jedes Einzelwesen um *jeden* Brokken Futter, um *jeden* geeigneten Nistplatz und um *jede* Gelegenheit zur Begattung zu kämpfen, dann würde die Population im Zustand permanenten Streitens leben müssen.
Bei den Kämpfen um den höheren oder höchsten Rang ist es übrigens genauso wichtig, daß der Unterlegene den subdominanten Status hinnimmt und den Kampf nicht fortsetzt, wenn einmal klar ist, daß er nicht gewinnen kann. Das ist genauso wesentlich wie das An-sich-Ziehen der Privilegien des Ranges durch den Sieger. Wäre es nicht so, würden die Verlierer die Sieger ständig von neuem herausfordern, und das würde Kämpfe auf Leben und Tod bedeuten, bis nur ein ein-

ziges, das stärkste Tier überlebte. Die Population wäre innerhalb kurzer Zeit zum Aussterben verurteilt.

Die Wirkung natürlicher Auslese besteht also darin, daß die überlebenden Populationen höherer Tierarten durchweg von dem Prinzip einer an Dominanz orientierten Hierarchie beherrscht werden.

Unter Menschen aber finden wir Anzeichen einer Perversion dieses Prinzips. Bei allen anderen Tierarten sind Rangordnungen eine Sache jeweils innerhalb eines Geschlechts – Männchen messen sich mit Männchen, und der dabei erkämpfte Rang bestimmt die Priorität des einzelnen in Dingen, die nur wieder die Männchen angehen. Ebenso regeln die Weibchen die Rangordnung nur unter ihresgleichen. In der Natur gibt es normalerweise keine Rangkämpfe zwischen den Geschlechtern. Da die Funktionen nach Geschlechtern aufgeteilt und biologisch definiert sind, hätte ein intersexueller Rangstreit ohnehin keinen Sinn – und hat im übrigen auch nicht stattgefunden.

Beim Menschen allerdings beobachten wir abweichend vom Verhalten der Tiere Anzeichen von Rangkämpfen *zwischen* den Geschlechtern. Wenn sich eine solche Verhaltensweise festsetzt, können wir davon ausgehen, daß ihr ein biologischer Faktor zugrundeliegt. Aber keiner der Aspekte evolutionärer Entwicklungen ist eindimensional. Wir finden nur selten eine einzige Ursache für eine bestimmte Erscheinung, sondern in aller Regel mehrere Faktoren, die sich aus ihrer Wechselwirkung untereinander am Ende fest miteinander verfugen. Im vorliegenden Fall entdecken wir zwei oder drei Nebenursachen, die zur Gesamtsituation beitragen: eine entstammt der weiblichen Physiologie, eine weitere der allgemeinen menschlichen Natur und die letzte dem männlichen Körperbau.

Beginnen wir mit dem weiblichen Anteil. Die Tatsache, daß die Homo-Frau schneller und zu intensiveren Orgasmen fähig ist als der Mann, daß sie also multiple Orgasmen innerhalb kurzer Zeit erleben kann, ist erst in allerjüngster Vergangenheit von den Männern wissenschaftlich entdeckt worden. Bis vor kurzem glaubte man, eine Frau sei ›weniger sexuell‹, womit man meinte, sie sei weniger an Sex interessiert als der Mann und habe Sex nicht so nötig wie er.

Wenn ein physiologischer Faktor wie dieser offenbar wird, dann fragen wir uns nach dem Warum und wie kam es dazu? Klar ist, daß der Orgasmus für den Befruchtungsvorgang nicht entscheidend ist. Völlig frigide Frauen, die noch nie einen Orgasmus erlebt haben, können trotzdem empfangen. Wenn aber eine solche Erscheinung gegeben ist, ohne daß ein biologischer Grund für ihr Vorhandensein gefunden werden kann, dann kann es, besonders auch angesichts der von der Natur sonst befolgten Sparsamkeit, nur eine Antwort geben: es handelt sich um einen ›Überschuß‹, um ein Nebenprodukt irgendeines anderen Vorgangs.

Wir finden die Ursache für diese Redundanz weiblicher Orgasmusfähigkeit wie für so manches andere die menschliche Entwicklung bestimmende Element in der geradezu unverhältnismäßigen Hilflosigkeit des Menschenkindes und der absoluten Notwendigkeit länger andauernder Fürsorge durch die Mutter. Dadurch entsteht auf dem Wege der Evolution eine gewisse Tendenz zu einer verlängerten Laktation. Die Hirnzentren, welche die Tätigkeit der Milchdrüsen regulieren, sind denen, die die Produktion der Sexualhormone steuern, auf das engste benachbart. Wenn nun bei der weiteren Selektion der Art die Vermehrung der hormonalen Ausschüttung zugunsten des Nachwuchses begünstigt wird, so wird sich eine Tendenz herauskristallisieren, eine gesteigerte Produktion von Sexualhormonen in diese Entwicklung miteinzubeziehen. So ergibt die natürliche Auslese der Individuen, die zu einer angemessenen Langzeitfürsorge für das Kind geeigneter sind, gleichsam als ein Nebenergebnis die Begünstigung solcher weiblicher Erbträger, die zu einer gesteigerten Sexualität fähig sind (der Leser wird sich hier des an früherer Stelle erwähnten Hintersinns des Wortes ›FÄH'ig‹ erinnern).

Bis zu einem gewissen Grade ist sogar der Mann mit einbezogen in diese evolutionäre Entwicklung und von ihr mit betroffen, da eine von Fürsorglichkeit gegenüber Weib und Kind bestimmte persönliche Einstellung bei der Beurteilung des Mannes durch die Frau einen hohen Stellenwert bekam und Partner mit dieser Qualität wahrscheinlich bevorzugt wurden. Da aber die Notwendigkeit einer verlängerten Laktation auf ihn nicht zutraf, blieb die begleitende hormonale Stimulation bei ihm in Grenzen.

Wenn die überlegene weibliche Sexualität auch nur gefühlsmäßig, und selbst das in eher sublimer Form, erfahren wurde, so mußte es am Ende für die Männer doch wichtig werden, weibliche Sexualität in Schach zu halten.

Das geschah nicht aus böser Absicht gegen die Frauen, sondern aus biologischer Notwendigkeit. Ein unterwürfiges Primaten-Männchen bringt es infolge der Koppelung von Sexualverhalten und Dominanztrieb zu keiner effektvollen sexuellen Aktion. Es braucht ein Gefühl der Überlegenheit, zumindest für die Dauer der Kopulation, um überhaupt ein angemessenes sexuelles Verhalten zuwege zu bringen.

Wir können uns ohne viel Phantasie vorstellen, wie schwierig das unter ausgeprägt gynaikokratischen Lebensumständen für manchen Mann gewesen sein muß.
Jüngste Untersuchungen auf Primaten-Stationen haben eine signifikante Korrelation zwischen dem gesellschaftlichen Status eines Männchens in seiner Gruppe und seiner Produktion an Testosteron, dem männlichen Sexualhormon, gezeigt. Als man durch bestimmte Versuchsanordnungen den sozialen Status eines dominierenden Tieres gewaltsam veränderte, indem man z.B. seine Bewegungsfreiheit einengte oder es in ein anderes Revier sperrte, wo es noch ohne Rang war, dann sank der Testosteron-Spiegel rapide ab. Wenn aber weniger ranghohen Männchen Testosteron-Injektionen verabreicht wurden, erhöhte sich ihre Neigung zu Aggressionen und ihr sozialer Status stieg. Wenn man umgekehrt einem Tier mit niederem Rang Gelegenheit zu höchstem Status gab, indem man alle seine Konkurrenten aus dem Käfig entfernte, dann stieg der Testosteron-Spiegel prompt an. Hier sehen wir also einen klaren Zusammenhang zwischen der Produktion von Sexualhormonen und dem Gefühl der Dominanz bei Primaten.
Das bisher Gesagte betraf nur den einen der Ursachenstränge, welche die Männer zwingen konnten, eine überlegene weibliche Sexualität in Schach zu halten, was wiederum dazu führt, daß solches Streben zu einem Faktor des intersexuellen Wettbewerbs wird. Wir können das so zusammenfassen:
Beim Menschen verlängerte Kindheitsphase ——→+ verlängerte Laktation ——→+ erhöhte weibliche Sexualität ——→+ männliche Reaktion mit dem Ziel, das weibliche Element unterzuordnen, um die eigene Sexualität absolut und in Relation zur weiblichen zu vergrößern. So weit, so gut. Wir wollen nun die Spur eines anderen der drei erwähnten Ursachenstränge verfolgen.
Wir haben die Menschen als hypersexuelle Lebewesen beschrieben; dazu berechtigt ihre Bereitschaft zu sexueller Aktion zu jeder Stunde während aller Tage des Jahres. Bei der restlichen Tierwelt schwankt sexuelle Aktivität zwischen einmaliger (d.h. eine einzige Kopulation im Leben), saisonbedingter, einmal jährlicher und periodischer, was von den Phasen des weiblichen Oestrus gesteuert wird.
Normalerweise befindet sich nur der Mensch nach Erreichen seiner Geschlechtsreife in ständiger sexueller Aktionsbereitschaft. Der Satz zeigt mit dem Wort ›normalerweise‹ einen gewissen Vorbehalt an, weil man seit einiger Zeit bei Affen, die in zoologischen Gärten leben,

in dieser Hinsicht interessante Beobachtungen gemacht hat. Während bei wild lebenden Affen eine periodische Sexualität herrscht, bestimmt von den Perioden weiblicher Empfängnisfähigkeit, ähnelt das Sexualmuster der Zoo-Affen dem menschlichen. Dies deutet darauf hin, daß die künstlichen Lebensbedingungen in Gefangenschaft eine Veränderung des Paarungsverhaltens der Tiere herbeiführen.

Es ist heute allen Zoologen bekannt, daß die Populationen aller Tierarten durch Evolution an eine bestimmte Bandbreite ihrer Populationsdichte angepaßt sind. Wenn eine Gruppe, ein Rudel oder eine Herde sich – gemessen an der vorgegebenen Bandbreite – zu sehr verringert, sei es aufgrund von Futtermangel, zu starker Bejagung durch Raubtiere oder durch klimatische Einwirkungen, so neigt sie dazu, sich weniger wählerisch zu vermehren, um die Zahl möglichst schnell wieder dem gesteckten Rahmen anzunähern. Wenn sich die Populationsdichte über die der Art eingegebene Toleranzgrenze hinaus vermehrt, dann werden alle möglichen Formen von abweichendem Verhalten entwickelt und es treten zugleich unterschiedliche Mechanismen in Kraft. Diese umfassen Reaktionen von der Emigration bis hin zu verschiedenen Methoden, die Überschüssigen zu eliminieren. Das alles wird vom Nervensystem gesteuert. Es wäre faszinierend, die zahllosen Varianten sowie die Art der Durchführung solcher populationsberichtigenden Mechanismen näher zu betrachten, doch was uns hier vor allem interessiert, ist die Tatsache, daß eine größere Dichte mit der Einengung des ›persönlichen Umfeldes‹ des einzelnen einen Spannungszustand im Nervensystem erzeugt, den man experimentell nachweisen kann und der sich Schritt für Schritt aufbaut, bis die arteigenen korrigierenden Reaktionen ausgelöst werden.

Wir wissen, daß sexuelles Verkehren eine Tätigkeit ist, die Spannungen reduziert. Das Beispiel der Zoo-Affen zeigt erstens, daß permanenter Sex möglich, wenn auch nicht die Norm ist, und zweitens, daß dies tatsächlich aus Spannungssituationen resultiert, da man – in einem Zoo notgedrungen – den Tieren ausreichenden Bewegungs- und Lebensraum verweigert und gleichzeitig jene Aktivitäten, die in ihrer natürlichen Umwelt dem Abbau von Spannungen dienen, durch die künstliche Situation verhindert. Dies könnte darauf hindeuten, daß auch beim Menschen der Wechsel vom periodischen zum ständigen Sex stattfand, als man damit begann, in fester umrissenen Gemeinschaften zu leben, wobei deren Populationsdichte zunahm.

Noch vor ziemlich kurzer Zeit haben – männliche – Anthropologen angenommen, daß der permanente Sex unter den Geschlechtern entstanden sei, weil er einen Bindungsfaktor darstelle, der den Mann bei der Frau halte und insofern eine positive Anpassung bedeute, weil er sie so bei der Pflege ihres allzu hilflosen Kindes unterstützen könne, wie Vogelväter es ja auch tun. Mir scheint, der männliche Glaube, Frau und Kind könnten ohne ihn nicht auskommen, hat diese spezielle ›wissenschaftliche‹ Erklärung be'vatert. Tatsächlich war der Anteil der Väter an der Fürsorge für ihren kleinkindlichen Nachwuchs bis in die allerjüngste Vergangenheit äußerst minimal. Wir erinnern daran, daß das Jagen früher Männer etwas weniger als 25% zu der für eine Homo-Gruppe oder eine heutige Jäger/Sammler-Gesellschaft erforderlichen Nahrungsmenge beitrug oder beiträgt. Zudem wäre in jedem Fall rohes Fleisch kein allzu geeigneter Diätbeitrag für Babys und Kleinkinder gewesen. In vielen heutigen Stammesgesellschaften beginnt eine wirkliche Identifikation der Väter insbesondere mit Söhnen erst, wenn diese das Pubertätsalter erreichen. Wir wissen, daß die antiken Griechen keine sonderlichen Bindungen zu ihren Frauen empfanden, sondern sie ihnen lediglich zur Produktion von Nachwuchs und allenfalls politischen Zwecken dienten. Die echten Bindungen eines Atheners bezogen sich auf Mitmänner, oder auf Knaben. Der mittelalterliche Kreuzritter fühlte sich seiner Frau kaum mehr verbunden als der Athener, und ähnlich war es bei vielen Völkern – und doch überlebte die Rasse!

Wir können folgern, daß die ständige Bereitschaft zu sexueller Aktion nicht als solche ein Ausleseergebnis, sondern eher ein Nebenprodukt ist, das sich aus der Verquickung von mehreren Vorgängen ergab, deren herausragendste Einzelfaktoren wahrscheinlich die weibliche Hypersexualität, die Ausdehnung der Laktationserfordernisse für das Kind und der von größerer Populationsdichte ausgehende Spannungseffekt waren.

Was immer nun die Ursache auch gewesen sein mag, das Ergebnis hat den Mann unserer Art in die Lage gebracht, seine männliche Überlegenheit durch jederzeitige Bereitschaft zur Paarung beibehalten zu müssen.

Dieser zweite Ursachenstrang könnte folgendermaßen zusammengefaßt werden:

Größere Bevölkerungsdichte ——→ + Spannung ——→ + permanenter Sex ——→ + Einfließen des Antriebs zu dominieren in die intersexuellen Beziehungen.

Wir sehen also beim Menschen den *intra*sexuellen und durchaus natürlichen Trieb nach Dominanz zunächst auf beiden Seiten unabhängig voneinander intensiviert. Bei der Frau wird dies durch ihre Hypersexualität, beim Mann aus den Begleitumständen seiner ständigen Bereitschaft zu sexueller Aktion gefördert.
Eine exzessive Fähigkeit, ein ›Überschuß‹ an Dominanzstreben stellt für die Frau in der Regel kein Problem dar. Das Ergebnis *ihrer* sexuellen Aktivität ist ihr Kind. Sie ist von Natur dominant im Verhältnis zu ihren Kindern, so daß ihr Trieb fortgesetzte Befriedigung erfährt. Für den Mann ergibt sich jedoch ein Problem. In der übrigen Natur verliert sich nach der Paarungszeit zeitweise das Streben nach Dominanz, mindestens bis zur nächsten Paarungszeit, wenn erneut die Prioritäten zu setzen sind. Beim Menschen erlauben die männlichen Lebensumstände keine Ruhepause im Kampf um Überlegenheit. Er ist von der Paarung nicht dauerhaft befriedigt, da neue sexuelle Aktion jederzeit erwartet werden kann. So entwickelt sich der Trieb zu einem Superding, das auch dann noch Befriedigung fordert, wenn der biologische Zweck längst erreicht ist.
Nach Klärung dieser beiden biologischen Vorgänge können wir nun damit beginnen, sie in unseren stammesgeschichtlichen Kontext einzufügen. Wir haben gesehen, wie bei der Entwicklung menschlicher Gruppierungen das weibliche Prinzip als erstes bewußt wahrgenommen wurde und in der Folge dominierte. Alles, was wir von antiken Mythen, überlieferten künstlerischen Zeugnissen und der frühen Entwicklung unserer Kinder wissen, bestätigt das. Von seinem peripheren Standort her kommt schließlich auch der Mann ins Bild, was das Ergebnis vieler Entwicklungstendenzen ist, zumal der besonderen physischen Gegebenheiten größerer und stärkerer Körperlichkeit als einer Anpassung im Interesse des Schutzes und des Jagens für die Gruppe.
Doch ist er einmal der Gruppe nähergerückt und wirkt für sie, verlangt seine sexuelle Funktion gegenüber dem stärker mit Sex begabten weiblichen Element auf der einen Seite eine Subordinierung ihrer Sexualität, während auf der anderen Seite die wachsende Populationsdichte, in der er zu leben beginnt, zu Spannungen und dazu führt, daß sich sein natürliches Streben nach Dominanz übersteigert.
Es scheint so, daß diese unterschiedlichen Ursachenzuflüsse sich vor ungefähr 25000 Jahren, mitten im paläolithischen Matriarchat, zu einem breiteren Strom vereinigten. Damals standen weiblich-mütterliche Gottheiten, von Priesterinnen vertreten, über dem Leben der um

die Frau herum geordneten Gemeinschaften, von deren Kulten die Männer lange Zeit ausgeschlossen waren. Streng genommen, bieten die heutigen Kontroversen zwischen den Geschlechtern über die theologische Rolle von Frau und Mann der Steinzeit noch immer eine gewissermaßen seitenverkehrte Version der damaligen Situation.

Bevor wir jedoch unsere Betrachtung des Entwicklungsverlaufs fortsetzen, sollten wir uns die Beweise näher anschauen, die wir von jenen, von Frauen dominierten präpaläolithischen Gesellschaften haben.

Auffällig ist sogleich die Tatsache, daß die Frau nicht nur mit dem Begriff LEBEN, was natürlich genug gewesen wäre, sondern auch mit dem Begriff TOD assoziiert wurde. Diese Gedankenverbindung bestand schon früh, weil der Tod lediglich als Vorspiel zur Wiedergeburt in ein neues Leben gedacht wurde.

Wir erinnern daran, daß sehr primitive Menschen genau wie kleinste Kinder das eigene Bewußtsein ihrer selbst auf Objekte in der Welt um sie herum übertragen. Sich selbst zwar schon als lebendig empfindend, sind sie jedoch noch nicht in der Lage, sich eine Vorstellung von TOT zu machen, oder auch nur von einem Zustand des Nicht-Lebens. Genau wie sie meinen, daß so verschiedenartige Dinge wie Steine, Bäume, Donner oder sogar Tische über Gefühlsreaktionen wie sie selbst verfügen, so glauben sie auch – und was sonst sollten sie eigentlich annehmen auf jener Stufe? –, daß ein ›toter‹ Körper wie jemand, der eingeschlafen ist, zu neuem Leben erwachen wird. Wir wissen, daß unsere frühen Vorfahren genauso gedacht haben, weil sie ihre Toten entsprechend bestattet und sie für den Wiedereintritt in neues Leben vorbereitet haben. Der Gedanke an Wieder*geburt* wird da besonders deutlich, wo sie ihre Toten zu einer embryonalen Haltung mit den Knien unter dem Kinn zusammenbanden, sie in ein Tuch sozusagen wie in eine Fruchtblase hüllten und sie im Innern von Behältnissen analog dem vorgeburtlichen Aufenthalt im Mutterleib niederlegten, sei es in Steinkisten, Sarkophage oder Urnen.

Man vergegenwärtige sich die Allmacht einer solchen Göttin über die Geister präpaläolithischer Menschen, denen sie als Inkarnation des LEBENS, aber auch des TODES und weiter der Wiedergeburt, der Fürsorge für den Menschen und – später, nach Entwicklung von Herdenhaltung und Ackerbau – der Fruchtbarkeit erschien. Vielleicht konnte sie zu einem Teil auch eine Göttin der Liebe sein, aber zunächst und vor allem war sie die personifizierte MACHT.

Auch war sie nicht etwa nur eine lokale oder regionale Erscheinung.

Sie war Teil aller alten Kulturen, von denen wir wissen, und sie war ein so integraler Bestandteil von ihnen, daß wir allein daraus auf eine lange Vorgeschichte ihrer Macht seit urgeschichtlicher Zeit schließen können.

Figuren und Statuetten, die sie darstellen, sind in den meisten Landschaften Europas gefunden worden. Sie herrschte souverän auf der mediterranen Inselwelt und ebenso auf dem Festland, sie war mit ihren späten Namen Isis, Isis-Hathor, Nuth und Ta-Urt in Ägypten vertreten, sie war Tlazolteotl und Coatlicue in Mexico, Kwan-Yin in China, Tara in Indien, Gaia, Hekate-Artemis und Aphrodite in Hellas; ihre Tonfiguren und Statuetten wurden ausgegraben, wo heute Frankreich, Deutschland, Jugoslawien, Malta, Thrakien, Rom, Syrien, Susa, Irak, die Ägäischen Inseln, Zypern, Kreta, Troja, Phoenizien, Afrika oder Peru liegen. In ihrer Rolle als TOD war sie Rati auf Bali, Kali, die alles Verschlingende in Indien, Lilith in Sumer – Namen über Namen, doch alle zusammen nur ein Bruchteil derer, die sie außerdem noch trug.

Ihre Priesterinnen, Vorläufer späterer Stammesschamanen und noch späterer Zauberdoktoren, kannten magische Beschwörungsformeln und die wirkungsvollen Eigenschaften pflanzlicher Drogen. Sie waren allerdings nicht bloße Stellvertreter ihrer Gottheit bei Geburt und Tod, sondern herrschten schließlich auch über Leben und Gedanken der Menschen. Solche Macht führt zu Mißbrauch. Diener der Göttin wurden kastriert. Sie trugen weibliche Kleidung. Sie wurden zu Domestiken der Priesterinnen. Vielleicht wurden sie als inferiore Wesen schlechter behandelt und als Sklaven betrachtet.

Wir erinnern uns, daß die Männchen von nicht-humanen Primatengruppen bei Erreichung der Geschlechtsreife den Kreis um die Mutter verlassen. Wenn sie nicht freiwillig gehen, werden sie davongejagt, sozusagen zu den Gangs peripher lebender Jugendlicher. Es ist denkbar, daß das gleiche Verhalten bei Homo-Gruppen noch eine Übergangspraxis gewesen ist – und wenn dem so war, dann mußten die jungen Männer das als Grausamkeit empfinden.

Selbst wenn Macht einmal nicht zu Mißbrauch führt, erzeugt sie Furcht. Die Mythen, die uns vom Beginn geschichtlicher Zeit her überliefert sind, spiegeln solche Furcht vor allmächtigen weiblichen Gottheiten nur allzu deutlich wider. Die Medusa war weiblich, Ranga in Indien. Da wird von männermordenden Amazonen erzählt, jenen machtvollen Kriegerinnen, denen das Versklaven der Männer nachgesagt wird. Ob amazonische Kulturen je wirklich existierten, wird noch immer kontrovers diskutiert. Aber die Tatsache, daß solche Mythen überhaupt bestehen, zeugt davon, wie damalige Männer die weibliche Vorherrschaft empfanden. Die Berichte über furchterregende Heere von Kriegerinnen offenbaren, selbst wenn sie nur erdichtet, nur Ausgeburten der Phantasie sind, ihre geheimsten Ängste.

Volkssagen, die deutliche Spuren in unseren Märchen hinterlassen haben, berichten uns von furchtbaren Hexen, bösen Stiefmüttern, Sirenen, die ihre Opfer verzaubern und dafür Sprüche oder Gifte verwenden, gegen die die Menschen machtlos waren. Was immer wir finden oder was uns aus vorgeschichtlicher Zeit weitergereicht wurde, erzählt uns auf seine Weise von weiblicher Macht in jenen frühen Tagen der Menschheit.

Welche Fragen mögen die Männer jener Zeit, als man sich dem Paläolithikum näherte, in zunehmendem Maße beschäftigt haben? Was etwa konnte *ihre* Verbindung zu Überleben und Unsterblichkeit sein? Was müßten *sie* unternehmen, um sich gleichfalls geistige Macht anzueignen? Wie müßte eine männliche Gottheit aussehen? Welche Eigenschaften müßte sie haben, um der Göttin über Leben und Tod, über Wiedergeburt und Fruchtbarkeit jene ungeheure Macht über die Seelen der Menschen zu entwinden?

Derartige Fragen sind gar nicht so weit hergeholt – noch heute haben alle Knaben mit der Lösung und Trennung vom mütterlichen Regiment fertigzuwerden.

Die Kunst des Paläolithikums zeigt verschiedene männliche Ansätze, sich von den anmaßenden Frauen zu unterscheiden. Leroi-Gourhan hat aus seinen Untersuchungen den Schluß gezogen, daß viele der Kunstwerke in den Höhlen nach einem dualistischen System angeordnet sind, mit weiblichen und männlichen Vektoren. Er sieht in dem Sich-Ergänzen von Männlichem und Weiblichem das wichtigste Merkmal der Höhlenkunst. Wenn das richtig wäre, könnte man dies als einen Ausdruck der Bemühung des altsteinzeitlichen Mannes werten, sich auf einer geistig-seelischen Ebene von der Frau seiner Zeit zu unterscheiden. Er könnte sich demnach gefragt haben, welche Attribute der ihn umgebenden Tierwelt seine immer deutlicher werdende Vorstellung seiner selbst symbolisieren könnten? Was könnte männliche Macht konkretisieren?

In einer der Höhlen fand man auf der linken Seite Darstellungen von linken, auf der rechten welche von rechten Händen. Jene Männer mögen sich gedacht haben: eine Hand ist weniger stark, warum ist das so? Es trifft nicht zu bei Tieren. Unterscheidet mich die Kraft meiner Hände von den Frauen? Ihre beiden Hände sind schwach, verglichen mit der Kraft in den meinen ... Vielleicht träumte er davon, daß nicht die Göttin des Kultes, sondern er jene Macht über die Seelen besäße. Wie müßte er denn beschaffen sein, um diese Macht tatsächlich für sich selbst zu erringen? Der Hauptgrund weiblicher Vormacht lag in der Fruchtbarkeit der Frau, in ihrer Fähigkeit, Kinder zu gebären. Wie konnte man gegen diesen Vorzug ankommen?

Vielleicht ist die Zeichnung eines Mannes eine Antwort, die ein imaginäres Wesen mit allen Zeichen überlegener Tapferkeit zeigt, das aus mehreren Tieren zusammengesetzt ist und Genitalien in einer Position der Selbstkopulation darstellt. Ein solches Bild eliminiert das weibliche Element aus dem Lebensschema. Die gesammelte Kraft der miteinander vereinigten Tierbilder würde in Verbindung mit der Macht der Selbstbefruchtung absolut überlegen sein, und die Muttergottheit wäre überwunden! Annette Laming hat darauf hingewiesen, daß bei den wenigen Darstellungen der Höhlenkunst, bei denen Männer auftauchen, diese mit tragischen Aspekten assoziiert sind. Aber die oben erwähnte Zeichnung in der Höhle Tres Frères in Frankreich dürfte dafür sprechen, daß die Männer jener Zeit (14–12000 Jahre vor unserer Zeitrechnung) psychologisch im Begriff waren, sich einer gesellschaftlichen Übergangsstufe zu nähern.

Kunst, das ist klar, kann auf verschiedene Weise gesehen und gedeutet werden, aber im Kontext unseres gegenwärtigen Themas verstehen wir sie als künstlerischen Ausdruck und Bestätigung jener zugrundeliegenden biologischen Tendenzen, die wir hier aufgespürt und verfolgt haben.

Wenn wir uns noch einmal jene Übergangszeiten zwischen dem späteren Paläolithikum vor 25–20000 Jahren, als die Höhlenkunst Anzeichen von beginnender männlicher Unruhe und vom Suchen nach Selbstbestätigung aufweist, und jener anderen Welt vor 12–10000 Jahren mit den von ihren Herden und vom Ackerbau abhängigen Gesellschaften vergegenwärtigen, dann können wir ungefähr folgendes Bild nachzeichnen:

Solange das Wirtschaftsleben der Vorzeit fast ausschließlich auf dem Sammeln beruhte und nur hin und wieder Zukost aus der Jagd der Männer anfiel, beschränkte sich ›territoriales Verhalten‹ auf gelegentliche ›Drohveranstaltungen‹ an den Grenzen des Stammesreviers, sehr ähnlich vielleicht dem, was wir von den weitgehend zeremoniellen Schaukämpfen zwischen Nachbarstämmen aus dem Innern von Neuguinea wissen. Aus biologischem Blickwinkel verhindern diese Manöver das Eindringen einer Population in ein festumrissenes Wohnrevier, was biologisch sinnvoll ist, weil dadurch eine Überbeanspruchung jenes Reviers ausgeschlossen wird. Das deckt sich völlig mit dem Revierverhalten bei anderen Tieren.

Einen weiteren Schritt der Entwicklung können wir uns begreiflich machen, indem wir uns vorstellen, daß irgendwann einmal ein paar findige Frauen unter den von ihnen gesammelten Nahrungsmitteln zufällig fast fertig bebrütete Eier hatten, aus denen, ehe sie verzehrt werden konnten, Kücken schlüpften. Und die nun nicht, wie vielleicht früher immer, die Kücken aßen, sondern sie leben ließen. Von Konrad Lorenz wissen wir, daß solche Schlüpflinge sich sofort an das zuerst wahrgenommene Wesen anschließen – auf es ›fixiert‹ werden – und daher nicht mehr fortlaufen. Auf diese Weise wurde entdeckt, daß man sich die Eier auch frei Haus legen lassen konnte und nicht mehr nach ihnen suchen mußte.

Genauso könnte man sich vorstellen, daß ein findiger Jäger einmal ein oder zwei Kälber einer von ihm erlegten Kuh nicht ebenfalls tötete, sondern fing und mitnahm. Irgendwann einmal ist dies geschehen, irgendwann einmal waren solche Kälber die Stammväter und Stammütter von Herden in Menschenhand. Wir haben Grund zu der Annahme, daß ungefähr zur gleichen Zeit auch einmal die als Gaben für die Große Mutter gedachten Samen cerealer Grasarten glücklicherweise so flach in die Erde ›geopfert‹ wurden, daß sie bei nächster Gelegenheit nicht nur keimten und wuchsen, sondern auch wieder beachtet wurden, als sie, dicht bei dicht wachsend, wieder Körner trugen. So nah beieinander stehend, waren sie natürlich leichter zu ernten als von verstreut wachsenden Einzelpflanzen. Irgendwann einmal muß sich das so zugetragen haben, denn der Anbau von Getreide ist eine relativ frühe Tatsache. Wenn diese Entdeckung aber auf Opferungen an die Erdgottheit zurückging, dann ist es kein Wunder, wenn man dieses Geschenk der Großen Mutter Erde selbst zuschrieb und ihr noch freudiger als zuvor dankte.

Auf welche Weise es sich auch immer zugetragen hat, Tatsache ist, daß die Menschen vor 12–10000 Jahren damit begannen, in bäuerlichen Gemeinschaften zu leben, die Ackerbau und Viehzucht trieben und Herden hielten. Diese neue Lebensweise ergab für das Eigentum an Grund und Boden erste Prioritäten, bei den Ackerbauern, um ihre Ernten zu sichern, bei den Hirten, um ausreichend Weideland für ihre

im übrigen recht stattlichen Herden zu haben. Denn auch wenn die Hirten ein nomadisches Leben führten, was manche von ihnen heute noch tun, so zogen sie doch nicht aufs Geratewohl drauflos, sondern tendierten dahin, in jeder Saison einen großen Bogen zu schlagen und in einem festliegenden Umkreis zu wandern, um bei Beginn der nächsten Saison wieder am gleichen Ausgangspunkt anzukommen. Das Gefühl für Territorialität, das den Sinn für Eigentum mit einschließt, welcher sich sowohl am Viehbesitz des Hirten als auch an seinem Anspruch auf Weideland entzünden kann, ist im Reaktionsmuster des Individuums von Aggressivität begleitet und daher besonders bei Männern ausgeprägt.
In der Entwicklung solcher neuer Lebensformen finden wir, verwoben mit jenen anderen Faktoren, die wir nacheinander abgehandelt haben,

- der Notwendigkeit des Dominanzgefühls bei Primaten als Voraussetzung für ein effizientes Sexualverhalten bei der Kopulation,
- der zunehmenden Dringlichkeit einer positiven Selbsteinschätzung gegenüber der machtvollen weiblichen Theologie,
- dem durch zu große Populationsdichte steigenden Hang zu Aggression,

noch einen weiteren Faktor, der zu einer schrittweisen Bestätigung männlicher Bedeutung und schließlich zur Machtübernahme in der Gesellschaft führen konnte oder mußte.

Dieser andere Faktor von wahrscheinlich noch größerer Bedeutung für das Gesamtgewebe menschlicher Ordnungen besteht in der Notwendigkeit harter Arbeit, denn jetzt, mit dem Entstehen vom Ackerbau abhängiger Gesellschaften, wird zum erstenmal in der Menschheitsgeschichte erlebt, daß jedes Paar Hände wichtig ist. Das Leben der vorausgegangenen Jäger und Sammler, wie auch das der höheren nicht-humanen Primaten, war ein leichtes. Im Gegensatz zu einer weitverbreiteten Annahme war es keineswegs ein ständiger Kampf ums Dasein, um Nahrung und Lebenserhaltung. Zweidrittel ihrer Nahrung bestand aus pflanzlicher Kost und war reichlich und leicht zugänglich vorhanden. Das letzte Drittel bestand aus Fleisch und wurde von den Jägern nahezu mühelos beigebracht, denn es gab damals reichlich Wild aller Art, aber nur wenige Jäger. Das trifft allerdings auf das heutige Jagdgebiet der Kung nicht zu, trotzdem gehen sie nur etwa zweimal in der Woche paarweise auf die Jagd. Zwar herrscht große Freude, wenn sie mit Beute zurückkommen, niemand aber lamentiert sonderlich, wenn sie mit leeren Händen heimkehren. Was oft geschieht. Weder Frauen noch Männer stehen unter Arbeitsdruck. Das, was die Frauen von einer Sammeltour mitbringen, reicht in der Regel für drei Tage. Die verbleibende Freizeit wird mit gegenseitigen Besuchen, Unterhaltungen und angenehm geselligem Leben verbracht.

Mit der Aufnahme des Ackerbaus ist ein so bequemes Leben nicht länger möglich. Jedes menschliche Leben wird nun unter dem Aspekt einer zusätzlichen ›Arbeitskraft‹ gesehen. Bei Jäger/Sammler-Gesellschaften funktionieren die Mechanismen, die die Populationsdichte steuern. Die Gruppen werden auf einer optimalen Zahl von Individuen gehalten. In Ackerbau-Gesellschaften werden solche Kontrollen nicht nur aufgegeben, sondern die fruchtbare, also kinderreiche Frau wird besonders geschätzt.

Bei dieser radikalen Veränderung der Bräuche und der daraus folgenden größeren Gruppendichte – wodurch wiederum das Aggressionspotential der Männer ansteigt – werden dann die Männer mehr und mehr in die Zentren des sozialen Lebens gezogen. Sie werden zunehmend wichtiger. Ihre zusätzliche Arbeitskraft ist eine starke Kraft, und so haben sie zunächst ihren Platz in der Gruppe, bis sie schließlich das Kommando gerade dort übernehmen, wo sich vorher eine rein weibliche Domäne etabliert hatte: bei der Versorgung mit pflanzlicher Kost.

Noch ein anderer Faktor kommt gleichzeitig mit ins Spiel. Bei nichthumanen Primaten hatte die Vertreibung der jungen Männchen aus der Mitte des sozialen Lebens an die Peripherie der Gruppe bereits zur Bildung eines Musters geführt. Der biologische Vorteil dieser Vertreibung bestand in der Verhinderung des Inzests und das soziale Ergebnis davon war, daß die Gangs der jungen Männchen als erste etwa angreifenden Raubtieren zum Opfer fielen. In dieser Situation wurden sie, weil sie sich ja automatisch selbst zu verteidigen suchten, zu Verteidigern der Gruppe. Außerdem markierten sie die Reviergrenzen. Die Verteidigung der Grenzen des Weidelandes dürfte auf die gleiche Art und Weise eine natürliche Aufgabe der jungen Männer einer Hirtengesellschaft geworden sein.

Bei Ackerbau treibenden Gruppen werden die Grenzen von der Bodenmenge bestimmt, die eine Stammesgruppe oder ein Clan bewirtschaften kann. Männliche Arbeitskraft war für die Erweiterung dieses Gebietes fraglos willkommen, und ganz sicher übernahmen die Männer dann auch den Schutz der Grenzen.

Aus dieser Zeit des beginnenden Ackerbaues und der Haltung von Herden stammen erste Berichte über männliche Gottheiten. Das spricht für sich selbst, denn es zeigt das Ende eines Prozesses schrittweiser Veränderungen in der Psyche der Männer an, die wir aus früheren Jahrtausenden kennen. Beim Heraufdämmern historischer Zeiten erleben wir überall eine Koexistenz von weiblichen und männlichen Gottheiten. Ihre Rolle entspricht den Ideen und Meinungen der Menschen über sich selbst und ihrem angemessenen Platz sowohl in der Gesellschaft wie auch der Stellung des Menschen in der universellen Ordnung der Dinge.

Innerhalb der historischen Zeit begann sich die gleichgewichtige Koexistenz von Göttern und Göttinnen nach einer Seite zu verschieben, ein Vorgang, der einmal begonnen, immer rascher fortschritt. Von solchem Nebeneinander ausgehend, gewannen männliche Götter bald das Übergewicht, bis am Ende das Konzept vom »Großen Vater« das von der »Großen Mutter« verdrängte und sehr bald zu der raschen Ausbreitung monotheistischer Religionen beitrug. Die Kulte der alten Göttinnen wurden seltener, wurden nicht mehr ausgeübt und schließlich – von Legenden und Märchen »aus alter Zeit« abgesehen – vergessen. Einige davon wurden mit späteren Heiligen, andere mit der Heiligen Jungfrau Maria identifiziert, wiederum andere behielten einen Fuß im Türspalt fernöstlicher Religionen, keine aber beim Judentum oder beim Islam. Auch wo sie heute noch als Begleiterinnen oder Mütter eines Gottes überlebt haben, ist es der Gott, der im Mittelpunkt steht, während sie, einer Tangente gleich, den äußeren Umkreis gerade noch berührt.

Wir haben auf den vorangegangenen Seiten die biologischen Grundströmungen der Machtübernahme von den Frauen, die Ablösung ihrer dominanten Rolle in der menschlichen Gesellschaft aufgezeigt. Aber das Leben der Menschen ist heute, neben allem anderen, vom Geistigen her geprägt. Wie stellen sich diese dem Wandel zugrunde liegenden Tendenzen auf geistiger Ebene dar?

Die Tatsache der Unterjochung der Frau ist so klar und so mit jedem Einzelaspekt des Daseins verwoben, daß es bis vor kurzem nicht einmal ein Gesprächsthema war. Das wurde als Ausdruck der natürlichen Ordnung der Dinge kommentar- und widerspruchslos hingenommen. Erst um die letzte Jahrhundertwende regte sich erstmals weibliche Unruhe über die totale männliche Dominanz und fand einen politischen Ausdruck, zum Beispiel in der Bewegung der Suffragetten. Der Verlauf der letzten 75 Jahre mit der auf Frauenseite zunehmenden Bewußtheit ihrer selbst als Individuen, die in wachsendem Maße der totalen Beherrschung durch Männer überdrüssig sind, ist auf mancherlei Weise und zeitlich zusammengedrängt eine Parallele zu jenem Zeitraum des Paläolithikums, als die Männer nach und nach begannen, sich gegen ihre Unterdrückung zur Wehr zu setzen. Damals wie heute war das Pendel zu weit in eine Richtung ausgeschlagen und mußte daher unweigerlich zurückschwingen. Doch davon später mehr. Noch haben wir das Geschehen auszuloten, das in der Steinzeit zu einem Machtwechsel innerhalb der Gesellschaft und, mehr noch, zur Sicherung männlicher Herrschaft über die Frau führte.

Wie haben sie das fertiggebracht?

Mehrere zeitgenössische Autoren (unter ihnen der bekannte Dr. Menninger und die feministische Psychologin Paula Wiedegar) haben den Verdacht formuliert, daß die tatsächlich *weltweite* Erniedrigung der Frau und der weiblichen Rolle *das* Mittel gewesen sei, durch das die Männer es in der Regel erreicht hätten, volle Kontrolle und Herrschaft über die Frauen auszuüben. Wir glauben, daß diese Ansicht im Kern richtig ist, daß sie jedoch nicht weit genug geht. Sie stellt nicht die Frage, warum denn die Männer dergleichen getan haben, noch bedenkt sie die biologischen Kräfte, welche die männlichen Reaktionen in Gang setzten. Darin sehen wir den Kern des Problems.

Es war nicht die gesellschaftliche Herrschaft um ihrer selbst willen, was die Männer anstrebten, auch wenn ein solcher Trend, wenn er einmal in Bewegung geraten ist, dazu neigt, sich selbständig zu machen. Da Sexualität eine so große Rolle bei der Dominanz unter Tieren spielt, finden wir beim Mann auf dem Grunde seines Verhaltens eine biologische Notwendigkeit, weibliche Sexualität zu reduzieren, zumindest auf das Niveau der eigenen, aber besser noch darunter. Nebenbei bemerkt, wird bei vielen Völkern solche Dominanz auch dadurch erreicht, daß sich der Mann mit einer wesentlich jüngeren Frau, ja, sogar mit einem Kinde verbindet. Dabei fällt es natürlich leicht, eine Bestätigung der eigenen Überlegenheit zu erhalten. Interessanterweise trifft dies auch auf eine Pavianart zu, bei der junge Männchen noch unreife Weibchen adoptieren und beschützen können, weil sie für die älteren Männchen noch nicht attraktiv sind. Die Jungen richten sich so schon früh ihren eigenen »Harem« ein.

Durch die Jahrhunderte historischen Geschehens und bis in unsere Zeit hat man geistigen Werten ganz allgemein und weltweit eine schier übertriebene Wertschätzung gegenüber der bloßen körperlichen Kraft des Mannes eingeräumt und zugleich durch einen fast unglaublichen Einfallsreichtum die frauliche Sexualität erfolgreich gezügelt. Diese generelle Strategie bediente sich in der Hauptsache dreier Taktiken:

1. Verminderung weiblicher Selbstachtung;
2. physische Eingriffe; und
3. Indoktrination.

1. Das Gefühl der Überlegenheit aktiviert Männer nicht nur bei sexueller Tätigkeit, es bereitet sie auch darauf vor. Das Gewinnen eines Rangkampfes, der in erster Linie von dem Wunsche nach sexuellen Vorrechten getragen ist, fördert die Ausschüttung von Testeron, das für die sexuelle Funktion bereit macht. Beim Menschen identifizieren wir diesen Drang nach Dominanz mit dem Selbstwertgefühl und der Selbstachtung.

Auch unter Frauen ist ein Gefühl der Überlegenheit über andere Frauen ein Teil der gesellschaftlichen Ordnung und als solches nicht schwächer als bei Männern ausgebildet, und wiederum im gleichen Maße wie bei Männern ergibt sich daraus eine Priorität bei der Gattenwahl.

In der höheren Tierwelt leitet normalerweise nicht das Männchen sexuelles Zusammengehen ein. Wenn sie dafür bereit ist, bietet sich das Weibchen einem Männchen an, und diese ihre Wahl wird von dem Status des Männchens beeinflußt. Oder das gleiche in menschlichen Begriffen: das Äquivalent für das Überlegenheitsgefühl der erfolgreichen Frau ist ihr Selbstvertrauen als solche. Sie weiß, daß sie attraktiv ist, sie ist sicher, die Aufmerksamkeit des begehrtesten Mannes für sich in Anspruch nehmen zu können, wenn sie das will. Eine Verringerung der weiblichen Selbstachtung zerstört jenes innere Selbstvertrauen, und mit ihm schwindet ihre Sexualität.

Beim gegenwärtigen Stand der Kenntnisse über die Menschheitsgeschichte ist es kaum nötig, die Mittel und Wege aufzulisten, mit denen man die Selbstachtung der Frau durch die historisch belegten Jahrhunderte hindurch systematisch geschwächt hat. Das fängt an mit der Erkenntnis ziemlich bald nach der Geburt, daß die Eltern an ihrer statt lieber einen Sohn gehabt hätten. Seit matriarchale Systeme – von einigen wenigen Winkeln des Globus abgesehen – patriarchalen Platz gemacht haben und seit die Frau nicht mehr ihrer Mutter Namen, sondern den ihres Gatten trägt, wurde sie zu einem nur zeitweiligen Mitglied seiner Familie und entsprechend ihrem dadurch minderen Wert behandelt. Bis noch vor kurzem war sie im Westen wie in anderen Teilen der Welt ihres Vaters Eigentum; er konnte über sie verfügen und tat das oft in einer Weise, die seinen eigenen Interessen zugute kam. Mit der Heirat wurde sie das Eigentum ihres Mannes, meist ohne bürgerliche, gesetzliche oder persönliche Rechte und natürlich ohne materielle Unabhängigkeit. Nicht einmal über echtes Eigentum wie ihre Mitgift, Hochzeitsgeschenke oder Erbschaften durfte sie frei verfügen, es sei denn dank einer wohlwollenden Laune des Gatten. Wenn sie überhaupt eine Ausbildung erhielt, dann nicht nach den Maßstäben, die für ihre Brüder galten. Von frühester Kindheit an war ihr beigebracht worden, daß ihr Lebensglück in der Unterordnung unter einen Mann liege, dem sie zu dienen, dem sie zu Gefallen zu sein und »dessen« Kinder sie auszutragen habe. Sie wurde für weniger intelligent als die Männer ihrer Gesellschaft gehalten, für ungeeignet, in deren Politik mitzubestimmen; – sie war und ist bei vielen Völkern eine Nicht-Person, deren Gegenwart bei einem Quorum entweder ›nicht zählte‹ oder die in jedem Falle davon ausgeschlossen war.

Oft hat sie hart zum Nutzen ihres Mannes gearbeitet, ohne persönliche Anerkennung; sie war in sexueller wie sozialer Hinsicht schwereren Anforderungen unterworfen als ihr Mann oder ihr Bruder, und der Mann hatte das Recht, sie körperlich zu züchtigen und sich von ihr aus geringerem Anlaß scheiden zu lassen als umgekehrt. Der Totschlag einer Frau wird bei vielen Völkern erheblich geringer bewertet und entschädigt als der eines Mannes. Das ist im großen und ganzen die gesellschaftliche Lage der Frau auf dieser Welt seit historischer Zeit.

Wenn sie trotz all dieser Härten keine servile, kriecherisch-unterwürfige, zu unabhängigem Denken oder Handeln unfähige Kreatur geworden ist, so ist das der ihrer Natur zugrunde liegenden psychischen Standhaftigkeit und starken Widerstandskraft, ihrer Findigkeit, den Mann letztlich zu ihren Gunsten zu manipulieren, und ihrem sicheren inneren Wissen um ihre Unabkömmlichkeit zuzuschreiben. Trotzdem ist es wahrscheinlich, daß die gesellschaftliche Erniedrigung alles in allem und in einem gewissen Ausmaß ihre potentielle Sexualität vermindert hat.

2. Die zweite Form von Maßnahmen zur »Zähmung« weiblicher Sexualität bestand in direkten körperlichen Eingriffen. Der Brauch und die Anwendung von »Zirkumzision« bei Mädchen während der Pubertät war bei vielen Völkern gang und gäbe und wird auch heute

noch bei einigen praktiziert. Der Unterschied in der Beschneidung von Männern im Vergleich zu Frauen ist enorm. Beim Mann entfernt man die Vorhaut, was immer noch angenehme Empfindungen beim Koitus erlaubt. Bei der Frau wird eine Clitorectomie durchgeführt, das heißt das Herausschneiden des äußeren Genitals. Das Mädchen, das einer solchen »Zeremonie« unterworfen wird, ist durch vorheriges längeres Sitzen in kaltem Wasser halb benommen, wenn der Schnitt mit der scharfen Kante einer Muschel durchgeführt wird. Was immer die höhere Deutung solcher ›Sitte‹ auch sein mag, das Ergebnis ist, daß eine Narbe dort bleibt, wo vorher die Klitoris war, und daß sie auf Lebenszeit als Frau nie mehr Lust an sexueller Tätigkeit erfahren kann, was wahrscheinlich ihre Treue zum Mann und dessen Clan gewährleisten soll.

Damit wir uns aber nicht einreden können, daß es nur primitive afrikanische Stämme waren, die solch deformierende Operationen an jungen Mädchen vornahmen, hat Professor Barker-Benfield von der New Yorker Universität in Albany den starken Einfluß jener (männlichen) Gynäkologen des 19. Jahrhunderts dokumentarisch belegt, die gleichfalls martervolle Genitaloperationen vornahmen, um zu »kurieren«, was sie unter irregeleiteten weiblichen Sexualtrieben verstanden.

Das bringt uns zu der dritten Form von Maßnahmen, offensichtlich der einzigen, die mit voller, wohlüberlegter Absicht die weibliche Sexualität bändigen sollte.

3. Diese Methode verwendet eher indirekte Mittel. Da gibt es, was man in England die »viktorianische Attitüde« nennen würde, das heißt die Mädchen werden sowohl durch indirekte Einflußnahme wie auch durch direktes Training »belehrt«, daß Sex ein ausschließlich männliches Vergnügen sei. Ferner haben wir die »katholische Attitüde«, nach der Sex einzig und allein für die Produktion von Nachwuchs gedacht ist. Für die meisten Mädchen, die mit diesen Prinzipien aufgezogen wurden, ist Sex in ihrem Denken assoziiert mit Kindesgeburt, Gefahr, Schmerzen, und möglicherweise Tod. Was Wunder, wenn das die ursprünglich lebhafte Sexualität herabmindert und die Lust sich in Furcht verwandelt. Ein gut Teil der gegenwärtigen, emotional bedingten Entrüstung der Männer über Abtreibung auf Verlangen gründet sich auf diese Attitüden. Frauen, die sie darin unterstützen, haben offensichtlich jene Vorstellungen völlig übernommen, die man ihnen während der Kindheit antrainiert hat.

Und trotzdem bleibt die Frau potentiell sexuell aktiver als der Mann, wenn das auch aufgrund geistiger Indoktrination nicht immer deutlich wird. Prostituierte können im Laufe eines Tages oder einer Nacht Dutzende von Kunden annehmen, eine Kraftleistung, die einem Mann biologisch unmöglich ist.

Es ist kein Zufall, daß unsere heutigen Feministinnen in dem »Recht auf Orgasmus« ein zentrales Anliegen sehen. Während dieser Teil ihres Programms vielen Außenstehenden, darunter auch Frauen (die meinen, es gehe doch hier um die bürgerlichen Rechte der Frau), eher frivol erscheint, ist genau das der Kern der Angelegenheit: die weibliche Fähigkeit, multiple Orgasmen zu haben, eine Fähigkeit, die die Kraft der Männer, solche Anforderungen zu erfüllen, übersteigt – das ist der Eckstein, auf dem ganze Gebäude von Sitten und Bräuchen in unserer Gesellschaft errichtet wurden.

Damit gelangen wir bei unserer Betrachtung von Aufstieg und Verfall weiblicher Macht in die Gegenwart. Wir wollen uns jetzt wieder jenen ersten weiblichen Rebellionen zuwenden, die vor 75 Jahren erste Zeichen setzten und seitdem an Kraft gewonnen haben.

Obwohl die tief eingegrabene männliche Denkweise bei der Beurteilung aller unserer gegenwärtigen sozialen Werte völlig intakt ist, sehen wir doch schon Anzeichen dafür, daß das Pendel nicht mehr so einseitig nach der männlichen Seite hin ausschlägt. Wir nehmen Andeutungen einer Zukunft wahr, in der sich eine Ausgeglichenheit zwischen den gesellschaftlichen Rollen der Geschlechter und der ihnen zukommenden Achtung herstellen wird.

Wir gründen diese unsere Kommentare nicht so sehr auf der neuen weltweit sichtbaren politischen Aktivität im Namen des Rechts und des Status der Frauen als vielmehr auf der simplen Tatsache, daß sich kein geistiges Phänomen auf die Dauer erhalten kann, wenn ihm nicht biologische Tatsachen zugrunde liegen.

Bei unserem Rundblick über das Gesamtpanorama menschheitlicher Entwicklungen bis auch in fernste Vergangenheiten sahen wir die Dominanz der Frau innerhalb der Gesellschaft so groß werden, daß sie eine Revolution der Männer geradezu nachziehen *mußte.* Einmal vollendet, hat dieser Umsturz alle früheren Muster sozialen Lebens vernichtet. Nur hier und dort sind schwache Eindrücke jener frühen Zeiten verblieben. Trotz aller Veränderungen in den letzten vier oder fünf Jahrtausenden haben sich die Frauen in der Macht und Bedeutung ihrer mütterlichen Rolle so sicher gefühlt, daß sie im Gegensatz zu der geringen politischen Rolle, auf die man sie reduziert hatte, das männliche Bedürfnis nach sozialer Dominanz akzeptiert und zuzeiten sogar gefördert haben. Ethologen haben in jüngster Zeit herausgefunden, daß es in der Tierwelt einen Unterschied zwischen »Dominanz« und »Anführertum« gibt. Sie haben beobachtet, daß ein beispielsweise dominanter männlicher Affe nicht immer den Weg bestimmt, den sein Trupp bei der Tageswanderung nehmen wird. Sehr oft übernimmt eine Anführerin die Spitze und schlägt einen Weg ihrer Wahl ein, worauf das dominante Männchen ihr samt seiner Begleitung folgt, als ob es sowieso seine Absicht gewesen wäre, den Pfad zu gehen. Auch Elefantenherden werden von »älteren Damen« angeführt.

Robert Sommer sagt dazu:

»Es ist häufig erforderlich, zu unterscheiden zwischen Dominanz, wobei ein Individuum andere einschüchtert oder bedroht, und Anführertum, wobei ein Tier die Gruppe dirigiert. Bei Rotwild ist die zur Schau gestellte Dominanz der Männchen während der Brunft himmelweit verschieden von der Führung durch ältere Kühe an der Spitze der Herde, die deren Marschrichtung ohne Gewaltanwendung bestimmen. Beim Bericht über eine Studie über Ziegen, die zeigte, daß ein dominantes Tier aus dieser seiner Rolle keine Eigenschaft als Anführer ableiten kann und das auch umgekehrt, vermutete J. P. Scott, daß Anführertum und Dominanzverhalten getrennt voneinander erlernt werden. Gelegentlich mag es zu Konflikten kommen, weil die eine Funktion durch Bestrafung, die andere durch Belohnung wirkt. Jedenfalls scheinen Dominanzverhalten und Anführertum nah verwandt.«

Auf ähnliche Art haben charakterstarke Frauen ihre Männer und Söhne als Werkzeuge zur Befriedigung eigener Ambitionen benutzt. Sie haben sie angestachelt oder inspiriert, haben mit ihnen geplant und haben hinter den Kulissen die Karriere ihrer Männer, die Heiraten oder Vermögen der Söhne bestimmt und dabei ihre eigene Belohnung in dem Erfolg gesehen, den sie durch die Manipulation ihrer Männer erzielen konnten.

Weniger zielstrebige Frauen nahmen angesichts läßlicher Sünden ihrer Männer einen toleranten Standpunkt ein und äußerten sich außer Hörweite etwa so: »Oh, er schätzt es, die Richtlinien zu bestimmen, aber ich bringe ihn zu dem, was ich will.« So haben sie in Wahrheit vieles so getan, wie es ihnen gefiel, auch wenn sie nach außen hin das Alleinbestimmungsrecht ihres Mannes betonten.

Tatsächlich sind Literatur und Märchen voll von Erzählungen, in denen die Frauen erreichen, was sie wollen, und dabei die Männer glau-

ben machen, sie täten das alles freiwillig. Die Figur der kleinen Frau, die einen überlegenen Mann mit weiblicher Strategie beherrscht, ist inzwischen längst ein literarisches und allgemeines Klischee. Somit gelang es den Frauen, sich im ganzen gesehen mit dem männlichen Bedürfnis nach öffentlicher Anerkennung der Wichtigkeit ihres Status einzurichten und das Vertrauen in die eigene Macht zurückzubehalten, eine Macht, die ihnen als Spenderinnen neuen Lebens und als Formerinnen von Geist und Persönlichkeit ihrer Kinder bleibt.
Heute allerdings sorgt ein ironischer Schlenker der Geschichte dafür, daß die Grundlage für die Stärke weiblichen Selbstvertrauens – jenes Restes von Selbstachtung, der Jahrtausende der Unterdrückung überdauert hat: ihr sicheres Wissen um die Bedeutung der mütterlichen Funktion – in den Fließsänden weltweiter Überbevölkerung versinkt. Sie hat ihren Job zu gut erfüllt. Das Leben des einzelnen ist paradoxerweise in einer Zeit, in der soviel Wissen und Können auf seine Erhaltung gerichtet ist, nicht mehr von so hochgelobtem Wert wie in früheren Zeitaltern. Damals war jedes Paar Menschenhände von unschätzbarem Wert, um dem Boden weiteren Unterhalt abzugewinnen, um Raubtiere oder Feinde abzuwehren, um Wohnhäuser zu bauen und um Werkzeuge für alle diese Tätigkeiten herzustellen. Darüber hinaus war das Leben eine zerbrechliche Angelegenheit, Unfälle, Raubtiere, Krankheiten oder Seuchen, ein verkrüppelndes Übermaß an Arbeit oder Unterernährung konnten es beenden. Also war *die* Frau, die die Zahl der Arbeitenden durch die Geburt vieler Söhne wieder auffüllte und durch ihre Töchter für den Fortbestand der Gruppe sorgte, nicht »mit Gold aufzuwiegen«. Je mehr Kinder, um so größer ihr Wert. Heute zeigt die Welt eine Umkehrung jener Verhältnisse. Die Medizin hat bei der Bewahrung jedes Einzellebens so große Erfolge gehabt, daß nun eine Bevölkerungsexplosion die Lebensqualität von allen und in allen Teilen der Welt bedroht. Die Frau, die heutzutage noch vielen Kindern das Leben schenkt, ist keine »Große Mutter« mehr, keine Halbgöttin, sondern in ökologischen Worten ein verantwortungsloses Individuum, die das, was man schon eine Verschmutzung unseres Planeten mit Menschen genannt hat, noch vergrößert. In der Sprache einer lohnabhängigen anstelle einer Nahrung produzierenden Familie ist ein weiteres Kind nicht länger mehr eine willkommene zusätzliche Arbeitskraft in spe, sondern ein Mund mehr, der gestopft werden muß. In beiden Fällen ist die Rolle der Mutter in ihrem Wert stark gemindert.
Ein anderer, bereits erörterter Faktor ist die Populationsdichte. In

den letzten zwanzig Jahren hat man viel über die natürlichen Mechanismen gelernt, die bei allen Lebensformen deren Zahl so steuern, daß die Gesamtheit der Einzelwesen innerhalb der Art im großen und ganzen konstant bleibt. Bei Tieren arbeitet das Nervensystem als Vermittler, der dem Einzelorganismus einen Populationsdruck meldet und gleichzeitig Reaktionen einleitet, welche die Fruchtbarkeit der Gruppe wieder in Übereinstimmung mit den Nutzungsreserven des bewohnten Reviers bringen. Bei den Pflanzen führt Überdichte zu krassem Wettbewerb um Licht und Nährstoffe, in der Folge zur Ausbildung von Zwergformen und schließlich zum Absterben der weniger Erfolgreichen.

Heute sehen wir Anzeichen dieses natürlichen Prinzips auch auf menschlicher Ebene. Auch wenn wir die Sterblichkeit bei Geburten verringern, bakterielle und virale Infektionen wirksam bekämpfen, Seuchen und Epidemien meist im Griff haben, unsere Völker besser ernähren, als sie je zuvor ernährt wurden, und physische Wunden heilen, so übersehen wir offenbar noch die Gegentendenzen in Form zunehmender Streß-Krankheiten, des wachsenden Zolles an Unfalltoten, der steigenden Neigung, sich mit gefährlichen Tätigkeiten und Hobbys abzugeben und, vor allem vielleicht, der Neigung unserer jungen Leute, später zu heiraten oder, falls Eheschließungen früh stattfinden, den Zeitpunkt zu verschieben, an dem die jungen Paare zur Vervollständigung der Familie Kinder erzeugen.

Diese Dinge mögen als Auswirkungen von Trends unserer Zivilisation angesehen werden. Streß-bedingte Erkrankungen können als Folge der aufreibenden Kompliziertheit modernen Lebens, Unfälle als Konsequenz des sich rapide ausbreitenden Karzinoms moderner Technologie, gefährliche Hobbys als Flucht vor der Routine massenproduzierter, standardisierter Existenzen und die Verzögerung der Familiengründungen als durch die Anforderungen und die Dauer heutiger Bildungswege bedingt betrachtet werden. Warum aber sollten alle diese Dinge so zusammenkommen? Warum gerade zu dieser Zeit?

Auf einer tieferen Ursachenebene finden wir die biologische Wahrheit, daß unser Nervensystem bereits auf die Massierung reagiert und unsere Impulse entsprechend ausgelöst werden, genau in der gleichen Weise, wie das bei Tieren auch der Fall ist: Sie tendieren dahin, die Zustände zu bessern, indem sie die Populationsdichte mittels automatischer und semi-automatischer Vorgänge verringern. Auf bewußter wie unbewußter Ebene fühlen unsere jungen Frauen heute sehr

deutlich, daß ihr Wert nicht mehr in der Quantität des Nachwuchses, sondern eher in der Qualität weniger Kinder liegt. Einige glauben, daß sie der Menschheit besser dienen, wenn sie überhaupt keine Kinder haben.
Was aber wird unter diesen Umständen aus jenem inneren Selbstvertrauen der Frau, das sie die Jahrtausende ihrer Unterdrückung hat durchstehen lassen?
Diese innere Sicherheit ist geschwunden im unmittelbaren Zusammenhang mit der wachsenden Einsicht, daß die Welt im Augenblick nichts so dringend braucht wie eine Verringerung ihrer Bevölkerung. Die Frau muß jetzt, genau wie der Mann in jenen steinzeitlichen Tagen, nach neuen Ufern Ausschau halten, um auf anderen Gebieten als bisher die Erfüllung ihres Lebens zu finden. Mit dem verringerten biologischen Gewicht ihrer Rolle hat sie in zunehmendem Maße begonnen, ihre aktive Rolle im geistigen und kulturellen Leben unserer Gesellschaft wiederherzustellen, in allen Sparten, im zivilen wie im militärischen Dienst, im Lehrberuf und in der Politik. Genau wie die nicht befriedigenden Rollen als Gemahl und Jäger ein Sammelbekken für Männer bildeten, die beim Heraufdämmern geschichtlicher Zeiten für andere Tätigkeiten verfügbar waren, so beanspruchen die verringerten Erfordernisse der Mutterrolle, der Kinderaufzucht und der Hausarbeit nicht mehr die vollen Kräfte und Talente der Frau von heute.
Da die konventionellen Tätigkeiten immer kürzere Zeit ihres Lebens erfordern, bereiten sie sich auf andere Rollen vor, die sie den Männern werden entwinden müssen, wie die Männer ihnen die geistliche und politische Herrschaft damals, am Anfang unserer ›Geschichte‹, entwunden haben. Das wird sicherlich kein leichter Übergang. Für jene einzelnen Frauen, die eine Avantgarde ihrer Geschlechtsgenossinnen formiert haben, war der Weg oft mit Zurückweisungen und unwirschen Entgegnungen, mit dem verletzenden Mangel an Verständnis und mit unfairen Behinderungen und Ausschlüssen gepflastert. Vor allen anderen Einsichten aber wird die nackte biologische Notwendigkeit eine Verminderung der Bevölkerungsziffern herbeiführen, so daß auf lange Sicht die Frauen, dann in großer Zahl befreit von ihrer biologischen Rolle, ihre freien und potentiellen Energien darauf verwenden werden, ein besseres Gleichgewicht zwischen den Parteien herzustellen, einen Ausgleich, der zumindest einen Waffenstillstand, wenn nicht gar einen Frieden in dem langen Krieg der Geschlechter gegeneinander erzwingen wird.

Wenn sie diesmal den Pendelausschlag nach ihrer Seite nicht wieder zu hoch treibt – und dadurch wieder einen Gegenschlag verursacht –, dann vielleicht wird die Welt den Menschen, Frauen und Männern gleichermaßen, doch noch Gelegenheit geben, beider Talente optimal und ohne gegenseitige Behinderung zu nutzen und ein erfülltes Leben zu erreichen.

Was war und was noch ist
Eine biopsychologische Übersicht

A. David Jonas

Kann der Mensch wirklich objektiv sein, wenn er andere Menschen beurteilt? Kann er sie so neutral beobachten, wie er eine andere Art von Lebewesen betrachten würde?

Wir glauben, daß dies möglich ist, aber nur, wenn man sorgfältig allein darüber berichtet, »was ist«, und vergißt, »was sein sollte«.

In diesem Sinne wollen wir den weiblichen Homo sapiens sapiens des 20. Jahrhunderts und der westlichen Welt so sehen, wie sie sich selbst sieht und wie sie von ihren Zeitgenossen gesehen wird, und wollen das kritisch vergleichen mit den biologischen Gegebenheiten, die zu ihren gegenwärtigen Eigenschaften und Eigenheiten beigetragen haben, und da besonders zu den veränderten Beziehungen zwischen Frauen und Männern in geschichtlicher Zeit.

Nach vorherrschender, überlieferter Meinung gilt die Frau als das ›schwächere Geschlecht‹; sie braucht die Protektion des Mannes, sie ist mit den Strategien und Taktiken der Männerwelt nicht vertraut, schlecht in Mathematik, nicht so intelligent wie der Mann usw. usw. Solche Dinge werden zitiert, um Ansichten zu begründen wie: Sie braucht mehr ärztliche Fürsorge, sie kann keinen Beruf ausüben, der körperliche Geschicklichkeit und Kraft erfordert; sie hat nie nennenswerte Leistungsfähigkeit auf Fachgebieten wie Komposition, Architektur, Philosophie und dergleichen bewiesen.

Als neutrale Beobachter akzeptieren wir diese stereotypen Klischees als Prima-facie-Fakten zu ihrem ›Nennwert‹, wie es für die menschliche Gesellschaft charakteristisch ist, eine Gesellschaft, die nach dem Motto verfährt: »Wenn das das ist, was man denkt, dann muß es ja auch Gründe dafür geben.«

Wir merken jedoch schon hier an, daß die biologischen Tatsachen all diesen Klischees widersprechen und die allgemein akzeptierten Fakten als reichlich schiefe Denkvorstellungen erkennen lassen.

Schon bei einer ersten, eher flüchtigen Überprüfung würde der etwas genauer beobachtende Naturwissenschaftler einwenden:

Der Prozentsatz weiblicher Babys, die das erste Lebensjahr überleben, ist größer als bei Knaben. Frauen werden älter als Männer. Frauen sind gegenüber Schmerzen widerstandsfähiger.
Der Geburtsakt verlangt eine physische Spann- und Widerstandskraft, die mit nichts verglichen werden kann, was einem männlichen Körper je abverlangt wird.
Kleine Mädchen sind sprachgewandter als kleine Jungen.
Sie lernen früher sprechen und übertreffen in ihrer Sprachintelligenz die Jungen ihres Alters.
Mädchen neigen weniger zu (a) Sprachproblemen – die Ratio ist 4 : 1 zugunsten der Mädchen bei Legasthenie, (b) Hirnschäden als Folge von Infektionskrankheiten – hier ist das Verhältnis 2 : 1 zugunsten der Mädchen – und sind daher seltener von Epilepsie betroffen.*
Mädchen reifen eher als Jungen und leiden bis zur Pubertät seltener an körperlichen oder emotionalen Beeinträchtigungen; bis gegen Ende des zweiten Lebensjahrzehnts ist ihre Neigung zu Beschwerden der der Jungen gleich oder geringer – das Bild ändert sich radikal, wenn sie erwachsen sind.
Die relativen Leistungen beim Sport lassen, wenn man die geringere Muskelmasse berücksichtigt, keinen Unterschied erkennen.
Im übrigen ist die größere biologische Widerstandskraft weiblicher Individuen nicht auf die Gattung Mensch beschränkt. Experimente, bei denen junge Affen aus ihrer familiären Umwelt entfernt wurden, haben gezeigt, daß die jungen Weibchen besser gerüstet waren, mit dem Streß einer so unnatürlichen Situation fertig zu werden als die Männchen. Das sollte uns allerdings nicht zu sehr überraschen, da die dem Weibchen eingeborenen Eigenschaften ihr nicht nur gestatten, das Handikap einer Schwangerschaft spielend zu bewältigen, das heißt trotz des Gewichtes des Ungeborenen zu klettern, zu springen, Raubtieren zu entgehen usw., sondern sie auch darauf vorbereiten, einem Jungen die angemessene Fürsorge zuteil werden zu lassen. Obwohl sicherlich ein Teil dieses Verhaltens erlernt werden muß, muß doch die Fähigkeit sowohl des Erlernens als auch der Ausführung in ihr angelegt sein.

* Die sprachliche Überlegenheit der Mädchen hängt mit unserer Erklärung der uranfänglichen Entstehung von Sprache aus dem engen Bei- und Miteinander von Mutter und Kind zusammen. Einige Millionen Jahre lang haben Frauen und Mütter ein Vielfaches von dem an Sprache verwendet, was Knaben und Männer erfahren konnten. Die nachgewiesenermaßen größere Sprachfertigkeit der kleinen Mädchen ist nicht nur eine Folge dieses biologischen Erbes, sondern auch ein belegbares Indiz für die Plausibilität unserer Erklärung.

Im Gegensatz dazu wäre die Rolle des Männchens beendet, sobald die Kopulation zur Empfängnis geführt hat, gäbe es nicht auf einer späteren Entwicklungsstufe sekundäre Rollen auch für ihn, die zum Überleben der Gruppe beitragen. Diese sekundären Funktionen können allerdings nicht als unumgänglich nötig betrachtet werden, denn auch ohne Männchen hätten sich die Weibchen weiterhin selbst versorgt und selbst verteidigt. Tatsächlich sind unter einigen Karnivoren (Fleischfresser) die Weibchen die Jäger der Gruppe, wie bei den Hyänen, die neben der Suche nach Aas auch jagen, wie bei den afrikanischen Wildhunden und wie bei den Löwen. Bei anderen Arten, wie den Wölfen, nehmen die Weibchen voll an der Jagd teil, und bei allen höheren Arten verfügt das Weibchen über die ihm angeborene Fähigkeit, seine Jungen zu verteidigen, sei es durch List, Weglocken oder direkten Angriff.

Da die Männchen höherer Primaten während ihrer ausgedehnten Kindheitsphase ständig Gegenstand mütterlicher Fürsorge sind, neigen sie dazu, sich etwas von dieser sozialen Interaktion in ihr Erwachsenendasein hinüberzuretten. Sie sind dann genauso empfänglich für den Hilfeschrei der kleinen Äffchen oder deren Verlangen nach Trost oder Zärtlichkeit wie ihre Schwestern oder Cousinen in der Gruppe. Beim modernen Menschen äußert sich dieser Hang zur Fürsorge für andere, obwohl beim Mann nicht hormonell gesteuert wie bei Frauen, in ihrer Neigung zu solch grundlegend fürsorgerischen Berufen wie dem des Mediziners. Wie wir später sehen werden, sind die meisten männlichen Bemühungen um aktive Beteiligung an der Wohlfahrt der Gemeinschaft von biologisch weiblich bestimmten Trieben hergeleitet. Die wahrhaft männlichen Aktivitäten hängen – von einem die Verhaltensweisen vergleichenden Standpunkt aus gesehen – von Antrieben ab, die sich aus der größeren sozialen Unreife ergeben oder aus größerer ›Jugendlichkeit‹, wie immer man das zu sehen geneigt sein mag. Seine – jugendliche – Neugierde treibt ihn zum Auskundschaften – sonst nur bei *jungen* Säugetieren anzutreffen – und auch zum Spielen – sonst bei Säugern eine spielerische Einübung von später im Leben erforderlichen Fertigkeiten, die mit der Reife entfällt – über die Adoleszenz hinaus und in sein Erwachsenendasein hinein. Die Verfeinerung des Dranges zum Auskundschaften führt zu wissenschaftlicher Forschung und die des Spielens zu den Künsten, zu Hobbys und anderen Freizeitaktivitäten.

Diese zwei Arten menschlichen Tuns, die kaum eine Relevanz für die eigentliche mütterliche Rolle des Fürsorgens haben, treten als geistige Tendenz auf und erscheinen in erster Linie als männliche Domäne. Allerdings gibt es, wenn man die Verspieltheit männlicher Erwachsener definieren will, noch eine dünne Trennungslinie zwischen dem, was als sozial reif, und dem, was als bloßes Äquivalent von kindlichem Spiel gilt. Der eine lebt von seiner Arbeit etwa als Ingenieur, der andere beschäftigt sich mit der gleichen Sache als einem Hobby. Die erstere Tätigkeit zählt dann, weil sie ihren Mann und dessen Familie ernährt, als reife männliche Arbeit, während sie beim letzteren klar erkennbar ist als das, was sie ist, besonders auf seiten seiner Frau, die nicht anstehen wird, ihn aus seiner Garage herauszurufen mit Worten wie: »Schluß jetzt mit der Herumspielerei! Komm und hilf mir bei meiner Arbeit.«

Wenn wir die hohe Anerkennung geistiger Werte, die wir der kreativen Arbeit eines Bildhauers zollen, einmal beiseitelassen und seine Beschäftigung mit der eines Sandburgen bauenden Kindes vergleichen, dann wird es schwierig, zwischen den beiden Spielarten noch zu unterscheiden.

Wenn wir einem fünfjährigen Buben eine alte Uhr geben, so wird er sie auseinandernehmen, um zu sehen, was darin ist. Er wird, sehr zum Kummer der Mutter, aus reiner Neugier Schubläden durchstöbern. Das ist dem Tun anderer junger Säugetiere nicht so unähnlich, die gleichfalls alles Neue heraussuchen, beschnüffeln und berühren müssen. Der ›gereifte‹ Wissenschaftler von heute hat den gleichen Drang herauszufinden, warum diese oder jene Dinge sich so verhalten, wie sie es tun, was in ihnen steckt, das sie zum ›Ticken‹ bringt, was in einer lebenden Zelle, was in einem Molekül, was in einem Atom.

Wenn man aber einem fünfjährigen Mädchen die Wahl läßt zwischen einer Puppe und einer alten Uhr, so wird sie die Puppe nehmen, nicht um sie auseinanderzuzerren, sondern um sie zu umhegen. Diese Neigung zur Fürsorge ist nicht äußerlich eingeimpft, wie so viele Forscher behaupten. Sie ist angeboren. Die Ovarien erreichen ihre volle Größe bereits mit fünf Jahren. Man sollte annehmen, daß dies erst der Fall sein sollte, wenn der weibliche Organismus zur Empfängnis fähig und voll ausgewachsen ist. Die frühe Bereitstellung des Eierstocks würde daher wenig sinnvoll sein, gäbe es nicht die Tatsache, daß Kindheit eine Zeit der Vorbereitung auf das Erwachsenenleben ist. Durch Beobachtung und Spiel verbinden sich in dieser Lebensphase angeborene Verhaltensweisen mit erlernten Mustern zu perfekten Fertigkeiten, wie sie für das Überleben der Art lebenswichtig sind. Das kleine

Mädchen ist genauso neugierig wie der kleine Junge, der sich, nebenbei bemerkt, gelegentlich auch mit Puppen abgeben kann. Aber ihre Neugier ist auf die Interessen und Aufgaben erwachsener Frauen gerichtet. Die angeborenen natürlichen Anlagen, die erst im Stadium des Adulten, des Erwachsenen, voll hervortreten, sind schon in Kindern präsent, wenn auch in einer noch unfertigen Form. Sie bestimmen aber schon ihre verhaltensmäßigen Präferenzen, die von äußeren Faktoren zwar verstärkt werden können, die aber nichtsdestoweniger unabhängig von solchen Einwirkungen bestehen. In Wirklichkeit haben die meisten äußeren Einwirkungen ihrerseits biologische Wurzeln, wenn das auch nicht immer so offensichtlich sein mag.

Wenn wir nun auf den Blickwinkel des naturwissenschaftlichen Verhaltensforschers zurückkommen, so können wir aufgrund der zusammengetragenen Beweise davon ausgehen, daß die evolutionäre Entwicklung innerhalb der Primatengesellschaft einen Platz für das männliche Element gefunden hat, innerhalb einer Gesellschaft, die sich sonst ausschließlich um die Frau herum gebildet hätte. Fast wie ein evolutionärer Nachgedanke öffnete sich eine Nische, die durch ihn zum Zusammenhalt menschlicher Gruppen beitrug. Diese Annahme, die auf ein annähernd gleiches soziales Gewicht der Geschlechter hinausläuft, mit einem leichten Übergewicht zugunsten der Frau, paßt jedoch überhaupt nicht zu den Tatsachen, wie sie sich in historischer Zeit dargestellt haben. Der Hang, die männliche Rolle aufzuwerten, hat bei weitem das übertroffen, was bei einem natürlichen Verlauf der Dinge hätte erwartet werden können. Als Begleiterscheinung hat eine Abwertung der weiblichen Rolle Platz gegriffen, die sich nicht mehr mit dem tatsächlichen Gewicht ihres Beitrags zur Gesellschaft vereinbaren läßt. In letzter Zeit besteht eine Tendenz, kulturelle Faktoren für diese Verzerrung des natürlichen Gleichgewichts verantwortlich zu machen, aber so etwas wird nur deshalb als stichhaltig angesehen, weil die Erkennung der kausalen natürlichen Antriebskräfte nicht immer möglich ist, da sich ihre Auswirkungen erst nach vielen Generationen zeigen. Vielleicht läßt sich die Umkehrung der Gewichtung weiblicher und männlicher Rolle auf zugrunde liegende biologische Faktoren zurückführen. Allerdings dürfen wir andererseits auch die Möglichkeit nicht übersehen, daß die zwar unleugbare Tatsache der Unterjochung der Frau doch nicht die volle Wahrheit ist.

Wir wollen zunächst einmal einen Blick auf die mannigfachen biologischen Faktoren werfen, die dem zugrunde liegen können, was wir heute vor uns haben. Wenn wir zwei Tiere der gleichen Art vor uns sehen, von denen das eine das andere kommandiert, gehen wir davon aus, daß sie gleichen Geschlechtes sind und das eine dominant, das andere subdominant ist. Dominanzkämpfe finden nicht zwischen den Geschlechtern statt, aus dem einfachen Grunde, weil die Ziele, um die der Wettstreit geht, auf jeder Seite grundverschieden sind. Ein Männchen, das aus solchen Rangkämpfen mit anderen als überlegener Sieger hervorgegangen ist, trägt die siegreiche Haltung in seine Beziehung zu einem Weibchen hinein und muß seine Dominanz nicht mehr unter Beweis stellen. Werfen wir einen weiteren Blick hinüber zu unseren Vettern, den Schimpansen. Obwohl zweifellos auch bei ihnen auf beiden Seiten Rangordnungen bestehen, sind doch die Rangkämpfe nicht so ausgeprägt wie bei Tieren auf einem niedrigeren Stand der Evolution. Ein dominantes Männchen nimmt seinen Rang zwar wahr, gibt sich aber zuzeiten recht gelassen in dieser Hinsicht und gestattet subdominanten Genossen die Vorrechte, die ihm selber zustünden, wenn er darauf beharrte. Wir können davon ausgehen, daß auch der frühe Homo-Mann in ähnlicher Weise keinen zu ausgesprochenen Trieb nach Dominanz hatte. Da nichts einfach ohne Grund geschieht, müssen Abweichungen von der Norm der höheren Primaten ihre Ursachen in Besonderheiten unserer eigenen Entwicklung haben. Einige davon sind in dem vorangegangenen Teil dieses Buches verfolgt worden – aber es gibt noch eine weitere von großer Signifikanz.

Die lange Dauer der Abhängigkeit von einem weiblichen Wesen verringert die Tendenz zum Nestflüchten beim jungen Primaten. Viele Affenarten müssen die jungen Männchen regelrecht davonjagen, wenngleich die meisten höheren Affen und die Menschen in der Regel mehr Toleranz beweisen. Und doch können wir das Überdauern einer solchen Tendenz auch bei uns beobachten. Wir schicken unsere Jungen weit weg von zu Hause in ein Internat oder in Lehrstellen an anderem Ort oder fördern ihre ›Wanderlust‹. Es ist daher keinerlei Überraschung, daß die Männer von frühester Zeit an ihre Identifikationen und Bindungen unabhängig von den weiblichen Mitgliedern ihrer Familie, in die sie hineingeboren waren, gesucht haben. Die Gruppe der Jäger bot die Basis für eine frühe, die Männer allein umfassende Bindung, deren Fortsetzungen in heutigen Männerklubs und -bruderschaften zu finden sind. Pubertätsriten bei Naturvölkern verfolgen einen ähnlichen Zweck und sind sogar noch dezidierter in

ihrer Absicht, da bei vielen solcher Riten die jungen Männer durch eine symbolische Darstellung des Gebärens hindurchgehen, um als *von* Männern *zu* Männern ›wiedergeboren‹ zu gelten.
Wenn die Männchen einer Spezies zur Pubertätszeit aus der Mitte der Gruppe an deren Peripherie verjagt und zu Randkreaturen abgestuft werden, sollte man annehmen, daß aus ihnen Individuen mit deutlich submissiven, unterwürfigen Charakterzügen werden müßten. Doch ihre verlängerte Kindheit ist ein Faktor, der unseren Fall unterscheidet, etwa vom Rothirsch oder von Elefantenmännchen, die programmiert sind, die mütterliche Gruppe vor einer neuen Brunft zu verlassen, und die dies ›freiwillig‹ tun. Der juvenile Homo-Mann, den man nach einer langen Zeit der Zugehörigkeit aus der mütterlichen Gruppe verjagt, wird dadurch subdominant gemacht, nicht nur gegenüber seiner Mutter – was ja normal ist –, sondern auch gegenüber seinen bei der Mutter verbleibenden Schwestern. Die Natur aller späteren Rangkämpfe zwischen ihm und den anderen exilierten jungen Männern der Gruppe wird von diesem seinem im Grunde submissiven Status berührt.
Aus dem bis hierher Gesagten folgt, daß das menschliche Weibchen aus diesem Grund heraus größere Dominanz ausübte, als dies unter anderen Primaten normalerweise der Fall ist. Diese Dominanz muß sich in direkter Abhängigkeit von der zeitlichen Verlängerung der Abhängigkeit ihrer Kinder verstärkt haben. Die sich aus diesen Entwicklungen ergebende Gesellschaftsstruktur mußte zu einer betonten weiblichen Vorherrschaft führen, und in der Tat weisen zahllose Anzeichen darauf hin, daß bis in geschichtliche Zeiten hinein die vorherrschende Form von Autorität durch Gynaikokratie verkörpert wurde. Doch historische Abläufe und moderne Erfahrungen widersprechen diesem Bild und scheinen unsere Annahme von der Wirkung solcher biologischer Faktoren Zweifeln auszusetzen – wenn man nicht genau genug hinschaut.
Man sollte nicht zu selbstverständlich davon ausgehen, daß männliche Dominanz ein unvermeidbarer Faktor ist. Wir haben bereits die Weibchen von Hyänen, Wildhunden und Löwen erwähnt, die all ihre Jagd selber betreiben, während dominante Wolfsfähen ihre Rüden bei der Jagd begleiten, wobei die Beta-Männchen als Babysitter bei den Welpen zurückbleiben. Auch unter Vögeln gibt es Beispiele. Der rotkehlige Regenpfeifer oder Phalaropus ist ein kleiner, mit der Schnepfe verwandter Stelzvogel der Arktis. Tinbergen beobachtete und beschrieb diese ›Amazonen‹ der Vogelwelt. Die Weibchen sind

viel farbiger befiedert als die Männchen. »Sie hat einen wundervoll grauen Rücken mit zwei parallelen gelben Längsstreifen. Die Halsseiten sind nußbraun und verblassen zum Kopf hin zu einem dunklen Grau. Die Schnabelunterseite ist weiß, wie auch die übrige Unterseite sehr hell mit grauen Flecken. Die Männchen, die ungefähr das gleiche Tarngefieder haben wie die Schnepfen, übernehmen das gesamte Brutgeschäft und die Aufzucht der Jungen allein. Die Hennen legen nur die Eier und übernehmen keine der traditionellen Mutterpflichten.«

Bei dieser Art vollführt das Weibchen die aufwendige Werbung. Sie hofiert den Hahn mittels Konvention gewordener Zeremonien. Rivalinnen attackiert sie auf das heftigste, wenn die sich ›ihrem‹ Teich nähern. Alle Kämpfe finden zwischen den Weibchen statt. Rivalinnen fliehen übrigens nicht immer vor einem Angriff der Teich-Herrin, manchmal weichen sie auch nur aus, ohne das Revier der anderen ganz zu verlassen. Sie werden dann sogar toleriert, solange sie nicht erneut in Balzgehabe verfallen.

Die Hähne besuchen die Hennen an deren Teichen. Die erste Reaktion gegenüber einem Besucher besteht darin, ihm entgegenzufliegen und ihren Gesang hören zu lassen. Nach dem Wassern tritt sie ihm mit der gleichen geduckten Drohhaltung entgegen wie einer Rivalin, aber sie führt einen solchen angedrohten Angriff nie aus. Etwa einen Fuß breit vor dem Hahn streckt sie plötzlich den Hals und schwimmt davon. Oft wechselt sie mehrere Male zwischen dieser vorwärtsgerichteten Drohgebärde und dem Rückzug mit erhobenem Haupte. Die erste Reaktion dieses Vogels auf einen Artgenossen des anderen Geschlechts ist also die gleiche wie die auf einen des eigenen Geschlechts – die Haltung ist feindselig. Auch im folgenden Verhalten zeigen sich Spuren von Furcht oder zumindest dem Bestreben, den anderen zu meiden.

Während die Motive einer solchen Umkehrung des Dominanzverhaltens bei jagenden Karnivoren und Vögeln wie dem Phalaropus bisher noch nicht erhellt werden konnten, kann ein ähnlicher Zustand unter Menschen auch als – unvermeidliche – Folge einer anderen evolutionären Entwicklung gesehen werden, die uns schließlich ein Leben in künstlicher Umwelt mit eigens entstandenen biologischen Gesetzen bescherte.

Die Neigung von Äffinnen, ihre adoleszenten Männchen davonzujagen, wird mit der Nützlichkeit dieser Reaktion zur Vorbeugung von Inzest erklärt. Wenn das so ist, dann ist dieses Verhalten wahrschein-

lich als Wirkung ökologischer Erfordernisse und zusammen mit der Tatsache zu sehen, daß natürliche Auslese nicht dem bestangepaßten Individuum, sondern der bestangepaßten Population gilt.
Die Zweiheit Mutter-Kind ist das Zentrum jeder Primatengruppe. Ein Zerbrechen dieser Beziehung würde die Lebensfähigkeit der Art zerstören. In diesem Kontext ist das Männchen klar überflüssig, aber im Interesse der Fortpflanzung hat es greifbar zu sein. Bei einigen nicht-humanen Primatenpopulationen ist das nur möglich, weil der Trupp zahlenmäßig klein ist und die älteren Männchen sich nie sehr weit entfernen. Beim Homo aber scheint sich ein Entfernthalten auf größere Distanzen hin entwickelt zu haben.
Das war wahrscheinlich der Stand der Dinge zur Zeit der frühesten Homo-Entwicklung. Der allgemeine evolutionäre Trend in Richtung auf Nichtspezialisierung – keine biologischen Waffen wie vergrößerte Zähne, keine Krallen, keine Hörner – beraubte die an den Rand der Gruppe gedrängten adoleszenten Männer jeder wirksamen Abwehr gegenüber Raubtieren. Ihre einzige Chance zu überleben bestand neben dem zunehmend entwickelten Gehirn in der Zugehörigkeit zu einer fest miteinander verbundenen Gruppe. Ungleich etwa den mächtigen Elefantenbullen, die ihr Leben gleichfalls außerhalb der weiblichen Herde verbringen, war der Homo-Mann durch seine lange Kindheit an das schöne Leben inmitten der weiblichen Gemeinschaft gewöhnt und hatte zudem nicht die Machtmittel des Elefanten gegen Raubtiere, denen er sicherlich nur allzuoft anheimfiel. Es mußte unausweichlich dahin kommen, daß er wieder und wieder den gleichen Schutz zu finden hoffte, den er in frühen Jahren genossen – und seitdem schmerzlich vermißt – hatte, indem er versuchte, von neuem von der weiblichen Herde aufgenommen zu werden.
Wie aber konnte er das angesichts der feindseligen Haltung der Gruppe bewerkstelligen?
Wir können uns ohne viel Mühe vorstellen, daß zu irgendeinem Zeitpunkt einmal ein junger Mann durch schieren Zufall die Reste einer Raubtierbeute nicht sofort oder ganz selbst verzehrte, sondern zu den Frauen mitnahm, die er vielleicht sowieso gerade aufsuchen wollte, und das Fleisch als etwas verlegene Versöhnungsgeste gegenüber der erwarteten Feindseligkeit den reservierten Damen anbot. Primaten unterdrücken ihre verhaltensbedingte Feindseligkeit, wenn ihnen geschmeichelt wird, vor allem, wenn solches Tun mit dem Angebot von Delikatessen verbunden wird. In jenen Zeiten hatten daher Männer, die ›Nahrung heimbrachten‹, eine daraus resultierende bessere

Überlebenschance als die anderen, die in Selbstsucht verharrten, denn die für den inneren Kreis bestimmten Gaben wirkten wie ein Passierschein, um von den gefährlicheren Randzonen hinein in die Mitte der besser geschützten Gruppe zu gelangen. Solcherart trugen die ›Altruisten‹ unter den Männern diesen Hang auch in den Gen-Pool der Gruppe. Daraus ergab sich ein mächtig wirksames Ausleseprinzip, das, aufgepfropft auf die schon vorhandene weibliche Neigung zu Altruismus beim Schutz der hilflosen Jungen, letztlich in hohem Maße zu den ›menschlichen‹ Qualitäten dieser schrittweise entstehenden besonderen Spezies von Primaten beitrug.

Dieser Vorgang stellt die Entstehung eines Verhaltensmusters dar, das für Primaten neu ist. Wenn eine Gruppe von Schimpansen gemeinsam jagt, was sie gelegentlich tun, ein kleines Tier fangen und es heimschaffen in die Sicherheitszone der Gruppe, dann gibt es dort kein altruistisches Miteinanderteilen. Die erfolgreichen Jäger überlassen nur den allzu aufdringlichen ihrer Genossen grimmig knurrend ein paar Bissen. Im Gegensatz dazu folgte der frühe Mensch, der etwas Aas zu den Frauen brachte, sehr wahrscheinlich einem durchaus ›selbstischen‹ Antrieb beim Teilen seiner Nahrung mit ihnen: es trug zu seinem erhöhten Gefühl von Sicherheit bei. Das wird dann freiwillig getan und von Gesten der Unterwürfigkeit begleitet. Beides zusammen bereitete den Weg für die Duldung jener Männer, die ihr den Aasgeiern gestohlenes Fleisch in die zentrale Gruppe hinein verteilten.

Es muß erfolgreich gewesen sein, und es hat sicherlich die Männer in der Folgezeit ermutigt, nicht nur nach Aas Ausschau zu halten, sondern am Ende selber zu Raubtieren zu werden, die im Laufe der Zeit zunehmend größere Tiere erbeuteten, bis sie, wie wir wissen, nicht einmal mehr vor Mammuts zurückschreckten. Das Heimbringen von Fleisch wurde zu einem wichtigen Beitrag für eine eiweißreichere Nahrung zum Nutzen der ganzen Gruppe, kann aber sehr wohl als eine nützliche Fortsetzung der ursprünglichen ›Opfergaben‹ der adoleszenten Männchen entstanden sein. Die dabei eingebürgerte Unterwerfungsgeste wurde dann in komplexe Rituale und Feierlichkeiten eingebunden, die später ihren Weg in die gleichermaßen ostentativen Opfergesten gegenüber Göttinnen nahmen.

In dem Maße, in dem die Bedeutung der Männer für die Frauengesellschaft wuchs, entstand eine Arbeitsverteilung, welche die später klar nach Geschlechtern unterschiedene Trennung bei der Nahrungsbeschaffung verstärkte. Deren Ursprung geht auf die auf weiblicher Seite gegebene Notwendigkeit zurück, das Kind auch während der Nahrungssuche zu tragen und sich daher innerhalb möglichst sicherer Areale zu halten.

Anthropologen, die sich der Erforschung der Evolution des frühen Menschen verschrieben haben, rätseln seit eh und je darüber, welche verhaltensbedingte Verschiedenheit den Menschen von seinen affenartigen Vorläufern deutlich trenne. Aufrechte Fortbewegung, Herstellung von Werkzeugen und das Jagen hatten nacheinander ihre Zeit in der akademischen Gunst. Heute sieht man in der Gesellschaftsfähigkeit des Primaten einschließlich der Nahrungsmitnahme und deren Verteilung in der Gruppe zusammen mit der *Sprache* die ›Wasserscheide‹.

Es mag vielleicht zu vereinfacht scheinen, aber es ist sicherlich logisch, daß die erwähnten Beschwichtigungsgesten der Männer gegenüber den Frauen beim Zutritt zum inneren Kreis einen Ball ins Rollen brachten. Mehr noch, diese Gestik fand ihren Weg in tiefverwurzelte Verhaltensweisen, die wir heute noch in unserer so modernen Gesellschaft beobachten können. Wir werden später sehen: All die Elemente vom reinen Affenmuster über die des Homo habilis und die folgenden Entwicklungsschritte der Homo-Evolution sind in den sozialen Interaktionen, in den zwischenmenschlichen Normen durchaus noch sichtbar.

Wir wollen auch an dieser Stelle unsere Vorstellungskraft nutzen, um uns in die frühesten Zeiten des Homo zu versetzen. In seiner Rolle als bedingt akzeptierter ›Außenseiter‹ würde ein damaliger Mann, der sich einer Frau, *ohne* eine Fleischgabe mitzubringen, näherte, zuerst mit Feindseligkeit empfangen und später mit Hohn und Spott überschüttet. Um eine derartige voraussehbare Demütigung zu vermeiden, fühlten sich die Männer sicherlich in steigendem Maße angespornt, immer größere Beute zu machen. Ausgrabungen in Afrika haben Knochen von so großem Wild wie Flußpferd, Elefanten und großen Büffelarten zusammen mit primitiv abgeschlagenen Werkzeugen ans Licht gebracht, die das bezeugen und obendrein den Homo habilis und seinen zeitgenössischen Nachbarn vom Stamme Australopithecus weiter vordatieren als bisher vermutet. Solche Werkzeuge, in Abschlagtechnik hergestellt, datieren Hominiden, die man auch bei striktesten Maßstäben bereits als Menschen bezeichnen kann.

Die ›primitivsten‹ menschlichen Gesellschaften, die je beobachtet wurden, waren die Ureinwohner von Tasmanien. Es waren Gruppen von Jägern und Sammlern, die im 19. Jahrhundert ausstarben. Die

Krankheiten der Weißen und die erbarmungslose Ausrottung durch Siedler besiegelten ihr Schicksal. Obwohl also als denkbar ›primitiv‹ be- und anerkannt, stellten sie Werkzeuge her wie hölzerne Keulen, Speere, Grabstöcke, Schneidwerkzeuge aus abgespaltenen Steinen. Daneben schufen sie sich Behälter in Form von Tabletts, Körben, Taschen oder Beuteln, die an Schlingen getragen wurden, die um die Stirn liefen.

Auf den frühen Stufen der Jäger- und Sammlergemeinschaften wurden wahrscheinlich noch keine ehelichen Bindungen begründet und eingegangen. Frauen mit Kindern gesellten sich zu Gruppen und waren in der Lage, all die Nahrung durch Sammeln beizubringen, die sie für sich und ihre Kinder brauchten. Natürlich trugen Fleischgaben, wenn auch mit unterschiedlichen Unterbrechungen dargeboten, zu einer verbesserten Ernährung bei und wurden auf die Dauer mit Sicherheit ein Faktor, der zur evolutionären Steigerung des Größenwachstums beitrug.

In der Zwischenzeit war der Trend zur *Neotenie* – das Zurückbleiben von jugendlichen Durchgangsphasen in der adulten Ausformung der Nachkommen, der eigentliche und wesentlichste Zug der Entwicklung hin zum Menschen – in der gesamten Linie der Primaten weiter fortgeschritten, und das, wie man aus fossilen Belegen ableiten kann, mit einer deutlichen Beschleunigung seit der Zeit des Homo habilis.

Das intensive Mutter-Kind-Band, der enge soziale Kontakt und die Bereicherung der Nahrung wirkten zusammen, um das Fortschreiten dieses Trends zu ermöglichen. Die Neotenie wird von Genen bewirkt, die die Tempi einer Entwicklung bestimmen, in diesem Falle verlangsamen und daher alle Einzelphasen verlängern, am Ende sogar die Gesamtdauer des Lebens. Eine Konsequenz dieser – von uns so genannten – »Infantilisation« beim Menschen ist, daß seine Zähne auch im Erwachsenenstadium klein bleiben und eher den in jedem Jahr ausfallenden und sich neu bildenden Zähnen unserer Vorfahren gleichen. Sie sind daher auch für rauhere, gröbere oder zähere Nahrung weniger geeignet. Es erscheint darum wahrscheinlich, daß Frauen und Mütter sich veranlaßt fühlten, das rohe Gut in einen besser verdaulichen Zustand zu überführen, da ihre Kinder ja noch weniger in der Lage waren, das Gebotene fein genug zu zermahlen. Es mag damit begonnen haben, wie wir es bei einigen Tierarten, aber auch noch bei den Eskimos sehen, daß die Mutter die Nahrung vorkaut, ehe sie sie ihren Kindern darbietet. Vielleicht hat dann zufällig einmal eine der Frauen bemerkt, daß die scharfen Kanten abgesplitterter Steine die gleiche Wirkung hatten wie die Kanten ihrer Zähne und sich fürderhin die Arbeit auf diese Weise erleichtert.

Das Nachahmen und Übernehmen neuerworbener Fertigkeiten verbreitet sich schnell unter Primaten, besonders bei den jungen, und zwischen den jungen und den adulten Weibchen. Ein inzwischen berühmt gewordenes Beispiel dafür war das Waschen von Süßkartoffeln, das ein junges Affenweibchen des japanischen Koshima-Trupps im Jahre 1952 ›erfand‹ und das sehr schnell von den anderen begriffen wurde und zu einer entsprechenden Verhaltensweise der ganzen Gruppe führte.

Dasselbe Weibchen fügte 1956 seinem Ruhme eine weitere Erfindung hinzu, indem es mit Sand verunreinigtes Korn handvollweise durchs Wasser rinnen ließ, wobei der Sand zu Boden sank und die Körner sauber an der Oberfläche blieben. Der gleiche Trupp war durch die Ausbreitung seines neuen Verhaltens nach und nach auch mit der See vertraut geworden, so daß im Jahre 1959 ein zweijähriges Weibchen die erste war, die im Meer badete. Bis 1962 badeten alle Zweijährigen und mehr als ein Drittel der übrigen Juvenilen plus 44 Prozent der erwachsenen Weibchen. Die erwachsenen Männchen verhielten sich konservativ, 1962 badete keiner von ihnen. 1968 allerdings hatte dann der ganze Trupp diese Errungenschaft zu seiner Gewohnheit gemacht.

Es erscheint uns daher durchaus denkbar, daß noch prähumanes Werkzeugmachen damit begann, daß ein Weibchen den Stein, den es gerade zum Zerkleinern der Nahrung benutzt hatte, wegwarf und dann bemerkte, daß beim Aufprall auf andere Steine Stücke des geworfenen abgeplatzt waren und so neue schärfere Kanten hinterlassen hatten. Die Umsetzung dieses zufälligen Ereignisses in eine willentlich herbeigeführte Aktion ergab die erste bewußte Herstellung eines Werkzeuges, die in der Folgezeit zuerst von den neugierigen Jungen und schließlich von der ganzen Gruppe imitiert wurde. Bald haben dann wohl auch die jungen Männchen, nachdem sie aus der Mitte der Gruppe an deren Rand verjagt worden waren, mit Steinen experimentiert, wie sie es bei den Müttern gesehen hatten. Daß sie den Gebrauch solcher durch Abschläge verbesserter Stücke dann auch auf das Abschneiden von Fleischstücken und schließlich auf die Nutzung als Waffe zum Töten von Wild ausdehnten, war nach der Erfindung selbst sicherlich nur eine Frage der Zeit.

Im Lichte dieser allgemeinen Entwicklung scheint bei späteren Gesellschaften – etwa seit 500 000 und bis heran auf 25 000 vor der Zeitrechnung – ein Zustand von Stabilität hergestellt gewesen zu sein, bei dem der Status der Frauen zwar der höhere war, die Männer aber in einer untergeordneten Stellung wegen ihres wachsenden Beitrags zum Inhalt der Speisekammer geduldet wurden. Nur könnte es sein, daß man sie als inferior behandelt hat, wie Dienstboten heute, oder gar wie Sklaven. Da diese Beziehung entweder genetisch eingebettet oder über Äonen hin akzeptiert worden war, dürften eigentlich keine Probleme entstanden sein. Das aber bringt uns zurück zu unserer früher gestellten Frage: Welche Faktoren störten diese Ordnung der Dinge? Wie können wir die Entstehung eines Patriarchats in geschichtlicher Zeit in diesem biologischen Kontext unterbringen?

Auf der Suche nach einer Antwort kann uns vielleicht eine andere Spezies helfen, die für Beobachtungen zugänglich und für eine künstlich herbeigeführte Versuchsanordnung der Verhältnisse geeignet ist, die in jener entscheidenden Zeit, als die menschliche Gesellschaft Gestalt annahm, herrschten. Wir werden in Kürze auf diesen Labor-Versuch zurückkommen, uns zuvor aber erst noch mit den Folgen und Wirkungen der Entdeckung des Ackerbaues wie auch denen der weitgehenden Beherrschung von Raubtieren durch Waffen beschäftigen. Damit war eine neue ökologische Grundlage für das Dasein der Menschen geschaffen. Sowohl aufgrund besserer Ernährung als auch der Zurückdrängung natürlicher Feinde stieg die Bevölkerungszahl. Die größere Dichte begünstigte ihrerseits mehr Sex im Leben der Gruppe, und vielleicht gab es bald viele junge Frauen, die in jedem Jahr ein Kind zur Welt brachten und ihrer volleren Rundungen wegen Objekte einer positiven sexuellen Auslese wurden. Hier haben wir den Beginn eines positiven Feed-back, das langsam und in ansteigender Kurve das Gleichgewicht zwischen Menschheit und Umwelt bis in unsere Gegenwart zerstören mußte.

Die neurophysiologische Ausrichtung auf eine soziale Einheit von der Größe einer Jäger/Sammler-Gruppe – in der Regel kaum mehr als 40 Personen – war über lange Zeiträume tief verankert und erlaubte es frühen Menschengruppen, wie auch noch heutigen Stämmen auf gleicher Stufe, in Harmonie mit der Natur und miteinander zu leben. Soziale Reaktionen, genetisch eingebettet, erhielten daher die Qualität automatischer Antworten auf bestimmte Reize. Es konnten keine unvorhergesehenen sozialen Probleme entstehen, weil geradezu stereotype Reaktionen – durch Jahrmillionen der Erprobung und Korrektur von Fehlleistungen –, bis auf feinste Grade der

Anwendbarkeit zurechtgeschliffen, für jede denkbare Gelegenheit bereitstanden.
Aber die steigende Populationsdichte von Ackerbau treibenden Gemeinschaften überschritt die Toleranzgrenze der biologischen Mechanismen, die den Ablauf sozialer Interaktion steuerten. Die Menschen, und da besonders die Männer wegen ihrer mehr marginalen sozialen Bedeutung, mußten ihre Reaktionsmuster neu abstimmen. Sie hatten die Wahl zwischen einer ganzen Reihe von möglichen Verhaltensalternativen. Das machte den Ausgang eines sozialen Zusammenstoßes unvorhersehbar und stellte die einzelnen unter entsprechend großen Streß. Hinzu kam der Umstand, daß ganz einfach zu viele Leute in einem gegebenen Revier zusammenlebten, was den Wettbewerb um den Raum für die Gruppe wie für den einzelnen verschärfte.
Wir alle haben einen Sinn für den Mindestbedarf an persönlichem Umfeld. Wenn jemand uns zu nahe tritt, weichen wir zurück. Wenn jemand von hinten zu nahe an uns herankommt und in unser persönliches Umfeld eindringt, sind wir alarmiert und wenden uns brüsk um, um gegen den Angreifer Front zu machen. Gestörte Menschen, vor allem gewisse Psychopathen mit schwacher Impulskontrolle, können in einer solchen Situation sogar mit der Faust zuschlagen, noch ehe sie sich voll umgewendet haben.
Unter modernen Lebensbedingungen verlieren wir jedoch ziemlich oft die Kontrolle über unser persönliches Umfeld, zum Beispiel in einem überfüllten Bus. Wir bringen es nur deshalb fertig, eine solch abnorme Lage zu ertragen, weil wir dabei unsere Gefühle abschalten. Die Gesichter der Leute in Bussen oder Untergrundbahnen sind in der Regel ausdruckslos. Sie vermeiden es, einander anzusehen. Keine Unterhaltung, kein Gruß wird ausgetauscht. Diese Reaktion ist unter den gegebenen Umständen biologisch sinnvoll, weil wir bei Abwesenheit gefühlsmäßiger Reaktionsbereitschaft nicht auf unserem Freiraum zu bestehen brauchen, was ja sonst Zusammenstöße oder Kämpfe auslösen müßte. Manche Leute entwickeln unter solchen Bedingungen intensive Angstzustände, ohne zu begreifen, was ihre Panik auslöst. Sie können solche Ängste nur vermeiden, indem sie sich von Menschenansammlungen fernhalten. Wovor ihnen graut, auch wenn sie sich darüber nicht klar werden, sind nicht so sehr die Leute, sondern eher der Verlust der eigenen Kontrolle über die primitiven Gefühlsreaktionen auf eine Invasion ihrer persönlichen Sphäre, auf die sie am liebsten mit Aggressionen antworten würden.

Solche Extreme gab es beim Beginn historischer Zeiten noch nicht. Nichtsdestoweniger überschritt der Dichtefaktor der Gruppen die Toleranzen des Nervensystems, die sich an Gruppen von der Größe einer erweiterten Familie orientiert hatten. Die zufällige Entdeckung der Wirkungen von vergorenen Pflanzensäften beim Einlullen der Sinne hat angesichts der neuen Lage sicherlich die sonst unerträglichen Ansammlungen zu vieler Menschen erträglicher gemacht. Es wäre einen Versuch wert, zu prüfen, was geschähe, wenn von einer unserer Cocktailpartys plötzlich der Alkohol verschwände, während die Gäste gezwungen wären, in den überfüllten Räumen auszuharren.

Es ist nicht möglich, die Zeit zu bestimmen, die nötig ist, um ein neues Verhaltensmuster genetisch zu verankern. Umweltfaktoren, die weder aufgrund ihrer Eigenschaften noch aufgrund ihrer Intensität schon Teil eines Verhaltensmusters sind, üben einen variablen Einfluß aus. Dessen Wirkung kann man nur retrospektiv sichern. Immerhin können wir den Ansatz neuer Zustände, die die Reaktionsweisen des Nervensystems berühren, aufspüren. Die ausgegrabenen Reste von Wohnbauten, welche die Existenz von Städten belegen, zeigen das erstmalige Auftauchen großer Gemeinden vor etwa 8000 bis 10 000 Jahren an, also vor rund 500 bis 600 Generationen. Man kann annäherungsweise schätzen, daß 50 000 bis 80 000 Generationen nötig sind, um einen durch Auslese begünstigten Zug zur dominanten genetischen Eigenart einer Population werden zu lassen. Daher bleibt nur die Schlußfolgerung, daß die adaptiven Mechanismen, die der Menschheit bis vor ungefähr 10 000 Jahren dienten, in unserer neuen Umwelt ausgreifender Technologien und anschwellender Bevölkerungsdichten ohne weiteren Nutzen sind, während neue biologische Mechanismen sich noch nicht gefestigt haben können.

Die Nervensysteme höherer Tierarten beweisen eine gewisse Bandbreite von Anpassungsmöglichkeiten an bestehende Lebensbedingungen. Am optimalen Ende dieser Bandbreite steht die Gruppe, die an ihren unmittelbaren Lebensraum angepaßt ist, die Zahl ihrer Mitglieder an den schwankenden Bedingungen des Klimas und des Bejagtwerdens durch Raubtiere ausrichtet und dabei nur minimale Fluktuationen um einen Mittelwert herum zeigt.

Obwohl das individuelle Nervensystem innerhalb der Gruppe Reserven unterhält und damit im voraus an mögliche Notsituationen angepaßt ist, wird doch die Verlängerung abnormer Lebensbedingungen die Energiequellen der Zellen des Nervensystems ernstlich erschöpfen und Streßsymptome bewirken.

Das war die Situation, die J. B. Calhoun 1950 in seinem bekannten Laborversuch künstlich herstellte. Er setzte eine Gruppe von Ratten in eine abgegrenzte Umgebung, in der alle Bedürfnisse der Tiere reichlich befriedigt wurden, in der er aber ansonsten den Dingen ihren natürlichen Lauf ließ.

Unter natürlichen Gegebenheiten wäre diese Rattenpopulation durch Nahrungsaufkommen und natürliche Feinde in gewissen Grenzen gehalten worden. Im Labor, in einer Umwelt ohne Feinde und mit reichlichem Futter versehen, vermehrte sich ihre Zahl jedoch explosionsartig. In dem Maße, wie der verfügbare Raum je Ratte abnahm, stellten sich erhebliche Änderungen der intersozialen Aktion ein. Angeborene Verhaltensmuster, die normalerweise das Gruppenleben steuern, machten einem chaotischen Stand der Dinge Platz und steigerten sich bis zum Zusammenbruch der Rattenmoral. Anstelle des normalen, starr konventionellen Rattenverhaltens, bei dem die Weibchen sich nur nahe ihrem Nest bewegen, ihre Jungen versorgen, und die Männchen sie beschützen und ›respektieren‹, und ganz allgemein eine strikte soziale Ordnung eingehalten wird, ereignete sich in der überbevölkerten künstlichen Umgebung eine tiefgreifende Störung der Beziehungen zwischen Weibchen und Männchen. ›Irregeleitete‹ Banden von Männchen tobten ungebunden umher, griffen andere Männchen und Weibchen unterschiedslos an, ›vergewaltigten‹ die Weibchen, zerstörten die Nester und fraßen die Jungen. Die Weibchen verließen ihre Jungen, abortierten ungeborene, ließen die Nester im Stich und suchten Stimulation für weitere Aufregung im sozialen Zentrum der Population, einem Platz, den man dann als ›behavioural sink‹ bezeichnete, zu deutsch etwa ›Verhaltenskloake‹.

Neben der Populationsdichte haben noch zwei weitere unnatürliche Situationen Relevanz für moderne Lebensverhältnisse. Wir haben uns in dem vorhergehenden Kapitel schon mit ihnen befaßt. Das ist einmal der ›Zoo-Effekt‹ – mit der Tendenz zu exzessivem Sexualverhalten nicht wegen gebotener Fortpflanzung, sondern zur Lösung innerer Spannungen – und zum anderen die gesteigerte Neigung zu Rangkämpfen, bei denen nur das dominanteste Exemplar den durch diese unnatürlichen Bedingungen entstehenden Streß überlebt.

Der Zoo-Effekt macht es für Tiere in Gefangenschaft unmöglich, sich von der Szene des Rangkampfes als Unterlegene zu entfernen,

Käfig oder Gitter des Geheges verhindern ihre Flucht. Das zwangsläufige Verbleiben in der Gruppe straft aber das Eingestehen der Niederlage Lüge, die dominanten Tiere sehen daher ihren Rang nicht bestätigt, sie verharren feindselig und verletzen schließlich den Rivalen, was in freier Wildbahn nicht vorkommt.
Dieser schwere Streß für das vegetative Nervensystem führt einerseits zu Erkrankungen wie allgemeine Arteriosklerose, Magengeschwüren, pathologischen Veränderungen der Haut, der Gelenke und Muskeln und letztlich zu einer Lebensverkürzung oder zu frühem Tod der Versuchstiere.
Das gleiche Spektrum irregeleiteter Verhaltensreaktionen auf abnorme Umweltbedingungen bei Tieren läßt sich auch beim Menschen feststellen. Allein aufgrund des bis hierher Gesagten müßte man zu der Schlußfolgerung gelangen, daß die soziale Umwelt in historischer Zeit, aber auch in unserer Gegenwart, ›unnatürlich‹ gewesen ist und noch ist. Diese Vorstellung mag schwierig hinzunehmen sein, wenn man den Fortschritt bei besserem Wohnen, bei besserer Ernährung, medizinischer Versorgung, allgemeiner Wohlfahrt usw. betrachtet. Auf der anderen Seite sehen wir jedoch ein Anwachsen degenerativer und geistiger Krankheiten und fortgesetzte soziale Unruhe, sei es in Form von Revolutionen, Kriminalität, Kriegen oder wenig dauerhaften Ehen. Natürlich ist es für jemanden, der jahrein, jahraus in einer solchen Welt lebt und daran gewöhnt ist, schwer, sich irgendeinen anderen Way-of-life vorzustellen. Die meisten Bewohner dichtbesiedelter Gebiete erwähnen das nur gelegentlich, wenn überhaupt. Sie sagen vielleicht: »Wenn man in einer Stadt lebt, gewöhnt man sich daran.«
Und doch kann eine so natürlich und universell gegebene Veranlagung wie die Reaktion unseres nervlichen Netzwerks vor übermäßiger Bevölkerungsdichte, die ja im alleinigen Interesse von Lebensfähigkeit und Überlebenschance der Art bestehen, nicht ohne Bedeutung für uns selbst sein.
Tatsächlich haben ja bis in jüngste Zeitläufe vielerlei Vorgänge wie erhöhte Kinder- und Altensterblichkeit, soziale Hemmungen bei der Eheschließung, das zeitliche Auseinanderziehen von Geburten und anderes mehr in ihrer Wirkung eine Bevölkerungsregelung – ähnlich den biologischen Mechanismen bei anderen Arten – erreicht. Viele Beobachter haben vermerkt, daß Stammesgruppen von Völkern ohne Kontakt zu unserer modernen Lebensart über lange Zeiten stabile Populationen aufrechterhalten haben.

Die stammesgeschichtlich eingebetteten Verhaltensmechanismen gegen exzessive Bevölkerungsdichten – ein Problem jeder Spezies – entstanden im generellen Interesse der Art, zugunsten ihrer Lebensfähigkeit und zur Sicherung ihrer Überlebenschancen.
Wenn das so ist, dann müssen wir einräumen, daß es auch für moderne Gesellschaften kaum möglich sein dürfte, von Resten früherer Mechanismen oder solchen, die in unserer Gesellschaft und in unserer Zeit fortwirken, völlig frei zu sein.
Es ist tatsächlich sehr wahrscheinlich, daß derartige Mechanismen noch existieren, nur daß sie halt im Gewande sozialpolitischer Praktiken oder individueller charakterologischer Idiosynkrasien auftreten, die dann als solche zum Gegenstand unserer Aufmerksamkeit werden und die Erkenntnis ihrer übergeordneten, dienenden Funktion erschweren. Das vermischt sich dann noch mit der Beobachtung machtvoller biologischer Mechanismen auf Gruppenebene, die sich auf unsere sozialpolitisch und technologisch veränderten Gesellschaften auswirken, nicht weniger übrigens als auf andere Gesellschaften der Natur. Zweifellos würden die Einzelmitglieder einer Stammesgruppe die Beachtung ihrer Tabus bei den Abständen von Kindesgeburten als selbstverständliche Akte ihrer gesellschaftlichen Praktiken sehen und sie nicht in Beziehung zu ähnlichem Verhalten bei vielen Tierarten setzen. Würde es für uns, die wir uns auf Distanz befinden und nicht betroffen sind, möglich sein, solche Lebensgewohnheiten in den Begriffen ihrer übergeordneten biologischen Wirkung zu sehen? Können wir uns dann nicht fragen, ob einige der sozialen Manifestationen unserer Gemeinschaften, die wir als kulturell bedingt ansehen, nicht auch in den größeren biologischen Rahmen passen?
Wir wollen nun die aktuellen Veränderungen näher betrachten, die in frühen Stadtstaaten und in Gemeinden eintraten, die auf Ackerbau und Viehhaltung begründet waren. Irgendwann zwischen der Steinzeit und dem Anbruch unseres historischen Zeitalters brachten die Männer es fertig, die Herrschaft über die Gesellschaft zu übernehmen, bei den einen früher, bei anderen später, wobei sie weibliche Vorherrschaft entsprechend minderten. Die männliche Reaktion auf steigende Bevölkerungsdichte konnte keinem vorgegebenen noch einem überall gleichen Muster folgen. Einige der daraus sich ergebenden gesellschaftlichen Formen waren entschieden Irrwege, andere fanden soziale Anerkennung. Da sie alle auf einer Skala von ›gerade noch bemerkbar‹ bis ›betont‹ eingeordnet werden könn-

ten, wäre es ein wahrhaft formidables Unterfangen, sie alle schildern zu wollen. Denn es ist ja in Wahrheit die Geschichte der Menschheit von ersten schriftlichen Berichten bis zur Gegenwart.

Was zunächst als Zeichen eines minderen Status – die Männer an der Peripherie der weiblich dominierten Gruppe – galt, verwandelte sich in ein unterscheidendes Kennzeichen männlicher Unabhängigkeit – in die reine Männergesellschaft. Das begann bei den Jäger/Sammler-Gruppen, beeinträchtigte aber damals die weibliche Vorherrschaft noch nicht. Mit ihrer wachsenden Bedeutung begannen sie nun ihrerseits, die Frauen von ihren Männerbünden auszuschließen. Später wurden diese Klubs in solchem Ausmaß institutionalisiert, daß sie der natürliche Standort für die Steuerung der eigenen Gruppen wurden. Priester, Politiker und Heilkundige, früher alles rein weibliche Funktionen, fanden ihre Reihen nach und nach mit Männern durchsetzt, und am Ende dieser Entwicklung wurden jene Rollen zusätzlich zu den Schutz- und Fleischbeschaffungsfunktionen als Teil männlicher Domänen verstanden und hingenommen.

Der von zu großer Populationsdichte ausgehende Streß ist nicht schon auf den ersten Blick deutlich erkennbar, sondern ähnelt einem leisen Dauergeräusch, das man erst hört, wenn man ihm seine Aufmerksamkeit zuwendet. Ohne genaueres Hinhören wird es nicht bewußt wahrgenommen. In seiner mildesten Form erfahren die davon Betroffenen eine leichte innere Spannung. Bei schwereren Formen ergeben sich anomale Verhaltensreaktionen meist aggressiver Art. In schwersten Fällen und bei längerem Andauern der Ursachen folgen organische Schäden, die sich in Form von psychosomatischen Leiden äußern.

Ein chronischer Streß hat bei Menschen wie bei Ratten oder anderen Arten die gleichen Wirkungen, nämlich die, Verhaltensnormen zu entwurzeln. Wir haben gesehen, wie gestreßte Ratten zur ›Unmoral‹ der ›Verhaltenskloake‹ gedrängt werden, wie bei den Schimpansen in Gefangenschaft die Sexualität gesteigert wird und wie Rangkämpfe, die in freier Wildbahn lediglich eine Sache mimischer Konfrontation sind, im Käfig zu bösartigem gegenseitigen Beißen degenerieren. Man wird, mit anderen Worten, Zeuge einer Disintegration der Gruppenstruktur. Dies ist ein Extrem, das man natürlich auch bei den gewalttätigen Ausbrüchen in Gettos beobachten kann. Deren Ursache ist nicht so sehr die wirtschaftliche Verarmung als vielmehr das Zusammenpferchen der Menschen auf engstem Raum. Interessanterweise ereignen sich solche Unruhen meist *nach* der Einführung wirtschaftlicher Besserungen. Verständlicherweise, denn mit der Verbesserung etwa der Wohn- oder Beschäftigungssituation erhöhen sich die Erwartungen der Gettobewohner. Da aber die Überbevölkerung fortbesteht, facht die chronische Malaise aufgrund der biologisch abnormen Zustände revolutionäre Brände an. Sinnlose Zerstörung, Trunkenheit, Sexorgien und der Zusammenbruch aller sozialen Kontrollen unterscheiden dann eine solche Gruppe in nichts mehr von den Ratten der Verhaltenskloake.

Wenn wir nun die Spur des Streß von diesen extremen zu gemäßigteren Formen zurückverfolgen, dann sehen wir, daß die erhöhte Sexualität der Männer sich nicht notwendigerweise in der Form häufiger sexueller Betätigungen zwecks Zeugung äußert, sondern eher, indem abwegigen Formen von Sex gefrönt wird, besonders in Verbindung mit Aggressivität. In diesem Zusammenhang kommt es zu einer beträchtlichen menschlichen Herabstufung der Frau. Man erlebt solche Aggression zwar auch in Form von Prügeln, aber die meisten Männer greifen zu verbaler Erniedrigung der Partnerinnen, was in der Wirkung zumindest auf das gleiche herausläuft, beeinträchtigt es doch zutiefst die Selbstachtung der Frau.

Ganz im Gegensatz zu der verbreiteten Meinung, daß überlegene Kultur die biologischen Mechanismen auslöscht, ist es in Wirklichkeit so, daß biologische Funktionen weiterbestehen, aber nun in Sitte und Moral Ausdruck finden. Die Menschen neigen dazu, das, was in ihren Augen ›gut‹, ›schön‹ oder ›erfreulich‹ ist, als ihnen von einer wohlwollenden Macht – Gott, Natur, freundliches Schicksal – gegeben zu akzeptieren, und das, was ihnen als ›schlecht‹, ›häßlich‹ oder ›schmerzlich‹ erscheint, als eine Heimsuchung dunkler Mächte – Götter, Teufel, Natur oder Strafe für die Verletzung grundlegender Gebote – zu betrachten. Wenn man hier ›natürlich‹ für ›gut‹ und ›unnatürlich‹ für ›schlecht‹ setzt, dann ist es nicht mehr schwierig, die Wirkungsweise biologischen Geschehens oder Anpassens zu verstehen. Die Prozesse des Lebens decken so weite Bereiche ab, daß sie auch Reaktionen auf widrige Umstände Raum geben, die dann bei oberflächlicher Prüfung und Wertung einfacher als ›schlecht‹ erscheinen und nicht als der biologische Kompromiß, der sie in Wahrheit sind.

Zur Illustration: Technologie und gründliche wissenschaftliche Forschung sind die Kennzeichen für den Fortschritt eines Betriebes, der sich, sagen wir, mit der Herstellung von Computern befaßt. Diese beiden Voraussetzungen sind also ›gut‹ oder ›natürlich‹. Gleichzeitig jedoch zeigt die Software, das heißt in unserem Falle die Leute, die mit dieser ›guten‹ Sache betraut sind, Rivalitäten untereinander, lächerliche Eifersüchteleien, sinnloses Streben nach Statussymbolen, wie auch streßbedingte geistige und körperliche Veränderungen. Und all das ist natürlich ›schlecht‹. Das Gute und das Schlechte werden nicht im gleichen Atemzug genannt. Sie scheinen nicht in die gleiche Kategorie zu gehören, und daher wird keinerlei Verbindung zwischen ihnen gesehen. In Wahrheit verbindet eine breite Allee das Gute und das Schlechte miteinander. Es ist der Fortschritt des Unternehmens selbst, der zu größerer Dichte und deren sekundären Konsequenzen führt und der das Nervensystem der Beteiligten in einen übererregten Zustand versetzt.

Um seine vitale Funktion aufrechtzuerhalten, paßt sich das Gehirn einer Überbeanspruchung durch Stimuli auf unterschiedliche Weise an. Im Grunde erfolgt das zu Lasten weniger wichtiger Funktionen. Wenn unsere Augen von zu starkem Licht geblendet werden, zwingt uns das dadurch entstehende Unbehagen, unsere Augen zu schließen, wodurch wir der Reizüberflutung des Gehirns vorbeugen, auch wenn wir dafür ein vorübergehendes Unvermögen zu sehen einhandeln. Wenn wir unter Leistungsdruck arbeiten und das Hirn über seine Toleranzgrenze hinaus mit Impulsen überlasten, ist die Folge ein Kopfschmerz, etwas ›Schlechtes‹, aber zugleich ›Natürliches‹, denn es ist in Wahrheit ein Warnsignal und eine Schutzmaßnahme, um durch Schmerz eine fortgesetzte Überbeanspruchung abzuschalten. In dieser Weise müssen wir auch die Symptome *sozialen* Stresses bewerten – wie soziale Unrast, verhaltensmäßige und körperliche Anomalitäten –, nämlich als Wirkung einer neuen Reihe von Umweltreizen auf das Gehirn seit Beginn geschichtlicher Zeiten. Zwar ist das Gehirn nach der Methode, das jeweils kleinere Übel zu wählen, zu funktionieren in der Lage, das heißt in diesem Zusammenhang auf der einen Seite irgendwie mit der überhöhten Bevölkerungsdichte zu leben, auf der anderen die Folgen durch technische Innovationen erträglicher zu machen. Unglücklicherweise aber fahren die letzteren fort, so viele neue Probleme zu schaffen, wie sie alte lösen, doch vermeiden sie in der Zwischenzeit tatsächlich das größere Übel, den Zusammenbruch des Gehirns unter Reizüberlastung.

Mit dem Aufkommen des Ackerbaues bestanden zwar alle die neurophysiologischen Mechanismen, die auf einer früheren Entwicklungsstufe angepaßt und nützlich gewesen waren, noch weiter, waren aber nun nicht länger zweckdienlich und forderten daher ihren Preis.

Zum Beispiel führt der angeborene Fluchtreflex weidender Tierarten beim Menschen zu heftigem Herzklopfen, einst als Vorbereitung zu schneller Flucht eine sinnvolle Schutzhandlung, die unter den meisten heutigen Lebensumständen aber nicht mehr zweckentsprechend ist. Die plötzlich auftretende Ursache kann eine unerträgliche Irritation sein, das Ergebnis ist die momentane Unfähigkeit, anders als mit Flucht zu reagieren. Das Tier wird dadurch immerhin von der Quelle der Irritation entfernt und gezwungen, das kleinere Übel zu wählen, automatisch, ehe es nachdenken kann. Mißachtet es das Signal, könnte Verwundung oder Tod die Folge sein. Wenn die Irritationen weniger schwerwiegend sind, finden trotzdem deutliche Verhaltensabweichungen statt, von denen manche der Verhaltenskloake der Ratten entsprechen. Die negativen Wirkungen zu großer Populationsdichte zeigen sich nicht nur im allgemeinen. Die Herabstufung der Frau und der überkommenen weiblich bestimmten Ordnung innerhalb der Gesellschaft, wie sie Millionen von Jahren bestanden hatten, führte ihrerseits zu beträchtlichen Störungen.

Ein weiteres Charakteristikum von Entwicklungen erhöht das Gewicht gesellschaftlicher Übel. Ein erfolgreicher Zug evolutionärer Anpassung hat die Tendenz, seine eigene Gesetzmäßigkeit zu entwickeln nach dem Motto: Nichts ist so erfolgreich wie der Erfolg selbst. Eine Analogie kann das illustrieren: Viele ausgestorbene und einige noch existierende Hirscharten haben Bullen mit übergroßen Geweihen hervorgebracht. Sie begannen ihre evolutionäre Existenz mit kleinen Hörnern. Weil sie bei Rangkämpfen und daher bei der Auslese zur Zeugung – und Vererbung! – erfolgreich waren, nahmen sie bei nachfolgenden Generationen an Größe ständig zu, bis schließlich die Größe des Geweihs die Fähigkeit der Tiere, sie zu tragen, überforderte.

Bei den Menschen entwickelte der Trend, arbeitssparende und komfortschaffende Hilfsmittel zu produzieren, gleichfalls sein eigenes Leben, wobei Verbesserung auf Verbesserung folgt, ohne Rücksicht darauf, ob die biologischen Erfordernisse der Menschheit einen Nutzen davon hatten oder haben. Zum Beispiel ist die Landung von Menschen auf dem Mond das Ergebnis eines sich fortgesetzt selbst optimierenden Prozesses ohne Bezug zur Erleichterung von Streßzuständen, denen die für ein solches Programm Verantwortlichen ausgesetzt sind – noch wäre irgendwer dazu auch nur in der Lage.

Wir geben uns nur zu gern der Täuschung hin, daß unsere Zivilisation oder die Wissenschaften alles das, was einmal schief geht, korrigieren können. Die Vorstellung vom Perfektionismus hat tiefe historische Wurzeln, aber wenn die Wissenschaft selbst zu einem die Natur verletzenden Agens wird, dann setzt eine semantische Verwirrung ein. Wie kann etwas zur gleichen Zeit ›gut‹ und ›schlecht‹ sein? Man hört Fragen wie: »Wenn wir schon so fortgeschritten sind, warum können wir nicht Kriminalität, Armut, Glücklosigkeit, Krieg und dergleichen mehr abschaffen?« Die Antwort auf solche Fragen ist auf brutale Weise simpel: »Wir können nicht, *weil* wir so fortgeschritten sind!« oder zumindest, weil unsere Wissenschaften und unsere Technologien es sind.

Das Nervensystem des Menschen – und hier meinen wir zuvörderst das limbische System oder Mittelhirn, das Gefühl und soziales Verhalten steuert – hat in einer so relativ kurzen Zeitspanne von 10000 Jahren noch nicht die notwendige Zeit gehabt, um seine operativen Mechanismen zu modifizieren, die sich schließlich über fünf Millionen Jahre hin zu ihrem jetzigen Stand entwickelt haben. Das relativ junge enorme Wachstum der Neurinde (Neokortex), Sitz der abwägenden und urteilenden Intelligenz, hat in erfolgreicher Anpassung gleichfalls ein Eigenleben entfaltet und sich selbst immer weiter vorangetrieben, um neue und verbesserte Wege zur Veränderung der menschlichen Umwelt zu finden, wieder ohne Rücksicht darauf, ob dies zu unserem Wohlbefinden beiträgt oder nicht. Der Neokortex ist auf dem besten Wege, es jenen Hirscharten gleichzutun, die dank der Fehlentwicklung ihres übergroßen Geweihs heute zumeist ausgestorben sind.

Wie schon gesagt, ist bei uns die Frau aufgrund größerer biologischer Anforderungen widerstandsfähiger als der Mann. Es überrascht daher nicht, wenn Männer mehr unter Streßerscheinungen leiden, mit allen sich daraus ergebenden negativen Konsequenzen. Da Männer dazu neigen, Ereignisse oder Zustände nach eigenen Begriffen von Zielstrebigkeit zu werten, haben sie in ihrem Denken keinen Raum für die schmerzhaften organischen Reaktionen auf Streß; das kann sie von ihren Bemühungen nicht abbringen. So kann ein Mann eine seelische Härte als zu zahlenden Preis für einen beruflichen Erfolg in Kauf nehmen. Er wird auch dann, wenn er eine Angina pectoris oder ein Magengeschwür hinzunehmen hat, seine Arbeit wiederaufnehmen, sobald sein Gesundheitszustand ihn nicht länger daran hindert. Seine emotionalen Reaktionen allerdings, wie sie sich in der Familie und in anderen sozialen Interaktionen zeigen, sind deutlich von seiner streßbedingten Zerrüttung geprägt.

Die Menschen haben bis heute die Welt um sich herum in den Termini ihrer emotionalen Reaktionen auf sie begriffen. Nur in seltenen Fällen, wie in der Physik und in der Mathematik, sind wir fähig, irrelevante emotionale Regungen beiseite zu lassen. Unsere gerade herrschende Laune bestimmt, ob ein plötzlicher Regenschauer ›erfrischend‹ oder ein ›infernalisches Ärgernis‹ ist. Lebt ein Mann unter fortgesetztem Streß, dann sind seine Emotionen einseitig auf solche Gefühle festgelegt wie Furcht, Unsicherheit, Unterlegenheit, Zweifel an sich selbst und was dergleichen mehr ist. Diese Gefühle fließen dann in all das mit ein, was er als eine Erweiterung seiner selbst betrachtet, sei es das Wetter, sein Haus oder Garten, seine Kinder oder die Frau. Von all diesen bildet seine Frau die bevorzugte Zielscheibe für verhaltene Frustrationen, und so wird er sie mit all den negativen Eigenschaften ausstatten, die er in sich selber zwar fühlt, aber nicht zu erkennen wagt.

Von frühesten Zeiten ansteigender Populationsdichte an hatten die Frauen also die Projektion ererbter männlicher Schwächen auf sich selbst zu ertragen. Diese abstruse Logik bahnte sich ihren Weg in soziale und kulturelle Wirklichkeiten, und obwohl die Frauen ironischerweise noch immer die natürliche Gabe ihrer organischen Standfestigkeit hatten, wurden sie aus der Sicht von Gesetz, Religion und Sitten als Wesen behandelt, die alle die geleugneten maskulinen Schwächen in sich trugen. Darum mußten sie beschützt werden und wurden schließlich Eigentum ihrer Beschützer.

In dieser Hinsicht übernahmen die weiter fortgeschrittenen Gesellschaften des Westens und Chinas die Führung. Wir waren gewohnt, eine ethnische Gruppe, in der Frauen die gleiche oder härtere Arbeit als Männer leisten, als barbarisch zu betrachten. In Wahrheit aber haben viele dieser hinter der Zeit lebenden Völker ihre hart arbeitenden Frauen respektiert, was man von unseren fortschrittlicheren westlichen Völkern sicher nicht sagen kann.

Da biologische Reaktionsstrukturen genetisch weitergereicht werden, wohnt ihnen eine ›Obstinanz‹ inne, die so leicht nicht zu unterdrücken ist. Jeder Dompteur kann bestätigen, welche Mühe es kostet, ein Tierverhalten zu verändern. Ein solcher beharrlicher biologischer Faktor beim Menschen ist die weibliche Hypersexualität, die im vorhergehenden Kapitel ausführlicher behandelt wurde. Primitive Homo-Frauen fanden ihre hormonal-induzierten Reaktionen vorwiegend in Richtung auf Fürsorglichkeit und Pflege der Jungen kanalisiert. Als aber Nahrung reichlicher verfügbar und das Leben weniger gefährlich war, trat diese übersteigerte Sexualität deutlicher hervor. Mit der Etablierung männlicher Vorherrschaft wurden mancherlei Maßnahmen ergriffen, sie zu zügeln. Diese Methoden und die soeben besprochene Projizierung männlicher Schwächen auf die Frauen waren zusammen so erfolgreich, daß bis vor ganz kurzer Zeit sogar die Frauen selbst diese ›offizielle‹ Version ihrer Schwäche, ihrer Fehler und ihrer sexuellen Unverantwortlichkeit als wahres Evangelium akzeptierten, zumindest in der Öffentlichkeit. Zweifellos hatte eine ganze Reihe von ihnen privat abweichende Meinungen, die sie jedoch gewöhnlich für sich behielten, um das etwas schüttere Selbstbildnis ihrer Männer nicht zu stören. Hätte eine dieser Frauen ihre wahre Meinung zu erkennen gegeben, hätte sie eine Sturzflut von Beschimpfungen ausgelöst. Nichts war erlaubt, was der Männer eigenen Glauben an ihre Überlegenheit vermindert hätte – ein Mythos, der schließlich zu einer sich selbst erfüllenden Prophezeiung wurde. Seine tatsächliche Überlegenheit auf Gebieten, auf denen seine neotene Verspieltheit und Neugierde erfolgreich dominieren konnten, erhielten ja die ihnen zustehende Anerkennung, aber der Sektor seiner spezifisch männlichen Schwächen, die geringere biologische Standfestigkeit, die ständigen Statuskonflikte, größere Empfänglichkeit gegenüber Streßleiden, niedrigere sprachliche und intellektuelle Fähigkeit in frühen Entwicklungsjahren, wurde oft hinwegerklärt mit dem Hinweis auf angeblich ungünstige äußere Umstände, jedenfalls nicht erkannt.

Die Unterdrückung der Frauen und die entsprechende Erhöhung der Männer mögen als eine willkürliche Verdrehung der beiderseitigen Rollen zugunsten der Männer erscheinen. Vom biologischen Standpunkt aus war das jedoch eine zunehmende Notwendigkeit. Der prähistorische Mann hatte in einer weiblich dominierten Gesellschaft eine niedere Position. Von seinen Vorläufern, den Primaten, übernommen, gehörte der Kampf um Überlegenheit zu seiner Sexualität, um die erkämpfte Dominanz nach dem Siege einem Weibchen darzubieten. Das ersetzte er später mit einer Verbindung von Beschwichtigungsgeste und Fleischangebot, das er durch Raub oder Jagd beschafft hatte (kaum zu unterscheiden von dem Rosenstrauß, der Schachtel mit Süßigkeiten oder einem Diamantring, wie sie noch immer von Freiern vor Erreichen der Kohabitation dargeboten werden). Das neue Verhalten verringerte die weibliche Feindseligkeitsreaktion, weichte ihr eigenes Dominanzverhalten auf und ließ so die primatenspezifische Art sexueller Vereinigung zu, das heißt mit einem Manne, der wenigstens für die Dauer der Kopulation ein Gefühl der Überlegenheit aufrechterhalten konnte. Die kompensatorischen Züge männlicher Pseudo-Dominanz wurden für ihn zu einer ideologischen Vorstellung, ohne die er keine Beziehung zu einer Frau unterhalten konnte. Die Frauen haben das auch weithin als ein männliches Bedürfnis erkannt. Als Mütter mahnen sie die Töchter, die schwachen Punkte der jungen Ehemänner zu schonen, nicht zu intelligent zu erscheinen und auf keinen Fall sein Ego zu unterminieren. Die besten Beziehungen ergeben sich oft dort, wo die Frau die biologische Wahrheit erkannt hat, fast instinktiv ihre eigene Stärke herunter- und eine nachgiebige Rolle vorspielt, auch wenn sie sich in Wahrheit keineswegs als die Schwächere fühlt. Trotzdem ist sie öfter das Gegenteil und entgegen dem äußeren Schein die treibende Kraft hinter dem ›Thron‹, die letztlich Entscheidende, in ihrem Heim der absolute Regierungschef. Die Frau, die eine erfolgreiche Beziehung zu ihrem Mann durchhält, erlaubt sich selbst, ein Teil des Rituals zu werden, das den Mann vorgeblich zum Vorstand des Haushalts macht.

Veränderte Verhältnisse haben das Gewicht der traditionellen weiblichen Rolle gemindert. Der kleine Kern der eigenen Familie läßt ihre Herrschaft nur für eine begrenzte und abnehmende Zeit zu. Mit Vierzig ist sie heute in aller Regel ohne weitere sinnvolle Aufgabe im Leben. Das ist wahrscheinlich der größte Kausalfaktor für geistige und seelische Leiden bei Frauen. Das und ihre soziale Herabstufung wie auch die geistige Erniedrigung der Frauen, die nicht gelernt haben, das Spiel ihrer weiseren Schwestern zu spielen, hat schließlich sogar ihr von Natur aus so widerstandsfähiges Ego unter Streß gestellt. In unserer Zeit hat der Streßfaktor auch die Frauen eingeholt, ihre biologische Standhaftigkeit weicht dem kombinierten Angriff gleichzeitiger sozialer Abwertung und dem Verlust ihrer bestimmenden Stellung im Familienleben. Während an der Oberfläche der Ruf der Frauen nach gleichem Recht unter geltenden Gesetzen geht, weil dies das einzig greifbare und im Augenblick praktisch vertretbare Programm ist, besteht die eigentliche Notwendigkeit in einem erneuerten Gefühl persönlicher Wichtigkeit, um die verlorene oder angeschlagene Selbstachtung wiederzugewinnen.

Wenn in der Natur ein Organ, eine Funktion oder ein ganzer Organismus obsolet wird, ist Aus-Lese die Folge. Das ist auch die treibende Kraft hinter der Depression, weil ein Individuum, das sich im Leben seiner Gruppe überflüssig fühlt, dazu neigt aufzugeben. Das

Aufgebenwollen ist beim Menschen ein sicheres Zeichen für das Vorhandensein einer Depression. Beim Tier ist es gewöhnlich das Vorspiel zum Sterben, sobald es nicht mehr am Wettbewerb um das Leben in der Gruppe teilnimmt. Wie beim Tier, das aufgegeben hat, verlangsamen sich beim Depressiven die vitalen Vorgänge körperlicher und seelischer Art und enden oft mit Selbstmord. Daher berührt die Women's-Lib-Bewegung, wenn auch politisch konzipiert, sehr grundlegende biologische Notwendigkeiten. Ohne das Gefühl, eine auf diese oder jene Art bedeutungsvolle Funktion innerhalb der Population zu haben, stellt sich eine starke biologische Tendenz ein, das sogenannte »Aufgeben-aufgegeben-werden-Syndrom« akut zu entwickeln.

Wiederum vom biologischen Standpunkt aus gesehen, läßt sich sagen, daß der Mensch seit der Anwendung des Ackerbaus eine ziemlich prekäre Existenz gehabt hat. Warum aber brachen dann menschliche Gesellschaften nicht völlig zusammen und bewirkten das Aussterben des Homo sapiens sapiens? Die Antwort: Solche Eliminierungen haben ja stattgefunden! Hochkulturen sind verschwunden. Von den einen sind nur Mythen geblieben, von anderen bezeugen aufgegrabene Ruinen so blühende Kulturen, daß es schwerfällt, sich ihre Vernichtung vorzustellen. Insgesamt aber blieb die Menschheit trotzdem lebensfähig. Dazu verhalf eine sich fortlaufend weiterentwickelnde Technologie, dieses zweischneidige Schwert, das in der anderen Richtung genauso scharf ist und auch zuschlägt, da es gleichzeitig eine Verringerung menschlicher Vitalität bewirkt. Wir können zwar im Augenblick sehen, wohin sich der Zeiger bewegt, aber wir können nicht sicher sein, daß er seine Richtung nicht doch schon in naher Zukunft ändert, bevor nämlich unsere Technologie mehr Streß erzeugt, als sie mildert.

Bei der Betrachtung von Störungen in der Beziehung zwischen Männern und Frauen darf man die Tatsache nicht übersehen, daß es sich hier um einen Teilaspekt der Störungen insgesamt innerhalb unserer Gesellschaft handelt. Männliche Machtstrukturen sind zu einer Zeit offenbar geworden, als die Mitarbeit der Männer, als der Einsatz ihrer wichtigen Arbeitskraft im Sozialleben zuerst erwünscht, am Ende aber notwendig war. Schließlich mußte man sich mit der neuen Lage auseinandersetzen. Die instinktiven sozialen Reaktionen der Art, tief in der Entwicklung der Primaten begründet und von daher geformt, waren nicht mehr effektiv. Es wurde dringend nötig, strikte Gesetze einzuführen und ihre Einhaltung durch religiöse oder bürgerliche

Sanktionen zu erzwingen. Es wurde unausweichlich, die bösen Wirkungen sozialer Unrast unter Kontrolle zu bekommen. Solche Gesetze kodifizierten in politischer Sprache das, was zuvor und zu jener Zeit noch natürliche Gesetze waren. Das biblische Beispiel der entwurzelten Israeliten, die in die Wüste wanderten – eine Population unter Streß – und ihre Zuflucht zu ›unmoralischen‹ Lebensweisen nahmen, greift hier voll: sie mußten von Moses gezügelt werden, seine Gesetzestafeln vom Sinai kennzeichnen diese Entwicklung.

Trotzdem ist es leider so, daß Gesetze, die sich biologisch entwickelt haben, automatisch befolgt werden, während solche, die politisch eingesetzt werden, gleichgültig, wie hart die angedrohten Strafen sein mögen, mißachtet werden. Nun könnte man diese Feststellung konterkarieren mit dem Hinweis auf die Mehrheit gesetzestreuer Bürger zu allen Zeiten und überall in der Welt, Bürger, die eben einen Sinn für ihre Verantwortung haben.

Es ist nicht so, daß sie damit frei wären vom Streß einer unnatürlichen Umwelt. Eher waren sie im Laufe ihrer Erziehung relativ früh in der Lage, mehr oder weniger starke Hemmungen in sich aufzubauen, um schwächere Grade von Irritation zu unterdrücken. Aber auch diese wie-es-sich-gehört erzogenen Männer neigen dazu, zu Hause ihre anerzogene Fassade abzulegen und nicht so selten ihre Frauen zur Zielscheibe verdrängter Aggressionen zu machen.

Zusammenfassend können wir sagen, daß vielleicht bis etwa 10000 Jahre vor Einführung des Ackerbaus die Evolution einen sozusagen normalen Verlauf genommen hat. Unsere Vorfahren waren eine sehr gut angepaßte, erfolgreiche Spezies, auch dann noch, als widrige klimatische Verhältnisse, wie die sechs aufeinanderfolgenden Eiszeiten, ihre Widerstandskraft auf eine harte Probe stellten. Sie lebten in von Frauen dominierten Gruppen und waren völlige Selbstversorger durch das Sammeln pflanzlicher und das Erbeuten tierischer Nahrung. Die zunächst an der Peripherie lebenden Männer gewannen nach und nach Zugang zur zentralen Gruppe, indem sie Fleischliches boten. Diese Grundzüge steinzeitlichen Lebens konnten, nachdem in späteren Gesellschaften die Männer die einzigen Berichterstatter geworden waren, nicht mehr ohne weiteres erkannt werden. Es war unvermeidlich, daß ihre Berichte und darin vermittelten Ansichten von eigenen männlichen Vorstellungen gefärbt und vielleicht darüber hinaus von ihrem Bedürfnis, das eigene Image aufzubessern, geprägt wurden.

Natürlich könnte man vermuten, daß auch wir, die Autoren dieser beiden Kapitel, eine gleiche Neigung zeigen und die nicht zu zahlreichen Beweise in die entgegengesetzte Richtung zu verdrehen suchen. Das ist ein von uns keinesfalls übersehener oder vernachlässigter Gedanke. Wir glauben uns jedoch aufgrund unserer Forschungsmethode im Besitz der überzeugenderen Argumente.

An dieser Stelle erscheint es angebracht, die Art und Weise unserer Forschung näher zu beschreiben. Ein Anthropologe und ein Psychiater haben ihr Wissen und ihre Erfahrungen aus Forschung und Praxis auf den Gebieten der evolutionären Biologie, der vergleichenden Verhaltensforschung, der Ethologie, der Soziobiologie und der Psychopathologie zusammengefügt, um zu einem besseren Verständnis körperlicher und seelischer Fehlfunktionen beim Menschen zu kommen. Wir behaupten, daß die meisten heutigen Fehlfunktionen beim Menschen Funktionen sind, die auf einer niedrigeren evolutionären Stufe einmal adaptiv und nützlich waren und seither in unserer genetischen Struktur als Potentiale, die durch gewisse Einflüsse reaktiviert werden können, überlebt haben. Wir sehen also in vielen funktionellen und psychosomatischen oder neurotischen Leiden ›fossile‹ Reste früher einmal adaptiver Merkmale.

Da wir von unserer Seite der Erforschung des frühen Menschen zu den gleichen Schlußfolgerungen gelangen mußten wie Richard Fester und Marie E. P. König in der ersten Hälfte dieser gemeinsamen Arbeit, war es für uns ganz besonders reizvoll, unser Wissen unter dem Aspekt des Buchthemas beizusteuern. Zugleich erlebten wir an den Beiträgen unserer Mitautoren das gegenseitige Ineinandergreifen von Beweisen, zu denen jeder unabhängig vom anderen gelangte, und die sich am Ende zu einem geschlossenen Ganzen fügen.

Ausgehend von der Prämisse, daß auch Verhalten sich – nicht unähnlich den Relikten aus der Erde mit ihren anatomischen Einzelheiten – als ein Fossil erweisen kann, galt unser nächster Schritt der Identifizierung der präfossilen Form und des früher einmal sinnvollen, unter heutigen Kulturschichten begrabenen Zweckes.

Also muß, wenn unsere Prämisse richtig ist, die Existenz urgeschichtlicher matriarchaler Gesellschaftsformen mit all ihren charakteristischen Merkmalen auch bei uns noch aufzuspüren sein. Vielleicht starren uns diese Fakten ins Gesicht – da aber eine solche Vermutung konventionellen Erwartungen zuwiderläuft, entgehen die Indizien dafür zumeist unserer Aufmerksamkeit.

Von allen Fossilien, die uns die direkte Verbindung zu ferner Vergangenheit zeigen, spielen die in Mythen und alten Religionen eine besonders wichtige Rolle. Beobachten wir doch einmal einen typischen Gottesdienst, etwa einen katholischen, mit den Augen eines Verhaltensforschers. Wir sehen männliche Priester unterwürfige Gesten vor den Darstellungen einer weiblichen Figur und denen ihres durch Kreuzigung verwundeten Sohnes ausführen. Opfer von Weihrauch und brennenden Kerzen werden feierlich dargebracht, gesungene Gebete und Beschwichtigungsgesten wie Bitten um Vergebung geboten in der Hoffnung, die in der Gestik bewiesene Demut werde akzeptiert und damit Zugang zu einem Ort ewigen Trostes und Glükkes – Paradies, Himmel – geschaffen. Denn wenn auf der anderen Seite Stolz, Hoffart und andere Zeichen männlichen Dominanzverhaltens zur Schau gestellt würden, wäre die Verbannung in ein gefährliches Abseits – Hölle, Unterwelt und dergleichen – die unausweichliche Konsequenz.
Wenn wir das Verhalten der Gläubigen anderer Kulturen beobachten, erleben wir auch noch das Opfern von Tieren und weitere deutliche Rituale, die das jeweils höchste Wesen günstig stimmen und sein Wohlwollen sichern sollen. Männliche Gottheiten kamen in bereits historischer Zeit hinzu. Weibliche Götter aber blieben neben den männlichen bestehen, in vielen Religionen bis in unsere Zeit. Wir können daher davon ausgehen, daß die äußeren Formen der Verehrung gegenüber einem männlichen Gott – oder auch gegenüber einem vergeistigten Wesen, das keinerlei Geschlecht hat – eine Fortsetzung der althergebrachten Riten aus Zeiten sind, da man die Mutter- oder Erdgöttin anbetete.
Nun wollen wir uns die gleiche Szene innerhalb einer Homo-Gruppe vor einigen hunderttausend Jahren vorstellen. Diese unsere Gruppe besteht aus einer Alpha-Frau, der ältesten der Gruppe, und aus weiteren acht oder zehn Frauen verschiedenen Alters mit ihren Kindern. Da Kinder in der Regel in Abständen von drei oder vier Jahren geboren werden und die Knaben der Gruppe bei Erreichen der Pubertät die Gruppe verlassen oder verjagt werden, bleibt die Anzahl der Gruppenmitglieder relativ klein. Die aus dieser Gemeinschaft stammenden Männer bilden eine lose verbundene Gang innerhalb bequemer Entfernung, übertreten allerdings die unsichtbare Grenze zu den Frauen nicht, außer aus besonderen Anlässen.
Wir haben die Wahrscheinlichkeit des Entstehens einer Gewohnheit erwähnt, bei der die Männer den Frauen Stücke von Aas oder fri-

schem Fleisch brachten, um sie außerhalb der Zeiten sexuellen Zusammengehens freundlicher zu stimmen. Versuchen wir, uns die Szenerie möglichst lebendig und anschaulich vorzustellen. Während der Annäherung gaben sie sicherlich irgendwelche Laute von sich, um ihre Ankunft mit den Geschenken und ihre Friedfertigkeit zu signalisieren. Andere Besucher haben vielleicht Fackeln an ihren ewigen Feuern entzündet, es war offenbar eine sehr frühe Gewohnheit, ein ständiges Feuer zu unterhalten und es mitzunehmen, wenn man von einem Wohnplatz zu einem anderen zog. Beim Erreichen des inneren Wohnplatzes werden die Männer von der Alpha-Frau gestellt, worauf sie in Primatenmanier den Blick senken, um anzudeuten, daß sie nicht in feindseliger Absicht kommen, oder, da sie inzwischen einen voll aufrechten Gang haben, Körper oder Knie beugen, um sich körperlich kleiner zu machen als die stehende Alpha-Frau, denn Primaten deuten alles, was eine Vergrößerung der Körperhöhe bewirkt, als Drohgebärde. Die alte Dame gibt dann wahrscheinlich ein Zeichen mit der Hand, daß sie den Besuch akzeptiert. Damit kann der gemeinsame Schmaus der mitgebrachten Delikatessen beginnen.

Man vergleiche diese Szene mit den Kultvorgängen unserer westlichen Zivilisation, Priester und Gläubige knien nieder und zeigen Gesten der Demut. Sie singen Litaneien und sprechen Gebete, alles zu Ehren eines Mutterbildnisses mit dem Sohn. Man müßte eigentlich nur noch das islamische Schafopfer Aid-el-Kebir hinzufügen, um das Bild zu vervollständigen, und das Ritual wäre von dem der Urzeit kaum noch zu unterscheiden.

Der Brauch priesterlichen Zölibats – ein Überbleibsel früherer Kastration männlicher Kulthelfer – und das Tragen von Kleidung ähnlich der der Frauen können durchaus als Fortsetzung paläolithischer Sitten und Gebräuche und als Nachhall der damaligen Dominanz der Frauen in Glauben und Gesellschaft verstanden werden.

Ähnlich archetypische Vorstellungen der Vergangenheit haben sich auch, abgesehen von religiösen Ritualen, im sozialen Leben unserer Zeit erhalten. Beginnen wir mit einer Frau, deren Persönlichkeit innerhalb ihres Zuhause voll akzeptiert ist, so daß ihr Gefühl von Selbstwert nie in Frage gestellt war. Sie würde sich in ihrer Stellung als Frau und Mutter selbst dann absolut sicher fühlen, wenn äußere soziale Einstellungen ihre Rolle zu verunglimpfen suchten. Sie würde die darin liegenden Abwertungen gar nicht wahr-nehmen, weil ihre Stellung innerhalb der eigenen Domäne unbestritten ist: das Kennzeichen einer Alpha-Frau. In der Zeit ihrer Vorbereitung auf Heirat

und Ehe würde sie einen nicht zu ihr passenden Freier nicht akzeptieren können. Sie würde von Freunden erwarten, daß sie ihr beim Betreten ihres eigenen Territoriums – heute also ihr Heim – Gaben, Blumen, Süßigkeiten und andere kleine Geschenke überreichen. Wenn dies Ritual erledigt und die Annäherung gebilligt ist, darf der Besucher sie zu einem guten ›Futterplatz‹ mitnehmen und ihr dort erlesene Fleischgerichte vorzugsweise bei Kerzenschimmer anbieten. All das entspricht der archetypischen weiblichen Entgegennahme männlicher Geschenke bis in alle Einzelheiten. Wir können allerdings schmunzeln und an den kleinen Unterschied zwischen damals (Geiern und Schakalen abgetrotzte Fleischfetzen) und heute (etwa Schweinelendchen in Rahmtunke) denken.
Wir folgen dieser Frau in ihre Ehe und gehen wahrscheinlich zu Recht davon aus, daß sie sich einen Mann ausgesucht hat, der nach geltenden Normen als erfolgreich einzustufen ist. Auch er war natürlich dem Einfluß seiner Umgebung ausgesetzt und hat von daher seine Ansichten von der Stellung der Frau in der Gesellschaft bezogen. Da die meisten Lebensverhältnisse eine erhebliche Spannweite für Interpretationen bieten, erscheinen ihm die Rollen der Geschlechter nur als normale Aufgabenverteilung, entsprechend der besseren Eignung. Er stellt den Wert der eigenen Arbeit, auch wenn sie vielleicht größere gesellschaftliche Anerkennung findet, nicht über den der Arbeit seiner Frau. Sie teilt seine Meinung in dieser Hinsicht, was ihre Anteilnahme an seinen Angelegenheiten erleichtert, wann immer dies erforderlich werden sollte. Aus eigener Erfahrung kann sie die Ansichten anderer Frauen über die Unterdrückung der Frau nicht teilen, weil sie alle die Vorteile, die ihre Gesellschaft Männern bieten kann, durch ihren kooperativen Gatten erhalten kann, kurz: diese Frau hat jene Gefühle und Einschätzungen ihrer selbst fortgeführt und beibehalten, die das Alpha-Weib früherer Zeit besaß, wenn auch dem veränderten sozialen Bild der Gegenwart angepaßt.
Zugegebenermaßen trifft man diese ideale Beziehung zwischen Mann und Frau nicht allzu oft an. Man könnte zudem einwenden, daß auch unter solchen ›idealen‹ Bedingungen das volle Potential der Frau noch immer nicht zur Blüte kommen darf. Unglücklicherweise ist genau dies der Punkt, an dem die Objektivität aus der Diskussion verschwindet und weitere Argumente auf persönliche Werturteile zurückgehen. Ein Mensch kann Talente und potentielle Begabungen für mehrerlei berufliche Tätigkeiten besitzen, aber er oder sie müssen schließlich eine Auswahl treffen. Nicht wir können für eine solche

Person die Entscheidung treffen, welcher der Aufgaben sie am besten gewachsen ist und welche sie verwirklichen sollte. Andererseits wäre es natürlich ideal, wenn man die absolut freie Wahl hätte.
Einer anderen Variante der Alpha-Frau wird von seiten der Männer in unserer männerorientierten Gesellschaft mit einer Mischung aus grimmiger Bewunderung und nicht ausgesprochener Abwertung ihrer Fraulichkeit begegnet. Das ist die »Frau, die die Hosen anhat«. Sie beherrscht Familie und Mann in einer Weise, die der eines absoluten männlichen Herrschers nicht allzu unähnlich ist. Gewöhnlich hat sie ihre Verhaltensmuster von ihrer Mutter übernommen. Diese Frau hat ihre archetypische Haltung gegenüber Männern nicht verändert. Um diesen Status aufrechtzuerhalten, hat sie aktiv und von sich aus Männer gesucht, die im Verhältnis zu ihr subdominant sind. In einer kleinen Gemeinde kann das funktionieren, da er ihre höhere Weisheit bereitwillig akzeptiert und hart arbeitet, um sich seine kleinen Opfergaben – nunmehr in Form von Schecks – verschaffen zu können. Sie kontrolliert die Finanzen der Familie. In solchen Fällen herrscht eine relative Harmonie, da beide Ehepartner mit ihren Rollen einverstanden sind und sich dabei wohlfühlen.
Das Bild ändert sich in Großstädten, wo solche Alpha-Frauen anderen ihrer Art begegnen. Daraus ergeben sich Rangkämpfe, in denen nur durch die symbolische Zurschaustellung von Besitz obsiegt werden kann. Da die Männer durch ihre Opfergaben zum Besitz und seiner Mehrung beitragen, müssen sie nun angestachelt werden, immer mehr zu leisten. Unglücklicherweise aber haben gerade Männer, wie sie diese Art von Frauen sich aussuchten, in ihrem Verhaltenssystem uralte Unterwerfungsmechanismen eingebaut. Das erlaubt ihnen auf der einen Seite, Alpha-Frauen zu heiraten, bildet aber andererseits ein Handikap in der Welt geschäftlichen und beruflichen Wettbewerbs. Folglich setzen sie sich selber unter Streß und bemühen sich um Aufgaben, für die sie nicht ausreichend gerüstet sind. Die chronischen Anstrengungen haben dann zumeist katastrophale Folgen für ihre Gesundheit. Die große Verbreitung von Kreislaufstörungen und Magen-Darm-Leiden bei unserer männlichen Bevölkerung ist ein deutliches Indiz dafür, in welchem Ausmaß archetypische Unterwerfungsmechanismen bei Männern noch wirksam sind. Die Tatsache, daß unter solchen Lebensbedingungen die Frau den Mann überlebt, ist nicht der größeren Mühsal männlicher Arbeit zuzuschreiben, sondern dem Umstand, daß dieser Teil der männlichen Bevölkerung biologisch nicht ausreichend gerüstet ist, in Rangkämpfe einzutreten.

Das erinnert uns an einen Cartoon, auf dem ein Steinzeitmann mit offensichtlichen Magenschmerzen einen älteren um Rat bittet, der ihm bedeutet: »Der Kummer mit dir ist, daß du einen Elefanten nach Hause bringen willst, das Äußerste aber, was du schaffst, ein Karnikkel ist . . .«

Interessant, daß männliche ›Volksweisheit‹ im englischen Sprachraum von solcher Art Alpha-Frauen als ›castrating bitches‹ spricht. Man kann sich natürlich fragen, ob das Aussprechen eines solchen Gedankens in einer längst nicht mehr reflektierten Redensart nicht doch eine Verbindung mit den tatsächlichen Praktiken von Priesterinnen der Großen Göttin vor Zehntausenden von Jahren hat. Freud glaubte, daß die Angst vor Kastration einem übermächtigen Vater zuzuschreiben sei; seine rein männliche Orientierung konnte das Bild einer allmächtigen Mutter, die für eine solche angeborene Angst verantwortlich ist, gar nicht konzipieren.

Wir kommen jetzt zu den Frauen, die *nicht* in der Lage waren, jene archetypische Dominanz beizubehalten, und die daher das Opfer männlicher Unterwerfungstriebe geworden sind. Um die Unterdrückung eines biologisch begründeten Hanges bei einem Tier zu bewirken, muß man es von seinen ersten Lebenswochen an einem intensiven Training unterwerfen. Gehorsam und Unterwerfung eines Hundes etwa können auf diese Weise erreicht werden. Wenn kleine Mädchen von ihren Vätern ständig in Schach gehalten und dauernd zurechtgewiesen werden, besonders dann, wenn unterwürfige Mütter solches Training gutheißen, wird das ihnen angeborene Streben nach Dominanz gebrochen. Eine von vielen unglücklichen Folgen ist ihr späterer Mangel an mütterlichen Qualitäten. Als Erwachsene erleben sie die Unfähigkeit, Dominanz über ihre Kinder herzustellen, was sich in allgemeiner Disziplinlosigkeit bemerkbar macht. Das verstärkt bei der Frau das Gefühl drückender Last zusätzlich zu den anderen Aufgaben des Haushalts, die bewältigen zu können ihr das nötige Selbstvertrauen ohnehin schon fehlt. Wenn der Mann nach getaner Arbeit heimkehrt, findet er schreiende Kinder, den Abwasch im Spülbecken und ungemachte Betten vor. Folglich beschimpft er die Frau, was ihre Selbstachtung weiter verringert.

Eine andere Variante der subdominanten Frau ist das Kind-Weib. Sie erfuhr in ihrer Kindheit eine übergroße Verwöhnung von beiden Eltern und erwartet, daß sich dieser segensreiche Zustand in ihr Erwachsenendasein hinein fortsetzt. In den Begriffen weiblicher Archetypen stellt sie die abhängige Juvenile dar, die im Schatten der Mutter lebt. Später im Leben wird sie diese Situation gewissermaßen verdoppeln, indem sie andere ältere Frauen findet, denen sie sich anvertrauen kann, die ihr helfen und sie in allem beraten. Ihr männlicher Gefährte muß in die Fußstapfen der Eltern treten und sie nach bestem Wissen und Vermögen verwöhnen. Für ihn stellt sie die gesellschaftliche Stereotype der hilflosen Frau dar, die er gegen eine feindselige Welt zu verteidigen hat. In einer weniger positiven Ausdeutung betrachten die Männer sonst das Kind-Weib als Spielzeug und behandeln es dementsprechend. In beiden Fällen wird etwas von der fürsorglichen Verhaltensweise ihrer Mutter übernommen. Sein Bemuttern des Kind-Weibes läßt seine Männlichkeit im häuslichen Leben ungefordert, was es ihm erleichtert, seinen Vorteil in der wirtschaftlichen Wettbewerbswelt erfolgreich wahrzunehmen.

Die sogenannte maskuline Frau verwirft ihre Feminität aufgrund spezifischer Kindheitserfahrungen. Sie war bewußte Zeugin bei der Herabwürdigung der Mutter, hörte ständige Wehklagen über das harte Los der Frau im allgemeinen, und was dergleichen mehr geschieht. Sie hat möglicherweise eine noch weitergehende Verachtung für das eigene Geschlecht als die rabiatesten Weiberhasser unter den Männern. Sie identifiziert sich gründlich mit dem idealisierten Image eines hart arbeitenden, kühl denkenden Mannes, der frei von Gefühlen ist. Wenn sie mit der Welt der Männer in Berührung kommt, ist sie tief enttäuscht. Sie ist mit dem Entdecken männlicher Schwächen genauso schnell bei der Hand wie mit dem Entlarven weiblicher. Ihr Geradeheraussein entfremdet sie den Männern, mit denen sie arbeitet. Vielleicht fürchten sie sie sogar und kompensieren das, indem sie bei jeder Erwähnung lächerlich machende Bemerkungen einfließen lassen. Wenn ein Mann gegenüber einem weiblichen Mitarbeiter seiner selbst nicht ganz sicher ist und den Punkt erreicht, wo er Vorsicht walten läßt, dann erleichtert er sein Unbehagen, indem er die Frau sexualisiert. Auf diese Weise wird die Auffassung von Sex ein wertmindernder Faktor. Mit dieser Auffassung von der betreffenden Frau verwandelt er sie für sich in ein weniger bedrohliches Wesen.

Das erklärt das geschlechtsspezifische Auseinanderklaffen in der Haltung der Männer unserer Zivilisation, in der Sex offensichtlich zwei Seiten hat: einmal die romantische mit der unschuldsvollen, schutzbedürftigen und zum anderen die niedrige mit der die Männer ausnützenden Frau oder Dirne. Wenn eine Frau an Sex nicht sonderlich interessiert ist, wird sie als kalt wie Eis, als frigide bezeichnet; äu-

ßert sie dagegen ein gesundes Bedürfnis nach Sex, wird ihr mit herabsetzenden Sticheleien begegnet.
Wir kommen nun auf die widersprüchliche Frage zurück, warum die offenbar widerstandsfähigeren Frauen, die zudem in ihrer Jugend größere Vitalität und Intelligenz als gleichaltrige Jungen zeigten, als Erwachsene Opfer seelischer Fehlentwicklungen sein können, welche die von Männern übertreffen, obwohl doch die letzteren normalerweise größerem sozialen Streß ausgesetzt sind als ihre Frauen.
Viel Aufheben ist von dem Umstand gemacht worden, daß die sozialen Traditionen den Wert der Frauenrolle verringern. Das ist zwar eine nicht zu leugnende Tatsache, aber hinzu kommt ein zusätzlicher Faktor.
Die Nur-Hausfrau, die einem kleinen Haushalt vorsteht, in dem ihre Mühen durch arbeitsparende Geräte und tafelfertige Nahrungsmittel minimiert werden, wo die Kinder die meiste Zeit außerhalb ihrer Aufsicht in der Schule verbringen und in der Zeit ihrer Adoleszenz das Heim zwecks Weiterbildung früh verlassen, eine solche Frau verliert das Gefühl, für etwas oder jemanden da zu sein. Der biologische Unterbau dieser Krise bei heutigen Hausfrauen kann gerade jetzt in voller Entfaltung beobachtet werden. Hier haben wir ein menschliches Wesen im Vollbesitz seiner körperlichen und seelischen Kraftquellen, mit einem ausgesprochenen Sinn für Dominanz und dem Gefühl eigener Wichtigkeit, trotzdem aber dazu verurteilt, ihre Zeit zu vergeuden und dabei nur einen kleinen Teil ihrer potentiellen Energien und Talente einsetzen zu können.
Wenn wir einen Tiger im Käfig sehen, der nicht durch den Dschungel streifen, der nicht jagen und kein in seinem Sinne normales Leben führen kann, dessen angeborene Reaktionsmechanismen ins Leere laufen, der in einen eng begrenzten Raum inmitten einer in keiner Weise stimulierenden Umwelt gesperrt ist, fühlen wir brennendes Mitleid. Warum fühlen wir nicht genauso mit einer Hausfrau, die vergeblich versucht, ihrem Leben einen Sinn zu geben? Am Ende gibt sie sich selbst die Schuld, keine neuen Interessen finden zu können. Sie kann nicht wissen, daß ihr vorangegangenes Gefühl der Niederlage, gemeinhin Depression genannt, schon von sich aus den zündenden Funken gleich welcher Art von Initiativen erstickt, auch solcher, die von Nutzen sein würden. Sollte sie – möglicherweise als Folge ihres niedergeschlagenen Zustandes – irgendeinen vagen Schmerz irgendwo in ihrem Körper verspüren, so konzentriert sie sich seelisch sofort auf diesen neuen Brennpunkt. Das gibt ihr etwas, womit sie

sich beschäftigen kann, und damit ist sie auf dem Wege in die Reihen von zahllosen Leidensgenossinnen, deren Beschwerden weder diagnostiziert noch geheilt werden können. Und wenn der eigene Körper ihr keinen solchen Schwerpunkt liefert, dann hilft möglicherweise der Alkohol beim Durchstehen der langen Stunden des Tages voll Leere und Langeweile. In anderen Fällen scheint nichts das Gefühl der Leere erleichtern oder überwinden zu können. Dann wird diese Frau früher oder später unter den klassischen Formen der Depression leiden, in denen sie selbst ganz richtig auf die Nutzlosigkeit und den Unwert ihres Lebens hinweist. Sie bewegt sich in der Folge an den Rand der Gesellschaft, wie es Tiere in der Natur auch tun, wenn sie das Gefühl einer Niederlage erfahren haben, ein Äquivalent des Bewußtseins, in der zugehörigen sozialen Gruppe überflüssig geworden zu sein.

In einer solchen Lage wird das Tier das leichtere Opfer eines Raubtiers, dem zu widerstehen oder zu entfliehen es den Willen weitgehend verloren hat. Bei einer Frau kann die Mischung von Antrieben zur Selbstauslöschung Formen annehmen wie persönliche Vernachlässigung, Verweigerung der Nahrungsaufnahme und der Teilnahme an Handlungen, die von gemeinsamem Tun bestimmt sind, bis hin zum Selbstmord.

All diese unterschiedlichen Persönlichkeitsmuster, wie sie sich aus der gesellschaftlichen Situation heutiger Frauen ergeben, sind psychologischen Faktoren während ihrer Entwicklungsjahre zugeschrieben und damit erklärt worden. Diese Faktoren spielen unleugbar eine Rolle, doch da sie in den Termini psychologischer Forschung relativ griffig formuliert werden können, hat man die biologische Grundlage, mit der sie unlösbar verbunden sind, weithin übersehen. Trotz einiger zehntausend Jahre männlicher Vorherrschaft stimmen allzu leichtgängige Interpretationen männlich-weiblicher Beziehungen in den Termini der gewohnten Diagnostik doch nicht so recht, weil viele Frauen ihre biologisch begründete Standfestigkeit und Zähigkeit letztlich beibehalten haben. Trotzdem bleibt es im Ganzen gesehen richtig, daß die Frauen sozialen Beschränkungen unterworfen sind, die sie zu sozialer Rebellion getrieben haben.

Wenn wir eine entstandene Situation korrigieren wollen, sei es eine psychologische, soziale oder physische Fehlfunktion, dann können wir keine wirkliche und wirksame Lösung finden, indem wir die Oberflächensymptome berücksichtigen. Will ein Arzt ein Hautleiden heilen, kann er mit einem Balsam Linderung verschaffen, aber keine

Heilung, es sei denn, er sucht und findet die auslösenden Infektverursacher und konzentriert sich auf deren Beseitigung.

Gesellschaftliche Zustände sind bisher in Begriffen ihrer politischen oder psychologischen Dynamik gesehen worden. Wenn wir etwas mehr an der Oberfläche kratzen, stoßen wir auf soziobiologische Faktoren, die das innere Gerüst bilden, über das alles weitere errichtet wurde, und, wenn wir diese Grundstruktur erkennen, können wir etwas unternehmen, das Aussicht auf Erfolg hat.

Nur wenn wir beim Leben die evolutionären Grundlagen kennen und anerkennen, auf die alle späteren Gebäude gestellt wurden, können wir herausfinden, ob dieses Fundament und die Strukturen darüber miteinander vereinbar sind. Wenn es uns nicht gelingt sicherzustellen, daß das der Fall ist, dann wird der Überbau bald Risse zeigen.

Die Fragen, die nach unserer gemeinsamen Erörterung der hier behandelten Themenkreise bleiben, sind:

1. Kann angesichts exzessiver Bevölkerungsdichte die Wiedereinführung paläolithischer weiblicher Vorherrschaft die soziale Harmonie wiederherstellen? Und:
2. Würde echte Gleichheit zwischen den Geschlechtern heute eher zu einem solchen Ziel führen?

Die einzige leicht greifbare Antwort, die wir anzubieten haben, ist die, daß männliche Vorherrschaft in rund dreitausend Jahren eine solche Harmonie nicht zustandegebracht hat. Ob einer der anderen Wege dahin führt, bleibt offen.

Zusammenklang

Richard Fester

Als E. Reclus in den zwanziger Jahren dieses Jahrhunderts die Frau an den Anfang aller menschlichen Entwicklungen stellte und behauptete, die Menschheit habe ihr alles zu danken, was sie im eigentlichen Sinne menschlich gemacht habe, da war das – verglichen mit den Ergebnissen eines halben Jahrhunderts weiterer Forschung – kaum mehr als eine Ahnung. Er wird wahrscheinlich nie erfahren haben, wie recht er hatte, weil er nicht mehr erlebte, wie recht er bekam. Schließlich konnten noch vierzig Jahre nach seinem Buche (›Les Primitifs‹) ernsthafte und leider auch ernstgenommene Fachgelehrte von den Menschen der klassischen Eiszeit trotz aller Funde und Bilder ohne Schaden für ihre Reputation behaupten, die seien ›urdumm‹ gewesen, hätten ihren ternären Ideogrammen den Sinn der Dreiheit gar nicht geben können, weil sie ja nicht hätten bis 3 zählen können. Und sie hätten auch nicht zu sprechen, sondern bestenfalls zu lallen vermocht.

Wenn vor fünfzig Jahren einer von uns nach Hause kam und berichtete, der Lehrer habe gesagt, der Mensch stamme vom Affen ab, dann konnte ihm passieren, daß der Vater meinte: »Naja, du vielleicht, aber ich bestimmt nicht . . .« Im allgemeinen aber war man zumindest empört, und gar nicht so selten hatte der Lehrer einige Zeit später eine Rüge seines Direktors einzustecken, solche seit Darwin längst widerlegte Thesen nicht leichtfertig im Unterricht zu verwenden. Die Abneigung, sich in einem Atemzug mit Schimpansen, Pavianen oder Orang-Utans nennen zu lassen, setzte sich auch bei der Beobachtung dieser Tiere fort. Die war dann entsprechend unergiebig oder voreingenommen.

Wie beschämt aber müssen heute alle die dastehen, die dem Menschen der Eiszeit fast alles absprachen und nun hinnehmen müssen, daß unsere Verhaltensforscher schon an nicht-humanen Primaten mehr Intelligenz, Sozialverhalten, Findigkeit und bewußte Verständigung untereinander feststellten, als sie etwa dem Neandertaler, der

fünf bis sechs Millionen Jahre weiterentwickelt ist als höhere Affen, zubilligen mochten.
Wie lächerlich müssen sich auch jene Linguisten vorkommen, die noch vor zwanzig Jahren postulierten, ein gemeinsamer Ursprung menschlicher Sprache sei nicht nur nicht beweisbar, sondern unmöglich, weil in den ihnen zugänglichen schriftlichen Überlieferungen nicht erkennbar. Nun, nicht einmal das stimmt. Weil sie aber der Sprache insgesamt nur ein paar Jahrtausende Existenz gaben und daraus ihre Schlüsse zogen, konnten sie wenig Freude empfinden, als fachfremde Biologen sie mit der Schlußfolgerung *ihrer* Forschungen konfrontierten, die Sprache stehe am Anfang der Entwicklung zum Menschen überhaupt.
Das ist ein noch immer sehr flexibles Datum. Der Paläolinguist unseres Teams sprach diese Wahrheit noch vor den Biologen aus, obwohl ein solcher Anfang für ihn wie für Leahey um 1960 unvorstellbare 1750000 Jahre zurücklag. Inzwischen hat man ›Lucie‹ gefunden. Das Alter ihrer schon menschlichen Vorfahren wird eher mit sechs als mit fünf Millionen Jahren angegeben, denn ›Lucie‹ war ja mit Sicherheit nicht der allererste Mensch, dem man ›Menschlichkeit‹ zuerkennen darf oder muß. Sie ist nur der bisher älteste Fund. Und so alt muß also, Biologen zufolge, Sprache sein.
Inzwischen billigen wir den höheren nicht-humanen Primaten auch ein Ich-Bewußtsein zu. Das ist zugleich die Voraussetzung des menschlichen »Ich bin!« und dieses seinerseits die Vorbedingung für eine Welt-Anschauung – letzteres nicht im ideologischen Sinne, sondern buchstäblich, in seinem ursprünglichen Sinngehalt. Das Kreuz auf dem Nummulites von Tata in Ungarn ist mit Sicherheit nicht der erste Ausdrucksversuch von Menschen, den Raum als Funktion der vier Kardinalpunkte oder durch diese Linien unterteilt zu sehen, es ist wie ›Lucie‹ nur der älteste Fund, der diese ›Welt-Anschauung‹ früher Menschen beweist. Vor lauter Konvention und überheblichem Vor-Urteil übersehen wir, daß uns auch hier, wie David Jonas kürzlich in anderem Zusammenhang feststellte, die Fakten der Vergangenheit ins Gesicht starren: Die Dreiheit beherrscht noch heute unser Denken, auf der Vier der Koordinatensysteme baut unsere Technologie und Wissenschaft auf, und auch die Summen aus 3 + 4 (7) und 3 · 4 (12) haben ihren festen Platz in unseren Denkmustern.
Inzwischen hat man Ideogramme um die Drei und die Vier in Sibirien wie in Afrika und Amerika gefunden. Sogar ein so besonderes Zeichen wie das von parallelen und sich rechtwinklig schneidenden Li-

nien innerhalb eines Rechteckes fand sich nicht nur in Europa. Okladnikow fand es in Sibirien und eine Gruppe von Geographen auf Felswänden im Amazonasquellgebiet. Ähnlich erging es einem anderen Zeichen, das sich im Muster unseres Mühlespiels erhalten hat: drei ineinander gefügte Vierecke bzw. Quadrate, die drei mal vier und damit zwölf Ecken, aber auch zwölf Schnittpunkte haben, wenn man über die Quadrate hinweg das Mittelkreuz einzeichnet, eben das Muster des Mühlebretts. Das aber nur, wenn das Kreuz nicht in die Mitte selbst führt, denn dann ergäbe sich ja ein Schnittpunkt mehr, ein 13.! Das jedoch wäre ›schlecht‹, denn es sprengte die Ordnung, die mit der DREI (Zeit) mal VIER (Raum) der ZWÖLF innewohnt. Daher der schlechte Ruf der 13. Da starrt uns also Steinzeit noch recht deutlich an.

Wenn man aber dem ›urdummen‹ Frühmenschen und seinen Vorfahren geistige Fähigkeiten und eine Welt-Anschauung abspricht, dann kann man zwar seinen Statuetten einen gewissen ›Stil‹ zubilligen, aber nichts zur Deutung beitragen, weil solcher Stil eben der sichtbare und absichtsvolle Ausdruck einer Weltsicht ist, die man gerade geleugnet hat. Hier aber, in unserem Buche, fügen sich Darstellung und Deutung von Marie E. P. König in alle anderen relevanten Tatbestände. Der Mensch der Eiszeit hat viele Beweise dafür hinterlassen, daß man damals fest an eine Wiedergeburt glaubte. Wir verdanken diesem Glauben viel. Archäologen und Prähistoriker taten sich aber immer schwer, die Entstehung eines solchen Glaubens zu erklären. Und wie immer solche Erklärungen ausfielen, es blieb ein Rest von Ungewißheit, ein Einwand von »Ja, aber . . .«.

Der Hinweis unserer Anthropologin hat solch »Ja, aber . . .« nun eliminiert. Ihre Interpretation ist so einfach, daß man sich nur fragen kann, warum man nicht selbst drauf gekommen ist. Die Parallele zwischen kindlicher Auffassung und frühmenschlichem Bewußtwerden schlägt die gangbare Brücke: Wie das Kind noch heute in einer bestimmten Phase seines Werdegangs die Objekte der Umwelt als gleichermaßen mit Gefühlen begabt betrachtet wie sich selbst, als lebende Wesen also, genauso hat auch der frühe Mensch alles mit Leben erfüllt gesehen. Nicht-Leben war unvorstellbar. Tod daher nicht existent. War ein Mensch verschieden, war er oder sie zwar verschieden von und anders als die Zurückbleibenden, aber Leben fand eben kein Ende. Ein Gleichnis bot dem Nachdenklichen der Mond, der in immer gleichem Rhythmus verschied und wiedergeboren wurde. Die Bestattungsplätze der Neandertaler lassen uns erkennen, daß solche

gedanklichen und ›welt-anschaulichen‹ Gründe ihre Riten bestimmten, Riten, denen wir übrigens weitgehend treu geblieben sind.
So faul der Zauber mit dem Jagdzauber war, der die Höhlenbilder erklären sollte, so faul ist die oberflächliche Deutung von Vulven und ternären Darstellungen oder Tierbildern als ›Fruchtbarkeitssymbolik‹. Fruchtbarkeit war für den frühen Menschen bis herunter zum Jungpaläolithiker so wenig ein Begriff wie Vaterschaft, und das aus dem gleichen Grunde: es war unwichtig.
An welcher Art Fruchtbarkeit sollte der frühe Mensch interessiert gewesen sein? An der eigenen? Das war Sache der Frauen, nur ihre allein. Sie bestimmten die Dichte im Revier der Sippe, wie es Wölfe noch heute nicht anders tun. Sollte die Fruchtbarkeit der Beutetiere wichtig sein? Kaum, denn nur 20 Prozent der Nahrung wurden erjagt. Außerdem war der Reichtum an Arten und Beutetieren so groß, daß die Jagd ein recht müheloses Unterfangen war. Kein Grund zur Nachhilfe. Auch die Fruchtbarkeit der Flora war verschwenderisch. Wer schon wollte dafür beten, daß ein Apfel- oder Nußbaum noch mehr Früchte trägt, als er freiwillig bietet?
Fruchtbarkeit als solche, als erbetener Gunstbeweis oder als Ziel eigener Bemühung kann erst mit der Hinwendung zu Ackerbau und Herdenhaltung begriffen worden sein. Nur von da an war es wichtig, viel zu ernten und fruchtbare Muttertiere in der Herde zu haben. Alle Symbole, die aus der Zeit vorher stammen, gelten nicht einer überflüssigen, weil ohnehin vorhandenen Fruchtbarkeit, sondern der Sicherstellung, der Förderung oder Beschleunigung der eigenen Wiedergeburt, der Rückkehr ins Leben.
So wie die Frau aus biologischen und für das Überleben der Art unabweisbaren Gründen zum Kristallisationspunkt menschlicher Gemeinschaften werden mußte, so konnte es nicht ausbleiben, daß auch alle kultischen Vorstellungen sich mit weiblichem Sein verbanden. So mußte die Höhle zur Kultstätte werden, von der wir auch heute noch beeinflußt werden. Wo immer besonders heilige Wallfahrtsorte entstanden, lehnen sie sich an eine Höhle oder Grotte – Lourdes, Lluch, Montserrat und andere mehr. Auch unsere früheren Kirchen (das Wort ist übrigens eine KALL-Form und von daher der ›Höhle‹ sprachlich verschwistert) lassen das Licht wieder draußen und pflegen das höhlen-herkömmliche Dunkel. Wer dort zur Muttergottes, zu ›Unserer Lieben Frau‹ *betet,* dem starrt die Steinzeit unmittelbar ins demütig gesenkte Antlitz.
Neben all den in der Gunst der Forschung wechselnden Merkmalen,

die den Menschen von seinen noch-nicht-menschlichen Vorläufern definitiv unterscheiden – aufrechte Haltung, Werkzeuggebrauch usw. –, bleibt bisher die Sprache das zuverlässigste Kriterium. Zwar hat sich die Praxis bewußter Verständigung unter Tieren bis hart an die Grenze des Sprechens heranentwickelt, überschritten aber scheint sie nur vom Menschen. Ihre Entstehung bei den Zurufen der Jäger während der Jagd zu vermuten, ist nur ein Beispiel mehr für das Aufstellen von Theorien ohne Konsultierung von Praktikern: kein Jäger wird erlauben, daß man die mühsame Pirsch durch lautes Schreien stört und das Wild vergrämt. Da ist die Erklärung unserer Anthropologin wieder viel einfacher und schon darum wahrscheinlicher: Der akustische Auslöser des Kleinkindes, der die Mutter bindet, wird von ihr beantwortet und schreitet über das noch sinnleere Lallen zum lustbetonten Brabbeln fort, immer von der Mutter imitiert. Aus dieser lautlichen Zweisamkeit springt irgendwann einmal während der genetisch verlängerten Kindheitsphase, und das eigentlich recht problemlos, eine erste Sinngebung in den Laut. Jeder Anfang dieser Art öffnete Schleusen für den lang aufgestauten Strom von Bedürfnissen nach besserer Verständigung zwischen Mutter und Kind. Bereitwillige Nachahmung verhalf der neuen Errungenschaft zu schneller Verbreitung unter Artgenossen.

Auch bei erstem Werkzeuggebrauch dürfte die mütterliche Versorgung des Kindes Pate gestanden haben. Um dem heranwachsenden Kleinkind neben der Muttermilch festere Nahrung zu bieten, wurde das Vorkauen, oder, nächster Schritt, das Zerstampfen von Früchten und Wurzeln schon früh genutzt. Solches mit einem Stampfer aus Holz in einer gegebenen Mulde zu tun, war sicherlich keine größere Erfindung als das Waschen von Süßkartoffeln oder das Trennen von Sand und Körnern bei den Koshima-Affen in Japan.

Werkzeuge sind Organverbesserungen natürlicher Hilfsmittel des Menschen wie Gebiß oder Hand. Die HAN'd ist ein KALL-Derivat (Playback: HAN/HAL/CHAL/KALL, vgl. auch ›HAL'ten‹), und das sind in unserer Sprache erste Organverbesserungen der Hand wie KEIL und KEULE auch.

Es wird in diesem Buche sehr deutlich, wie die Bemühungen der Fachwissenschaften, die sich mit der Aufklärung der Geschichte und Vorgeschichte befassen, von der Biologie, und da besonders von der Erforschung evolutionärer Prozesse und biologisch bedingter Verhaltensweisen, überflügelt wurden. Einiges wurde danach bestätigt, vieles berichtigt – ein Prozeß, der noch in vollem Gange ist.

Die von unserem Forscherehepaar Jonas in ihrem Buche ›MAN-CHILD – the Infantilisation of Man‹ (›Verkindlichung des Menschen‹) gebotene Interpretation menschlicher Entwicklung als von einer Verlangsamung der infantilen und juvenilen Prozesse bei entsprechender Verlängerung von Kindheit und Jugend herrührend schlägt eine breite Bresche in das Dickicht bisheriger oft widersprüchlicher Deutungen. Die zeitliche Ausdehnung der Laktation, die durch solche verlängerte Kindheit erzwungen, hormonell ermöglicht und durch Auslese in ihrer Tendenz verstärkt wurde, führte notwendig zu jener Hypersexualität der Frau, die biologisch folgerichtig und letztlich für einen gesunden Nachwuchs wichtig war. Das war so lange kein ernsthaftes Problem, wie die Frauen das Sagen hatten. Erst als mit Ackerbau und Herdenhaltung die Einsicht in die Zusammenhänge zwischen Sex und Gebären wuchs, als gleichzeitig die bis dahin intakte Dichteregelung der Art weitgehend außer Kraft gesetzt wurde, erst da erwies sich die geistige *und* sexuelle Überlegenheit der Frau als ein Problem, das mit dem Übergang zur Männerherrschaft alle Kulturen beschäftigt hat und zu unterschiedlichen Reaktionen führte. Nur hat man echte Lösungen bisher nicht zu finden vermocht. Die bis zu den Primaten zurückreichenden Verhaltensmuster, unsere Gestik und unsere Leiden bestimmen als biologische Mechanismen, die wir nicht abschalten können, die größere Hälfte unseres Daseins. Zwar dient fortschrittliche Technologie dem Zweck, die Diskrepanz zu verringern, aber solange dabei das numerische Anwachsen der Menschheit nicht unterbrochen wird, besteht die große Gefahr, am Ende doch in der von Calhoun mit Ratten nachgestellten Verhaltenskloake zu versinken.

Wenn mit dem Beginn männlicher Vorherrschaft das Ausschalten der biologisch verankerten Dichteregelung zeitlich zusammenfällt, dann sicherlich nicht nur, weil in dem nacheiszeitlichen New Deal mehr Arbeitskräfte gebraucht wurden. Vielmehr war die größere Zahl an Kindern, die nun auch in kürzerem Abstand aufeinanderfolgten, ein Ausgleich für die im Verhältnis zum Mann verringerte Dominanz; bei ihren Kindern fand die Frau immer noch und unbestritten Befriedigung weiblichen Strebens nach Dominanz. Und das um so mehr und um so länger, je zahlreicher die Kinderschar war.

Es ist fast zweihundert Jahre her, daß Goethe zu Eckermann äußerte, ihn durchlaufe ein seltsamer Schauder, wenn er an die ›Mütter‹ denke. Wir erwähnen das hier noch einmal, denn:

Sie standen an der Wiege des ersten ›Menschen‹.

Sie waren der Beginn menschlicher Gesellschaftsbildung – entscheidend für das Überleben der Art.
Sie schufen die Sprache – und damit die Voraussetzung zu kultureller Entwicklung.
Sie erfanden die ersten Werkzeuge – und legten damit den Grundstein für jede weitere Technologie.
Sie schufen Glauben und ›Kirchen‹.
Sie gewährten den Menschen ewiges Leben durch Wiedergeburt.

Als sie – um mit Cato zu sprechen – »der Macht der Männer gebeugt« wurden, endete das ›Goldene Zeitalter‹ der antiken Mythologien, verlor der Mensch das ›Paradies‹.
Seitdem zerstörten sie das ökologische Gleichgewicht der irdischen Natur durch zu viele Geburten.
Sie, die Mütter, haben es in der Hand, die Menschheit durch ein Zuviel zu vernichten –
oder sie auf ein glücklicheres Maß zurückzuführen.
Auch das wäre eine Entscheidung für das Überleben der Art.

Bildnachweis

1 Marie E. P. König
2 Archives Photographiques, Paris
3 Marie E. P. König
4 Marie E. P. König
5 Marie E. P. König
6 Marie E. P. König
7 Marie E. P. König
8 Marie E. P. König
9 Marie E. P. König
10 E. Hernandez-Pacheco, La Caverna de la Peña de Candamo, Madrid
11 Marie E. P. König
12 Archives Photographiques, Paris
13 Naturhistorisches Museum, Wien
14 Institut für Ur- und Frühgeschichte der Freien Universität Berlin. Dr. Gerhard Bosinski
15 Valletta Museum, Malta
16 Marie E. P. König
17 Marie E. P. König
18 Valletta Museum, Malta
19 Encyclopédie de l'Art »Tel« Paris
20 Archives Photographiques, Paris
21 Marie E. P. König
22 Marie E. P. König
23 Rheinisches Landesmuseum Bonn
24 Museum für Vor- und Frühgeschichte Saarbrücken

Zeichnungen im Text: Marie E. P. König

Bibliographie

Zu Richard Fester

Barüske, Heinz: *Das Nordmeer,* Berlin 1974.
Brüning, Karl: *Die Sache mit dem Apfel,* Freiburg 1972.
Bilby, Geoffrey: *Faustkeil und Bronzeschwert,* Reinbek 1956.
Fester, Richard: *Protokolle der Steinzeit,* München 1974.
Sir Galahad: *Mütter und Amazonen,* München o.J.
Heyerdahl, Thor: *American Indians in the Pacific,* Oslo 1958.
Illies, Joachim: *Zoologie des Menschen,* Freiburg 1971.
König, Marie E. P.: *Am Anfang der Kultur,* Berlin 1973.
Kühn, Herbert: *Die Kunst Alt-Europas,* Stuttgart 1954.
Okladnikow, Aleksej P.: *Der Hirsch mit dem goldenen Geweih,* Wiesbaden 1972.
Schöll, Hans Chr.: *Die Drei Ewigen,* Düsseldorf 1936.

Zu Marie E. P. König

Bachofen, Johann J.: *Mutterrecht und Urreligion,* Stuttgart 1954.
Bergounioux, F. M.: *Spiritualité de l'Homme de Neandertal. Hundert Jahre Neandertaler,* Köln 1958.
Bosinski, Gerhard, u. G. Fischer: *Menschendarstellungen von Gönnersdorf der Ausgrabung v. 1968,* Wiesbaden 1974.
Falkenstein, F., u. W. Soden: *Sumerische und akkadische Hymnen und Gebete,* Stuttgart 1953.
Fester, Richard: *Protokolle der Steinzeit,* München, Berlin 1974.
Gehlen, Arnold: *Urmensch und Spätkultur,* Bonn 1956.
Giedion, Sigfried: *Die Entstehung der Kunst,* Köln 1962.
Giedion, Sigfried: *Ewige Gegenwart,* Köln 1962.
Grabungen von Capitan und Pexrony, Rev. Anthr. 19, Paris 1909.
Jaspers, Karl: *Psychologie der Weltanschauungen,* Berlin 1919.
Jeremias, A.: *Handbuch altorientalischer Geisteskultur,* Berlin, Leipzig 1929.
König, Marie E. P.: *Am Anfang der Kultur,* Berlin 1973.
König, Marie E. P.: *Das Weltbild des eiszeitlichen Menschen,* Marburg 1954.
Lemozi, Abbé: *La Grotte-Temple de Pech-Merle,* Paris 1929.
Lohmeyer, Karl: *Die Sagen der Saar,* Saarbrücken 1955.
Mellink, Mechteld J., u. J. Filip: *Frühe Stufen,* Berlin 1974.
Saint-Blanquat, Henri de: *Les premier hommes,* Sciences et avenier Nr. 371, Paris Januar 1978.
Schuchardt, Carl: *Alteuropa,* Straßburg, Berlin 1919.
Vêrtes, L.: *TATA, eine mittelpaläolithische Travertin-Siedlung in Ungarn,* Budapest 1964.
Wernert, Paul: *Les boules de Loess d'Achenheim,* Cahier Alsaciens d'Archéologie d'Art et d'Histoire, Straßburg 1961.

Zu Doris F. Jonas

Aucassin and Nicolette, anonym, übersetzt von F. W. Bourdillon, London 1920.
Barker-Benfield, G. J.: *The Horrors of the Half-Known Life,* New York 1976.
Bowlby, John: *Attachment and Loss,* London 1969.
Eibl-Eibesfeldt, Irenäus: *Der vorprogrammierte Mensch,* Zürich 1973.
Laming, Annette: *Lascaux, Paintings and Engravings,* London 1959.
Leahey, Richard, u. R. Lewin: *Origins,* London 1977.
McCulley, Robert S.: *Archetypal Psychology as a Key for Understanding Prehistoric Art Forms,* History of Childhood Quarterly, Bd. 3, Nr. 4, 1976.
Sommer, Robert: *Personal Space,* New York 1969.

Zu A. David Jonas

Tinbergen, N.: *Curious Naturalists,* New York 1960.

Die Autoren

Richard Fester arbeitet seit den frühen 50er Jahren neben seiner Tätigkeit als Dolmetscher und Übersetzer als Sprachforscher. Mit seinem 1962 erschienenen Buch ›Sprache der Eiszeit‹ gab er wesentliche Impulse zur Begründung eines neuen Zweigs der Sprachwissenschaft, der Paläolinguistik. Seine These, daß alle menschlichen Sprachen einen gemeinsamen Urwortschatz von sechs Archetypen haben, hat er an Hand von mehr als hundert Sprachen aller Kontinente entwickelt. Zur Zeit arbeitet er an der Herausgabe eines großangelegten paläolinguistischen Wörterbuchs, das sich auf etwa 300 Sprachen stützt. 1973 erschien sein Buch ›Die Eiszeit war ganz anders‹, in dem er die Verwandtschaft der vorkolumbischen mit den europäischen Sprachen betonte. In seinem Buch ›Protokolle der Steinzeit‹ (1974) wies er erstmals auf die weiblich dominierten Ordnungen der Vorzeit hin.

Marie E. P. König ist Prähistorikerin, Münz- und Höhlenforscherin. Sie war eine der ersten, die in der Höhle von Lascaux Untersuchungen angestellt hat, und sie kam, gerade auch hier, zu dem Schluß, daß die Deutung der Höhlenmalerei als Jagdmagie unhaltbar sei. Systematische Forschungen führten sie zu der Entdeckung der Lunarsymbolik in den Ritzzeichen und eiszeitlichen Höhlenmalereien, und damit zu einer Neuinterpretation jener bisher verschlüsselten Bilderschrift. In ihren Büchern ›Das Weltbild des Eiszeitmenschen‹ (1954) und dem vielbeachteten, mit mehreren Preisen ausgezeichneten ›Am Anfang der Kultur. Die Zeichensprache des frühen Menschen‹ (1973) beweist Marie E. P. König, daß die Deutung dieser prähistorischen Dokumente zugleich die Frage nach dem Weltbild des Menschen auf seiner frühesten Kulturstufe zu beantworten vermag.

Dr. Doris F. Jonas ist Anthropologin, Fellow of the Royal Anthropological Institute of Great Britain, Associate of Current Anthropology (Univ. of Chigaco).
Dr. A. David Jonas ist Professor der Psychiatrie und lehrte an der Universität London, in New York und Würzburg.

Das Forscherehepaar Jonas – beide sind Abteilungsdirektoren am Institute of Sociobiological Medicine in London –, hat bisher sieben Bücher publiziert. Starke Beachtung fand vor allem ihr Buch ›MAN-Child. A Study of the Infantilization of Man‹ (1970), in dem sie die Entwicklung der Menschheit als Folge der Verlangsamung und Verlängerung der menschlichen Kindheitsphase interpretieren. In deutscher Sprache liegen vor: ›Die Außerirdischen‹ (1977; auch als Fischer Taschenbuch, Bd. 6801), ›Signale der Urzeit‹ (1977), ›Das erste Wort‹ (1979); ›Sex und Status‹ ist in Vorbereitung.